本成果受到中国人民大学 2018 年度"中央高校建设世界一流大学（学科）和特色发展引导专项资金"支持

政府经济管理行为分析
（新编）

刘 瑞 著

中国财经出版传媒集团

经济科学出版社

Economic Science Press

图书在版编目（CIP）数据

政府经济管理行为分析：新编/刘瑞著．—北京：经济科学出版社，2020.9
ISBN 978-7-5218-1928-1

Ⅰ.①政… Ⅱ.①刘… Ⅲ.①国家行政机关-经济管理-行为分析-中国 Ⅳ.①F20

中国版本图书馆 CIP 数据核字（2020）第 185962 号

责任编辑：李一心
责任校对：王苗苗
责任印制：李 鹏 范 艳

政府经济管理行为分析（新编）
刘 瑞 著
经济科学出版社出版、发行 新华书店经销
社址：北京市海淀区阜成路甲 28 号 邮编：100142
总编部电话：010-88191217 发行部电话：010-88191522
网址：www.esp.com.cn
电子邮箱：esp@esp.com.cn
天猫网店：经济科学出版社旗舰店
网址：http://jjkxcbs.tmall.com
北京季蜂印刷有限公司印装
710×1000 16 开 19.5 印张 250000 字
2020 年 11 月第 1 版 2020 年 11 月第 1 次印刷
ISBN 978-7-5218-1928-1 定价：68.00 元
(图书出现印装问题，本社负责调换。电话：010-88191510)
(版权所有 侵权必究 打击盗版 举报热线：010-88191661
QQ：2242791300 营销中心电话：010-88191537
电子邮箱：dbts@esp.com.cn)

目 录

第一章　基本概念与分析方法 …………………………………… 1

　　第一节　行为的含义及其研究 ………………………………… 1
　　第二节　经济和管理理论中对人的行为研究 ………………… 10
　　第三节　行为分析的必要性及本书研究的对象和目的 ……… 26

第二章　政府经济管理行为产生的前提和基础 ………………… 39

　　第一节　政府行为的政治法律前提 …………………………… 39
　　第二节　政府行为的物质与经济基础 ………………………… 51
　　第三节　政府行为的文化传统与社会心理基础 ……………… 56
　　第四节　政府行为的国家经济管理制度前提 ………………… 60

第二章　政府经济管理者的行为 ………………………………… 66

　　第一节　政府经济管理者的角色行为 ………………………… 67
　　第二节　政府经济管理者的管理决策风格 …………………… 84
　　第三节　政府经济管理者的素质 ……………………………… 95

第四章　政府经济管理组织的行为 ……………………………… 112

　　第一节　正式的政府经济管理组织形式 ……………………… 113

第二节 我国中央政府经济管理组织行为 …………………… 120
第三节 政府经济管理组织运行的矛盾性 …………………… 130
第四节 非正式的政府经济管理组织行为 …………………… 150

第五章 政府经济管理中的不规范行为 ………………… 156

第一节 不规范行为的含义 ……………………………………… 156
第二节 "压力—瞒虚报"现象 ………………………………… 159
第三节 "一刀切"现象 ………………………………………… 170
第四节 政府管理行为的规范化 ………………………………… 175

第六章 政府经济管理的绩效 …………………………… 188

第一节 政府经济管理绩效概念 ………………………………… 189
第二节 政府经济管理的目标及其实现 ………………………… 192
第三节 政府经济管理的资源占用与使用 ……………………… 204

第七章 中国政府中期计划（规划）绩效评估 ………… 226

第一节 问题提出 ………………………………………………… 226
第二节 评估方法与指标选择 …………………………………… 229
第三节 计划经济时代的计划绩效评估 ………………………… 233
第四节 改革开放时代的计划（规划）绩效评估 ……………… 240
第五节 中日中期计划绩效比较与总体评价 …………………… 244
第六节 关于计划功效的进一步思考 …………………………… 251

第八章 中韩政府管理行为绩效比较 …………………… 260

第一节 中韩对政府行政管理支出概念的不同定义 …………… 261
第二节 中韩两国政府行政管理支出实证比较 ………………… 271
第三节 中韩的政府管理效率比较 ……………………………… 280

第四节　中韩的官民比例比较 …………………… 283
第五节　基本结论 …………………………………… 296

后记 …………………………………………………… 302

第一章 基本概念与分析方法

任何一项稍具科学性研究的首要之事,是对研究的对象和方法做出必要的界定与说明。考虑到政府经济管理行为本身的复杂程度,这种界定与说明显得更为必需。另外,也考虑到社会科学学术界已有不少关于政府行为研究命题的研究成果问世,因此更有必要强调本书研究所采用的基本概念及其方法。通过这些界定与说明,读者不难看出,迄今为止所发表的政府行为命题研究成果与本书的研究是有较大区别的。

第一节 行为的含义及其研究

一、行为的基本含义

目前,在我国的社会科学及其经济科学文献中,"行为"一词的使用频率非常之高。例如,常常可以在不同的场合或不同的领域,听到或读到有关个人的"行为"、组织的"行为"、消费者的"行为"、企业的"行为"、政府的"行为"、经济的"行为"、政治的"行为"等话题。由于讨论者的学术领域以及观点的差异，使得对"行为"一词的含义有着不同的理解。在社会科学发生多学科相互交叉与渗透的创新时代，出现一词多义的现象是正常的和必要的。但是，任何一项科学研究的首要目的，必须是对研究对象给予认真清晰的说明和论证。因此，在本书论题没有展开之前，首先对"行为"一词的基本含义进行讨论。

应当说，从学科角度看，真正对"行为"一词做了理论辨析的，是行为科学以及作为行为学科基础的心理学。按照心理学的理解，"行为是生物的基本特征"[①]，动物和人类都具有行为的特征。简单地说，人类的行为是指事件主体在社会事件中所发出的动作。一般认为，这种动作可能在两种情况下发出：一是受到了某种外界的条件刺激。这种强调行为同客观条件刺激之间的因果关系，是心理学中行为主义学派的行为观点。二是主体本能即内在需求的驱动。这种强调行为同主观内驱力或动机之间的机能关系，是心理学中人本主义学派的行为观点。无论何种观点，都承认构成行为的基本要素有：行为主体，主体动机，刺激因素，环境条件，行为主体对刺激的感知、思维、反应以及结果等。这些要素使得"行为是一种很棘手的主体事件。这并不是因为它高深莫测，而是由于它极其复杂"。[②]

心理学的行为观，毕竟是一种个体性的行为观。如果借助于它的研究成果，来认识存在于社会普遍意义上的人类行为，还需要进行社会学意义上的思考。一种具有代表性的理解是美国社会人类学者的解释："人类行为的四个主要来源是生物学，心理学，社会结构以及文

---

① B. F. 斯金纳著，谭力海等译：《科学与人类行为》，华夏出版社1989年版，第43页。
② B. F. 斯金纳著，谭力海等译：《科学与人类行为》，华夏出版社1989年版，第13页。

化。"① 这种解释认为，人类的行为首先部分源自规定个人潜在和局限的生物遗传因素；其次源自个人的感觉、认识和情感的发展，这种生命的心理过程是通过一系列复杂神经冲力经由大脑而传达的化学过程的组合；再次源自社会结构，诸如家庭和经济组织，它的目的是组织和规范社会间的相互作用，均衡个人和社会需求在人类生活中的关系，"人类与其说主要依赖于生物性的行为，不如说是主要依赖于社会间的相互作用。所以社会结构在促进行为发展的同时，还组织行为和控制行为。"② 最后，人类行为是在一个文化关系中形成的，文化形成了那些规范并常常限制人们思想和行为的参数项。这种解释还指出："在规范人类行为的方面它们（指这四个来源——引者注）是同时起作用的。每个人都有一种创造他或她行为潜能的特殊生物能力。然而，这种潜能实现的程度主要受我们的心理发展，我们的文化以及我们的社会结构环境的影响。"③

然而，合理的行为观应当是辩证唯物主义的行为观。这是因为：第一，人作为社会环境的产物，是离不开社会环境所给予他或她的一切行为条件的，人的行为首先是一种客观环境的刺激与反应的条件反射过程。人本主义行为观往往忽略了这种行为的条件性。第二，与机械的行为主义的行为观不同，辩证唯物主义强调在人类实践活动中发挥主观能动性，这个主观能动性是基于人自身存在着内在需要的不断追求和满足的事实，即承认人的本能性。然而人的这种本能，绝对不是自由于或独立于社会客观条件的。首先，人作为社会性动物，区别于自然界的动物（低级动物）之处，是人具有逻辑思维的能力。人的

---

① 罗伯特·伯格、罗纳德·费德瑞柯著，梅毅译：《人类行为》，中国社会科学出版社1993年版，第26页。
② 罗伯特·伯格、罗纳德·费德瑞柯著，梅毅译：《人类行为》，中国社会科学出版社1993年版，第29页。
③ 罗伯特·伯格、罗纳德·费德瑞柯著，梅毅译：《人类行为》，中国社会科学出版社1993年版，第31页。

这种能力成为控制或放纵人的本能即内在需求驱动力的最重要的条件。而人的逻辑思维的获得，主要依靠于后天语言的学习和训练。其次，人的本能的实现，是在已经形成的环境内进行。人对需要的追求和满足，事实上是在一定的条件下形成、发展、变化。最后，就人类行为产生的本源而言，社会结构以及文化这些大都属于上层建筑以及意识形态的东西，都源自物质生产劳动，源自经济基础。因而，忽略经济活动或者把它与其他人类活动等量齐观，都离开了人类发展的实际进程。这样，归根结底，人类行为是以经济为基础的社会与自然环境的产物、历史的产物、实践的产物、辩证的产物，而不是单纯的心灵产物。

归纳起来，人的行为过程是：由外界环境各个因素对事件主体发生刺激，这是一个物理化的过程；当刺激信号作用到事件主体时，事件主体首先是通过各种感官感知到刺激信号，这是一个生理化的过程；各种感官把感知到的信号传输到大脑，进行分析和判断等思维活动，这是一个心理化的过程。其中，人的各种知识、经历沉淀、主观动机、本能等，都在心理化过程中发挥复合性的作用；思维的结果是通过各种感官对刺激做出反应，这是第二次的生理化过程；反应就是采取对应性举动，获得一个动作的结果，又是一个物理化的过程。至此，人的行为过程才宣告结束。这一过程可以用图1-1来说明。

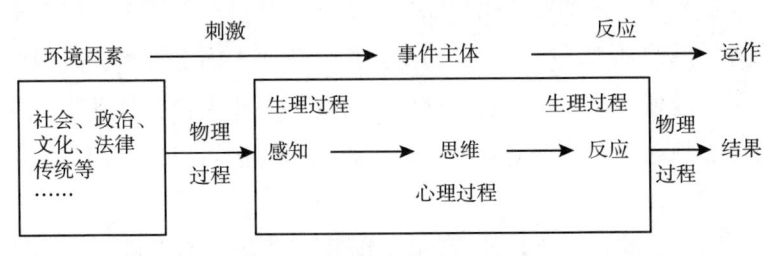

图1-1 人的认知行为过程

由图1-1可知，行为不是静止动作的结果，而是一种动态的过程，它是在一定的条件下刺激、感知、思维、反应、再刺激、再感知、再思维、再反应的复杂反射过程。

　　总之，所谓行为，首先指的是有关生物性的、人的行为，这是行为最初始、最基本和最本质的含义。只有在这个认识基础上来了解社会生活中各种各样复杂的具体行为，才能寻找到理解这些具体行为的钥匙。进一步说，既然行为的本质是生物性的，人性的，因此，其他有关行为的种种说法都必须具有行为生物性的本质含义，否则就离开了行为概念的本意。从这个意义上说，目前学术界对行为一词的使用，存在随心所欲和牵强附会的倾向。如对政府行为，有的将其理解为抽象掉了人的内容的行为，有的把政府的职能当成了政府行为。应当根据上述分析来理解行为，并对所研究的对象行为作出科学的判断与分析。

二、行为研究的方法和目的

　　"既然行为是一种过程，而不是一种事物，所以，我们不可能轻易地把它固定下来进行观察。行为是不断变化的，转瞬即逝的。正是由于这一原因，在研究技能上它对科学家的机智和精力提出了严格的要求。"[①] 现代心理学和社会学的交叉融合发展，为研究人的行为提供了各种各样的方法，有临床观察，可控实验，问卷调查，经验判断，采访座谈等。每种方法都有认识问题的独特性和认识价值。并且，20世纪行为科学的发展已经使得这些研究方法脱离了一定的个别经验阶段，上升为比较规范的研究体系。由于行为研究主要是建立在对人类行为的观察和记录基础上的，研究的基本方法特点是经验实证法，因此古

[①] B. F. 斯金纳著，谭力海等译：《科学与人类行为》，华夏出版社1989年版，第14页。

典的经济学抽象研究法并不完全适用。

研究行为的最终目的不是为了满足人们对自身的好奇心，而是探索人的行为奥秘。因此，行为科学力求达到三个目的：第一，描述人类活动的基本特征，正确地把握行为的本来面貌，直观地面对人类行为复杂的特性。一般来说，人类的行为具有主体性、目的性、过程性、因果性和多样性等特点。第二，揭示人类活动事件之间的逻辑联系。人世间中，人类行为事件的发生和发展是千变万化的，寻找这些行为事件之间的内在联系，即寻找行为的规律性，是行为分析和行为科学最重要的任务。如果能够通过对人类行为特征的了解和把握来认识人类行为的特殊性、复杂性和多样性，从中解析出人类行为的奥妙，行为分析的主要任务应当说就已经完成。第三，预测人类活动的可能性并尽可能地使人类采取合理的行动。建立在对人类行为的科学认识基础之上，对人类行为的可能发展及其变化作出预测，也是行为分析的一个目的。在一定的约束条件之下，可以用已知的人类行为规律性知识来大致预见到未来的发展趋势。当然，预测人类行为仍然是困难和不确定的，其原因很复杂。基于这种考虑，十分有必要强调将科学的预测与迷信或看手相之类的巫术严格区别开。总之，研究人类行为是为了揭示人作为最高级、最复杂的生物的行为规律性。

自从有了人类，人的行为问题就已存在，但是了解它并分析与预测它是很晚的事，这主要得益于作为行为科学基础理论之一的心理学的兴起及发展。早期的心理学带有浓厚的神秘主义和唯心主义的色彩，对人类行为的解释缺乏唯物主义基础。随着19世纪自然科学尤其是生物科学的蓬勃发展，心理学借助实验技术，转向以物理实验为基础的发展方向。于是，心理学的研究对象多少不再是人类灵魂问题，而主要地是由环境外部条件影响和决定的人类行为问题。这样，心理学的研究就从唯心主义转向了唯物主义。19世纪和20世纪之交，行为主义心理学派成为这个心理学转变的代表。众所周知，当时俄罗斯科学家巴甫洛夫和别赫捷列夫分别以客观的态度，研究了在给定条件之下动物对条件作用的反应。他们将动物实验的结果进行了系统的整理与思考，创立了以条件反射反应原理为基础的行为主义心理学。不过按照美国心理学历史研究者墨菲等的看法，是另一个俄国生理学家谢切洛夫"第一次指出反射动作是行为的主要成分"①，而行为主义心理学体系是由一个美国心理学家华生，在1928年芝加哥大学的讨论会上做初次系统阐述。

行为主义心理学把以前的心理学从本能、知觉、判断、智力和推理、情形以及个性等还原为更基本的反应形式，由此把心理活动建立在可以客观观测到的唯物主义基础之上，这是行为主义心理学具有科学性的一面。但是，行为主义心理学也有不足，即经典的研究者往往是用低级生命动物的行为实验结果来推断高级生命动物——人的行为特征。由于人类与低级动物的本质区别在于：人是有思想有思维的，人的行为常常源于人自身动机，这样，仅仅用动物实验结果对人类行为的解释就显得肤浅、片面和机械。这种缺陷遭到后来兴起的人本主义心理学的正确批评。这个学派的代表人物，美国心理学家马斯洛评论道："学院派的心理学家在动机领域的研究里主要依靠动物实验。不言而喻，白鼠不是人，然而，不幸还须将此再强调一遍，因为动物实验的结果经常被作为我们对于人性的理论研究所必须依据的基本材料。动物资料当然是可以大有用处的，但必须要用得谨慎和明智。"② 马斯洛的批评当然是对的，但是用动物实验数据推断人类行为实属无奈之举，因为人类实验受到伦理道德底线约束。所以直到今天，对人类行为的分析基本上是两种思路：其一是开放性的问卷调查和数据分析，其二是可控性的实验观察和因果分析。人进入实验室之后，在不违背

---

① 加德纳·墨菲、约瑟夫·柯瓦奇著，林方、王景和译：《近代心理学历史导引》，商务印书馆1987年版，第330页。
② 马斯洛著，许金声等译：《动机与人格》，华夏出版社1987年版，第32页。

伦理道德的前提下开展各种可控实验。由此发展到今天，心理学用来解释人类行为的基本理论框架，还是基于可控实验观察的条件反射说，和基于开放性问卷调查的人类动机说。进一步，以心理学为基础并综合各个社会科学内容的行为科学，对人类行为的解释同时吸收了不同的心理学流派的研究成果。

总之，研究行为问题，必须借鉴行为科学的研究成果，而行为科学的基础是心理学。因此研究行为就不得不借鉴心理学的研究成果。心理学在有关人类行为的分析上占有突出的位置。从更广泛的意义上理解，心理学是人类有关人类自身行为及其活动的主要认识工具，甚至于经济学的发展也必须依赖于心理学的成就。英国哲学家罗素是一个逻辑实证主义者，在他的哲学世界里同时包含有唯心主义与唯物主义的东西，但他对人类的知识曾做过独特的概括："关于人类的知识我们可以提出两个问题：第一，我们知道什么？第二，我们是怎样知道这些知识的？回答第一个问题的是科学，而科学所要做的是尽可能不带个人的因素和完全去掉人的成分。因此科学的宇宙概观自然要从天文学和物理学开始。……但是对于我们的第二个问题——即我们怎样得到我们的知识——心理学在各门科学中却最为重要。不仅从心理学的观点来研究我们进行推理的过程是必要的，而且看来我们推理所依据的与件在性质上也是心理学的；也就是说，它们是单独的个人的经验。我们的世界所具有的表面的公共性一部分是由于我们的幻觉，另一部分是从我们的推理得到的；我们的知识的全部素材都是由个别人生活中的心理事件构成的。因此，在这个领域，心理学占有最高的地位。"[①]

按照唯物主义认识论，人类的知识从总体上说来自社会实践活动，而罗素不提社会实践，只归结为单独的个人的经验，这是不对的。但

---

① 罗素著，张金言译：《人类的知识——其范围与限度》，商务印书馆1983年版，第67页。

是，每个人在通过具体途径获得知识时，的确需要个人的经验与对知识的接受能力，从这个角度看，个人的心理因素是非常重要的。物理学和天文学帮助人类认知客观物质世界，心理学帮助人类认知主观精神世界（包括人类自身行为）。

当今经济学的一个前沿研究领域是借鉴心理学的研究理论与研究方法来认识人类经济行为，谓之行为经济学。本书也是采用了心理学的一些概念和方法来研究政府经济管理行为。但是需要提前告知的是，运用心理学研究理论与方法来研究经济行为，不仅需要注意避免陷入唯心主义思维陷阱之中，更要注意避免陷入机械唯物主义思维陷阱之中。由心理学的发展过程可知，研究产生人行为的本身灵魂问题转向研究产生人行为的外部条件环境问题，是心理学从唯心主义向唯物主义的转变，完成了心理学的第一次科学革命。但是后来大量把动物实验的有关行为特征引申到人类行为特征自身解释，以及直接把人当作动物来作可控实验，就容易陷入机械唯物主义的解释误区之中。迄今为止，人类是所有自然界中最具思考能力的智慧动物，即使今天的人工智能技术（AI）已经依据超强的运算速度和海量的数据而形成强大的学习能力，在特定情境之下（如人机博弈）可以战胜人类智慧，但也终究替代不了人类智慧，更无法完全模拟复制人类动机。因此，任何基于条件反射理论实验的行为分析总是不完全的，必须要对人的行为动机开展独立和更加仔细的考察分析。只有把人类行为的条件反射观测结果与主观动机分析同时结合起来，才能得到一个关于人类行为的合理解释。这是机械唯物主义论与辩证唯物主义论在行为科学上的一个区别所在。在做行为经济学实验时，提前做这种思想准备是十分必要的，可以防止经济行为实验陷入不必要的认知误区。

第二节　经济和管理理论中对人的行为研究

从经济学的起源上看，经济学是研究在人类活动中如何节省劳动耗费和提高劳动效率的问题的。但是在实质上，经济学研究的问题仍然是人与人的关系问题，而这必然地要涉及经济活动中人的行为问题。在对行为所作的经济学研究中，由英国古典经济学提出来并得到完善的"经济人"假设命题，曾经是经济行为分析的基本前提。18～19世纪的古典政治经济学著作中，流行着鲁宾逊似的经济个人行为假设和分析。但在那之后很长的一段时期，经济人的命题受到了怀疑和批判，代之以"社会人""管理人"等命题，"囚徒困境"论是对古典命题的矫正。但到20世纪80年代随着西方新古典主义经济理论的流行，经济人命题重新得到重视。

一、什么是"经济人"命题

所谓"经济人"的命题，最初源自英国古典经济学亚当·斯密的表述。在亚当·斯密时代，资本主义生产方式方兴未艾，参与资本积累和增殖活动的人表现出多重性：一方面，人是节俭与勤勉、世俗和实惠、知足和能干的，人是向世界传播文明的载体，甚至是宇宙命运的操纵者；另一方面，人又是心胸狭隘、道德品质堕落者，同时是市场上的有限垄断者，对工人和消费者实行剥削。[1]

---

[1] M. L. Myers, "The Soul of Modern Economic Man", The University of Chicago Press, 1983: 21.

亚当·斯密在理论上对这种人的复杂性做了阐述。他认为，由于劳动分工使得每个人从事特殊的职业，获取特定的利益。但人的需要是多种多样的，个人仅凭自己的分工无法获得需要的满足，于是分工者需要互通有无，彼此交易。首先，交易的基本出发点是利己，交易的动机是互利："……人类几乎随时随地都需要同胞的协助，要想仅仅依赖他人的恩惠，那是一定不行的。他如果能够刺激他们的利己心，使有利于他，并告诉他们，给他做事，是对他们自己有利的，他要达到目的就容易得多了。不论是谁，如果他要与旁人做买卖，他首先就要这样提议。请给我以我所要的东西吧，同时，你也可以获得你所要的东西：这句话是交易的通义。"① 其次，利己的行为客观上是增进社会利益的："各个人都不断地努力为他自己所能支配的资本找到最有利的用途。固然，他所考虑的不是社会的利益，而是他自身的利益，但他对自身利益的研究自然会或者毋宁说必然会引导他选定最有利于社会的用途。……他追求自己的利益，往往使他能比在真正处于本意的情况下更有效地促进社会的利益。"②

根据亚当·斯密上述论断，以后的西方经济理论提出了"经济人"的假设，并把他的有关论述概括为现代经济人的行为模式，具有两个特征：利己性（Selfishness）和理性（Ration）。对 Selfishness，中文译名有多种，如自私、自利、利己。鉴于其中有些译名使人感觉难听，不能接受，所以也有主张用中性的词如自利来表述；或者加一些限定，如合理的个人主义，真正的个人主义（哈耶克语）。但不管如何称呼，都不能摆脱经济人的行为是替个人着想的基本含义。按照西方经济学的标准说法就是："经济行为者具有完全的充分有序的偏好

---

① 亚当·斯密著，郭大力、王亚南译：《国民财富的性质和原因的研究》上卷，商务印书馆1988年版，第13~14页。
② 亚当·斯密著，郭大力、王亚南译：《国民财富的性质和原因的研究》下卷，商务印书馆1988年版，第25~27页。

（在其可行的行为结果的范围内）、完备的信息和无懈可击的计算能力。在经过深思熟虑之后，他会选择那些能够比其他行为能更好地满足自己的偏好（或至少不会比现在更坏）的行为。"① 而且，就两个特征的相互关系而言，利己性是最基本的和永恒的，是经济人的灵魂，不能被其他人格特征所代替或消除。②

然而，在亚当·斯密本人的论述与后来西方主流经济学家对经济人的概括之间存在着区别：

第一，亚当·斯密关于人性的观点是一种二元论。亚当·斯密在《国富论》中讨论人的利己性，而在另一部专门讨论人性的《道德情操论》中，在该书第一章就开宗明义地讲道："无论人们会认为某人怎样自私，这个人的天赋中总是明显地存在着这样一些本性，这些本性使他关心别人的命运，把别人的幸福看成是自己的事情，虽然他除了看到别人幸福而感到高兴以外，一无所得。……我们常为他人的悲哀而感伤，这是显而易见的事实，不需要用什么实例来证明。"③ 为什么人与人之间会有悲欢与共的事情发生？斯密直接回答说人的怜悯或同情是本性使然。他这部论著全部围绕着这种同情本性在人类社会交往的各个情感领域展开，用今天的语言描述该书都是满满的正能量。"正是这种多同情别人和少同情自己的感情，正是这种抑制自私和乐善好施的感情，构成尽善尽美的人性；唯有这样才能使人与人之间的情感和激情协调一致，在这中间存在着人类的全部情理和礼貌。"④ 因此，完整的亚当·斯密思想是二元性的，而且亚当·斯密本人也没有

---

① 约翰·伊特韦尔等编，陈岱孙等译：《新帕尔格雷夫经济学大辞典》第二卷，经济科学出版社1996年版，第57页。
② Milton L. Myers, "The Soul of Modern Economic Man", The University of Chicago Press, 1983: 27.
③ 亚当·斯密著，蒋自强、钦北愚、朱钟棣、沈凯璋译：《道德情操论》，商务印书馆1997年版，第5页。
④ 亚当·斯密著，蒋自强、钦北愚、朱钟棣、沈凯璋译：《道德情操论》，商务印书馆1997年版，第25页。

做出尝试将二者统一起来。西方主流经济学继承了《国富论》的观点，却放过了《道德情操论》的思想。① 甚至连《道德情操论》一书的中文翻译者也有误解："斯密在《道德情操论》中论证'经济人'的出发点，和《国富论》是相同的，一致的，即都是从人的利己主义的本性出发的。"② 实际上，国内有学者注意到了斯密这种统一性，认为"斯密的人性假设是统一的"，形成了斯密的"为己利他"行为机理。③ 而正如马克思提及过的，存在着两重性的斯密，一个是公开的斯密，另一个是神秘的斯密。在关于人性认知上，亚当·斯密是持有两种对立的看法的：利己与利他共存于斯密理论世界之中。

第二，实际上在《国富论》中，亚当·斯密还提出个人利益与社会利益的最大化同时实现的矛盾命题（两个最有利）。斯密认为，个人主观为自己客观为他人，两者利益需要同时满足才能保持经济体系的和谐。这个矛盾命题没有困扰后来的西方主流经济理论家们，他们把个人利益最大化放在了社会利益最大化之前，或者干脆不承认有社会利益。从数学逻辑上说，个人利益的最大化同时就是社会利益的最小化。显然，现代西方经济理论中的经济人命题，是极端个人主义的命题。

第三，亚当·斯密在讨论个人利益与社会利益的客观一致性时，注意到了阶级利益与社会利益的差异性问题。他对资本主义社会的阶级做了三种划分：地主阶级，靠工资养活的阶级（工人阶级），和以利润为生的阶级（资本家阶级）。只有地主阶级和工人阶级的自身利益与社会利益密切相关，因而他们的利益与社会利益一致。而资本家

---

① 陈岱孙：《亚当·斯密思想体系中同情心和利己主义矛盾的问题》，载于《真理的追求》1990 年第 1 期。
② 亚当·斯密著，蒋自强、钦北愚、朱钟棣、沈凯璋译：《道德情操论》，商务印书馆 1997 年版，第 15 页。
③ 朱富强：《斯密人性悖论及其内在统一性：勿将现代经济人假设归源于斯密的自利人》，载于《东北财经大学学报》2019 年第 4 期。

阶级以利润为目标，只为自己的特殊事业利益打算，而不为社会一般利益打算，因此这个阶级的利益从来不是和公众利益完全一致的。①强调在阶级社会中，经济人本质上是阶级人。但在现代西方经济理论关于经济人的命题中，已经看不到有关阶级利益同社会利益之间的差异性。

依照同样源自英国古典经济学的马克思经济学，也承认经济人行为的存在。但认为在阶级社会中，所谓经济人事实上是阶级人。这种阶级人不是一个统一的行为群体，至少分成资本家阶级、工人阶级、农民阶级等。每一个阶级的行为特征也无不打上该阶级烙印。阶级之间区别首先是从经济地位去划分的，阶级之间的经济利益有时能够达到一致，有时则存在尖锐的冲突。正是这个认识，使得马克思与斯密在经济人的认识上区别开来。斯密承认阶级人存在，但是以经济人来掩盖阶级人行为的根本差异；马克思承认经济人存在，但是以阶级人来替代经济人的行为假设，以阶级之间不可调和的利益冲突来否定经济人的虚幻存在。

作为古典经济学的鼻祖亚当·斯密，提出了许多对后世影响深远的见解。"经济人"的假说是其一，对市场力量所定义的"看不见的手"是其二，后来均被奉为经济学的经典。然而，斯密的思想不是逻辑缜密的，对所处的资本主义早期时代的社会观察和总结带有经验性和矛盾性。对此，马克思有过比较全面的评价："斯密自己十分天真地活动在一个不断的矛盾中。一方面，他要探索各经济范畴的内在联系，或者说研究资产阶级经济体系的内在结构。另一方面，他又按照这种联系在竞争的现象中，在一个非科学的观察者眼里，并且在一个实际卷入资产阶级生产过程并对资产阶级生产过程有私人利益的人眼里出现的样子，来提出这种联系。这是两种研究方法，其中一种是深入内

---

① 亚当·斯密著，郭大力、王亚南译：《国民财富的性质和原因的研究》上卷，商务印书馆1988年版，第241~242页。

部联系，或者说深入资产阶级体系内部的生理学；另一种却不过把日常生活过程中的某些现象，按照它们外表上显现出来的样子加以描写，加以分类，加以叙述，并列入简单系统的概念规定中。这两种研究方法，在斯密手里，不仅无拘无束地并列在一处，并且互相交错，不断地自相矛盾。"[①] 正是斯密留下的诸多理论矛盾性，成为后来经济学演化发展的素材。

二、对"经济人"的批评

其实正式使用"经济人"一词的不是斯密而是马歇尔。马歇尔是集古典经济学理论大成者，他通过先编撰《产业经济学》后编撰《经济学原理》而完成了经济学从政治经济学向现代经济学体系转型。最终，经济学被分成了各个相对独立的理论学科（如政治经济学、宏观经济学、微观经济学等）和应用学科（如国民经济学、产业经济学、区域经济学、财政学、金融学等）。

马歇尔在1890年出版的《经济学原理》书中承袭了斯密对经济人的二元论观点。但是对经济人的解释有了一定程度上的丰富。他认为经济人行为要受到道德的影响，并不是完全利己的。第一，经济人的动机存在经济动机和其他动机，不能把经济动机视作是经济人的唯一动机。他说："经济学家所研究的是一个实际存在的人：不是一个抽象的或'经济的'人，而是一个血肉之躯的人。他们所研究的人，在他的营业生活中大大受到利己动机的影响，因而在很大程度上与这些动机有关；但是这个人既不是没有虚荣心和草率的作风，也不是不喜欢为做好工作而做好工作，或是不愿为他的家庭、邻人或国家而牺牲

[①] 马克思著，郭大力译：《剩余价值学说史》第二卷，人民出版社1978年版，第178页。

自己；总之，他是一个为喜爱善良生活而喜爱善良生活的人。"① 第二，经济动机也不全是利己的，包含利他内容。他认为："即使生活中最纯粹的营业关系也是讲诚实与信用的；其中有许多关系即使不讲慷慨，至少也没有卑鄙之心，并且具有每个诚实的人为了洁身自好所具有的自尊心。其次，人们借以谋生的工作有许多本身是愉快的；社会主义者认为可以使人对更多的工作感到愉快，是有道理的。"② 他认为经济动机不一定是为了金钱，即使为了金钱但用在所谓高尚目的方面（如攒钱受教育）也不卑鄙。还特别强调了"家庭情感一般仍是利人主义的一种纯粹的形式，"③ 这种对亲人情感作为利他动机也可以给予其他人。

经济人命题经过一段时间的流行之后，到20世纪初，就受到了来自各个方面的批评。这些批评动摇了经济人的公理地位及其在经济分析中强假设条件性，以致到20世纪80年代之前，经济人命题在西方主流经济学中可以被忽略。从广泛的角度看，对经济人命题的批判意见并不限于经济学内部，而且还来自心理学和管理学等方面。实际上，仅仅依靠经济学的自我批评是不足以推翻"经济人"命题的，社会科学各个学科的研究结果是相互影响的。这些怀疑和批判分为两个方面：对利己性的怀疑，对理性的批判。

对经济人利己性的怀疑，不是首先源自经济学家，而是源自心理学家。这并不奇怪。对眼中只有物欲横流世界的部分经济学家们说来，除了利己动机之外，似乎再没有别的动机能够更好地解释当事人参与商品活动的动机了。但是，心理学家马斯洛不这样看。他既不赞成把对动物实验的结果无条件地解释人的行为，也不赞成弗洛伊德主义者用不健康人的行为来解释健康人的行为，而主张对健

---

① 马歇尔著，朱志泰译：《经济学原理》上卷，商务印书馆1991年版，第47页。
② 马歇尔著，朱志泰译：《经济学原理》上卷，商务印书馆1991年版，第43页。
③ 马歇尔著，朱志泰译：《经济学原理》上卷，商务印书馆1991年版，第44页。

康人群中的"优秀分子"进行研究，建立"积极的心理学"。他认为，一切人的行为受其动机支配。而人的动机又源于人的各种需要。这些需要是有序的，第一是生理需要，第二是安全需要，第三是归属和爱的需要，第四是自尊需要，第五是自我实现需要。前三种需要是人的低级需要，后两种需要是人的高级需要。如果人的动机逐渐受其高级需要的支配，人的行为就进入一个脱离了低级趣味的高尚境界。在这个境界里，对立的东西已合并和结合为一体，"在健康人身上，自私与无私的二分法消失了，因为他们每一个行动从根本上看既是利己又是利他。我们的研究对象既有高尚的精神生活，又非常不受约束，喜爱声色口腹之乐。当责任同时也是快乐，工作对于消遣时，当履行职责并且讲求实效的人同时也在寻求快乐，而且的确非常愉快时，职责与快乐，工作与消遣也就不再相互对立了。假如最社会化的人本身也是最个人化，假如最成熟的人同时又不失孩子的天真和诚实，假如最讲道德的人同时生命力又最旺，欲望最强，那么继续保持这些区别还有什么意义？"[①] 马斯洛的看法，在充满人性自私的社会里，无疑是勇敢的和积极的。

有关经济人理性，也受到心理学家的批判，同时也遭到经济学家们的批判。攻击理性命题最激烈的心理学家，要数奥地利人弗洛伊德。他通过自己对精神病患者的长期临床研究，提出了人的行为实际上受无意识的支配的论断。按照他的解释，人的心理过程分为意识，前意识和无意识；意识只是人的心理过程的一部分，而非全部；前意识属于无意识，但无意识有两种："一种是潜伏的，但能够变成意识；另一种是被压抑的，在实质上干脆说，是不能变成意识。""仅仅在描述性的意义上是无意识的而不是动力意义上是无意识的那种潜伏，我们称之为前意识；我们把术语无意识限制在动力意义上无意

[①] 马斯洛著，许金声等译：《动机与人格》，华夏出版社1987年版，第210页。

识的被压抑上;……与其说前意识接近无意识,大概不如说它更接近意识。"① 他得出了两个心理学命题:第一,"心理过程主要是潜意识的,至于意识的心理过程则仅仅是整个心灵的分离的部分和动作。"第二,"……性的冲动,广义和狭义的,都是神经病和精神病的重要起因。"② 按照他的分析,社会中相当一部分人是缺乏理性的,这些人生活在失常的精神世界里。而且,弗洛伊德还把他对特定人群的分析推论到普通人群,认为几乎社会上的每个人多少都患有心理症状,没有完美的人格。他自认他的结论会触怒全人类:"其一是它和他们的理性的成见相反;其二则是和他们的道德的或美育的成见相冲突。"③

与弗洛伊德同乡的哲学家卡西尔也否定人的理性:"对于理解人类文化生活形式的丰富性和多样性来说,理性是一个很不充分的名称。……我们应当把人定义为符号的动物来取代把人定义为理性的动物。"④ 这种对人的理性持完全否定的态度,反映了西方社会思潮中极端的一面。

与激进的心理学家有所不同,经济学家对人的理性采取了部分修正的态度。诺贝尔奖获得者西蒙提出了经济人的有限理性命题。他认为:"理性指的是一种行为方式,是指在给定条件和约束的限度内适于达到给定目标的行为方式。"⑤ 由于这些条件和约束,而使得:

"(1)按照理性的要求,行为主体应具备关于每种抉择的后果的完备知识和预见。而事实上,对后果的了解总是零碎的。

(2)由于后果产生于未来,在给它们赋以价值时,就必须凭想象来弥补其时所缺少的体验。然而,对价值的预见不可能是完整的。

---

① 弗洛伊德著,林尘、张焕民、陈伟奇译:《弗洛伊德后期著作选》,上海译文出版社1986年版,162页。
② 弗洛伊德著,高觉敷译:《精神分析引论》,商务印书馆1986年版,第8~9页。
③ 弗洛伊德著,高觉敷译:《精神分析引论》,商务印书馆1986年版,第8页。
④ 恩斯特·卡西尔著,甘阳译:《人论》,上海译文出版社1985年版,第34页。
⑤ 西蒙著,杨砾、徐立译:《现代决策理论的基石:有限理性说》,北京经济学院出版社1989年版,第45页。

（3）按照理性的要求，行为主体要在全部备选行为中进行选择。但对真实行为而言，人们只能想得到全部可能行为方案中的很少几个。"①

因此，西蒙认为，管理者不可能在管理决策时达到最佳程度，而只能是追求一种近似的优化途径，即"寻求满意"的管理决策及结果。最优管理的前提是管理人的行为完全理性化，而满意管理的前提是管理人的行为有限理性化，后者才是现实的。进一步说，客观理性存在，但对理性目标的追求不是一次完成的，而是一步步紧逼，因此管理人的行为特征之一是渐进性的。

渐进性的观点同时也得到了另外一位美国学者林德布洛姆研究的支持。他认为：决策者"把决策看成是一个典型的一步接着一步，永远没有完结的过程。在这个过程中，一点一点地啃代替了一口吞下。他不仅会按第二步的预测，而且会按第三步、第四步以至无数步的预测来设计政策。……这样，尽管或许没有一个政策措施是壮举，但接连而来的小进度却可能使社会发生迅速的变化。"②

从上面的介绍可以看出，同样是对经济人假设命题进行批判，经济学者与心理学者各自所持的批判角度是不同的。经济学者只是对经济人的现实性条件表示怀疑，对假设只是作条件修正，而不是对经济人命题完全抛弃。心理学者则对经济人特征本身表示怀疑，乃至完全抛弃。两者的批判都有过分之嫌。后来比较为人们接受的认识，是对经济人命题的替代。即在承认经济人命题的基础上，用合理的假设命题来代替经济人假设。

---

① 西蒙著，杨砾、韩春立、徐立译：《管理行为》，北京经济学院出版社1988年版，第79页。
② 林德布洛姆著，竺乾威、胡君芳译：《决策过程》，上海译文出版社1988年版，第40页。

三、对"经济人"命题的替代

由于"经济人"命题经过论证,已经成为一种靠不住的命题,因此根据实际管理和理论分析的需要,西方学术界提出了用"社会人"或"组织人"的命题来代替"经济人"命题。为此,相应提出了替代的理论新范式:"囚徒困境""公地悲剧""X—Y 人"。

"囚徒困境"是一个博弈论的命题,但它对"经济人"命题是一个有力的批驳。命题由表 1–1 说明:假设有两个共同犯罪的嫌疑人,在各自独立地面对警察审讯的情况下,对犯罪事实予以回答,将会有四组惩罚结果。其中,一犯的坦白,将导致另犯的重罚;而即使两犯的抉择是相同的,惩罚也有轻重;合理的结果是两犯合作。该命题表明:在一定条件下,当人们孤立地做出自认为有利于自己的抉择时,可以在实际结果上不仅有害于社会整体,而且对人们自身而言也未必是最好的抉择。这样,"由囚徒的困境推演出来的模型清楚地驳倒了古

表 1–1　　　　　　　　　　"囚徒困境"

		第 2 个犯人	
		不坦白	坦白
第 1 个犯人	不坦白	每人 1 年	第 1 人 10 年 第 2 人 3 个月
	坦白	第 1 个人 3 个月 第 2 个人 10 年	每人 5 年

注:关于该命题的引述材料极其丰富,但比较简洁明了的引述如:迈克尔·埃尔曼著,江春泽译:《社会主义计划工作》,中国社会科学出版社 1987 年版,第 6 页;V. 奥斯特罗姆等著,王诚等译:《制度分析与发展的反思》,商务印书馆 1992 年版,第 85 页。

典经济学的一个基本假设，按照这个假设，在自由竞争下自利会导致集体最优均衡。"① 这个命题揭示的是：社会中的人们只有相互合作，才能达到对社会及个人都有益的结果；集体的理性比个人的理性更有利于个人。

与"囚徒困境"分析结构相类似的理论范式，是所谓"公地悲剧"分析。这个分析范式被广泛用于西方社会科学界，充分表现了公有制与自由化的矛盾。该范式设想一个"向一切人开放"的公地牧场，每个牧羊人都从他的畜牧中获得直接利益，并且当他或其他的牧羊人过度放牧时就承担公用牧场退化所引起的延滞成本。因为牧羊人从其牧畜那里获得直接利益，而只承担由于过度放牧所产生的成本的一部分，所以这就促使他增加更多的牲畜。结果，"这是灾难之所在。每个人都被锁在一个迫使他在有限范围内无节制地增加牲畜的制度中。毁灭是所有人都奔向的目的地，在信奉公用地自由化的社会中，每个人都追求各自的最大利益。"② 从这个"公地悲剧"当中可以引出一系列避免悲剧重演的办法。但总的来说，要从根本上避免悲剧发生，就必须建立一种新的"牧羊人"的行为方式。可以看到，"公地悲剧"这个分析范式已经被西方经济理论中有关市场失败的理论所采纳，所谓内部经济与外部经济的关系，就是"公地悲剧"的说明。进一步说，"公地悲剧"体现了公有制与自由化之间的矛盾对立关系。

有意思的是，无论"囚徒困境"命题还是"公地悲剧"命题，每个命题本身实际上都隐含着"囚徒"或"牧羊人"的初衷或原始动机是追求行为最大化，但是结果却是非最大化，或者毁灭。命题论证从

---

① 约翰·伊特韦尔等编，陈岱孙等译：《新帕尔格雷夫经济学大辞典》第三卷，经济科学出版社1996年版，第1044页。
② V. 奥斯特罗姆、D. 菲尼、H. 皮希特著，王诚等译：《制度分析与发展的反思——问题与抉择》，商务印书馆1992年版，第83~84页。

承认行为最大化开始，以否定行为最大化结束。不仅这类思想实验是如此，而且实际实验也提供过类似的情况。

在20年代最有名的美国霍桑实验中，研究者最初是按照经济人的假设来设计实验方式与方法的。以霍桑命名的研究小组成员通过改变一个生产工厂的劳动现场的照明条件、劳动定额以及与工效有关的报酬，企图根据古典管理理论提出改进管理方法和提高工人的劳动效率的建议。所谓古典管理理论是指泰勒的科学管理理论，这个理论继承了英国古典经济学有关经济人的全部假设，并完全依照这个假设来实行企业内部管理。霍桑小组成员也是科学管理理论的信奉者。但是实验的结果出乎意料，与实验的初始愿望不吻合。在尊重事实的基础上，霍桑实验小组基本上修正了实验的初衷，得出了社交和非正式组织因素对管理有效与否具有重要性的结论。于是，针对"经济人"命题，经济管理理论从实践中提出了"社会人"的命题。与作为思想实验的"囚徒困境"或"公地悲剧"不同，"社会人"的命题直接产生于生产管理实验，因而更具有说服力。从霍桑实验开始，到其他管理实验的结果，最终使有关"社会人"行为的命题代替了"经济人"行为命题。其中，以麦格雷戈的"X—Y"理论最有代表意义。

D. 麦格雷戈认为，在实际管理过程中存在两种极端的人：一种人符合"经济人"的特征，以符号X表示，另一种人符合"社会人"的特征，以符号Y表示。只根据X型人做出的管理决策，是传统的管理风格，已经落伍。而根据Y型人做出的管理决策，才是合理的，符合当今的实际。根据Y型人命题制定的管理组织原则是"一体化"原则。与古典的等级化组织原则不同，一体化原则要求在管理环境中创造出一种条件，使得组织成员通过努力争取组织目标与个人目标同时实现。这种条件就是，对组织和个人的需要、目标给予同样的重视，将个人的命运与组织的命运连接在一起。"个人实现其目标的最好办法是个人通过努力争取组织的成功，"这意味着"个人不断地受到鼓励，为了有助于企业的成功，自愿发展和发挥他的能力、知识、技能和独创性。"①

  D. 麦格雷戈是根据资本主义生产方式占统治地位的企业管理实践提出"X—Y"理论的，他并没有完全否定"经济人"的存在，但是他注意到"经济人"的局限性。因此，他的 Y 理论强调了人是主动寻求自身利益同集体利益的结合的，人不仅仅满足于获取金钱和物质享受，而且有精神方面的追求和需要。对于这样的人，不能采用从"经济人"命题出发实行的专制管理原则，而应当采用从"社会人"命题出发实行的民主管理原则。明显地，Y 理论除了有挽救资本主义生产方式的动机和愿望之外，还有尊重客观事实的一面。

  上述情况只是西方经济管理理论有关经济人命题批判的一部分。这些定理或思想实验都是对经济人命题的批判。从后来西方经济理论的发展过程可以看出，尽管经济人的命题没有经受住严格的科学论证，是不可靠的行为命题，但它还是被某些西方经济学家当作不证自明的公理命题，用来解释社会经济现象。其中，把经济人假设运用到登峰造极地步的可能要数美国芝加哥学派的加里·S. 贝克尔，在他看来，"最大化行为、市场均衡和偏好稳定的综合假定及其不折不扣的运用便构成了经济分析的核心。"② 他宣称，他的这种分析方法适应于说明全部人类行为。为此，他把经济人命题用来分析诸如犯罪、婚姻等社会问题。在 20 世纪 80 年代末，这个西方经济学不可靠的行为命题也被引进到中国的经济理论界，被一部分经济学家用来分析中国的社会主义经济活动。有的观点甚至认为："经济人假设是建立市场

---

  ① D. S. 皮尤编，彭和平、杨小工译：《组织理论精萃》，中国人民大学出版社 1990 年版，第 327 页。
  ② 加里·S. 贝克尔著，王亚宇、陈琪译：《人类行为的经济分析》，三联书店上海分店和上海人民出版社 1995 年版，第 8 页。

机制的一个基本前提，市场机制是肯定经济人假设的一个必然结果，建立市场机制与承认经济人假设二者是一致的"，因而主张我国"经济改革的任务，就是在承认假设的前提下，通过建立一种恰当的机制，使得经济人追求自身利益的行为客观上有助于社会整体目标的实现。"① 对此，应当保持清醒的头脑，不能在理论上接受西方经济理论中的经济人假设命题，更不能让经济人命题变成社会主义市场经济体制建立的前提。

最后归纳起来，对经济人假设的批判做以下几点小结：

第一，经济人假设是违背历史唯物主义常识的。在历史唯物主义看来，人性的善或恶并不是天生具有的，而是后天养成的。所谓人的自私性或无私性，是在具体的社会经济诸多条件下形成的。这应当说是历史唯物主义中"老掉牙"的命题。关于自私不是人的本性，马克思曾有过如下论述：自爱与爱他人是人的本性中的两个方面；自私不是生存概念，而是社会概念，自私是私有制的产物；把人的本性看成是自私的，在思想上犯了片面性的错误。片面性之一是只看到社会生活中那些自私自利的人，忽略了那些不自私自利的人，片面之二是只看到人的低级生理需要，看不到人的高级需要。自然科学和社会科学的不断发现，尤其是人类学、心理学和管理学的不断探索，都证明着这个历史唯物主义真理。世界上并不存在抽象的人性，人性都是具体的，这个具体就是环境条件约束性。私有制条件下塑造了人的自私特性，公有制条件下塑造人的无私特性。经济人假设如果说成立，也是由于私有制度的塑造。支持经济人假设的人们不顾及这些具体的社会经济诸多条件，硬性认定人与生俱来就是利己的，追求个人利益最大化，显然是不科学的。尽管他们对此进行了百般辩解，甚至在理论上做了精致的梳妆打扮，也不能掩饰其假设在对人性基本认识上的不科

---

① 凌晓东：《机制选择与经济人假设》，载于《经济理论与经济管理》1995年第1期。

学性。

　　第二，经济人假设是建立在形而上学基础上的。现实生活中的确存在着许多自私自利的人群，但这种事实并不足以支持经济人假设的科学性。经济人假设实际上是对现实生活中部分人群的行为做了片面抽象，这种抽象否定了人的多种阶级性和丰富的社会内容，忽视不同的阶级意识与不同的阶级地位的对应关系。把一定社会经济条件下的人的行为看成是固定的，简单模式化的，把人的行为描述成线性的、单一化的。经济人假设就像是看到太阳东升西落于是就推定地球为平面一样，属于一种对复杂的社会经济现象的简单认定，单纯地描述现象的外部联系。如果事物的现象与本质是同一的话，科学分析也就没有存在的必要了。

　　第三，经济人假设在信奉者那里实际上已经成为一种宗教信仰。为什么迄今为止仍然还有那么多的人（其中不乏学术精英[①]）不顾反驳经济人假设的种种事实和理由，依然执着地相信经济人假设，并不断地套用经济人假设去解释错综复杂的社会经济生活？这不由得令人想到马克思分析商品世界时提到的"商品拜物教"。信奉者自己是以经济人自居的，因而在推断他人行为时，自然也是用经济人尺子来衡量的。尽管经济人假设有一些实证分析，但如果一种社会经济分析离开全面性和客观性而变成一种笃信，这种分析还称得上是一种科学分析吗？

---

　　① 但至少不包括诺贝尔奖获得者、制度经济学代表人物科斯。他曾经说过："大多数经济学家都作这样的假设，即人是理性地追求效用最大化的。在我看来，这个假设既没有必要，也会引人误入歧途。……当代制度经济学应该从人的实际出发来研究人，实际的人在由现实制度所赋予的制约条件中活动。"（罗纳德·哈里·科斯著，盛洪、陈郁译：《论生产的制度结构》，三联书店上海分店1994年版，第348~349页。）

第三节　行为分析的必要性及本书研究的对象和目的

一、行为分析的必要性

一般而言，研究一个经济体系是如何运行的常用方法是制度分析方法。这个方法的基本特点是强调维持该经济体系运转的制度安排对各个经济变量具有制约或影响作用。如果从经济体系运行的主体要素和客体要素关系出发，构成经济体系运行的主体是经济运行中的人，构成经济体系运行的一个关键客体是经济制度。因此，按照此法分析，经济运行问题，最终是一个运行条件即制度安排的问题。研究人员可以通过研究形成经济运行的法律条文规则，制度条件及环境，来揭示出经济体系的某种条件规律性。这种研究方法的价值已经在对各种经济模式的概括、比较和分析文献中表现出来。

然而，这种方法仅仅是对经济体系运行认识的一个侧面，对经济运行认识还有另外一个侧面，这就是对经济主体的分析。因为，如果不研究经济行为主体本身，对制度运行的解释就显得不完整，甚至有可能使得制度分析变成一种机械主义的分析方法。这是由于，首先，任何一种制度都是由制度当中的主体去操作的，无论是好的制度安排还是坏的制度安排，都可能由于主体的操作而发生变形。因此，除了要揭示经济体系运行的制度因素的规律性外，还应当揭示经济体系运行当事人的行为规律性。其次，千万不要忘记，制度是由人设计和制作的，人是制度的始作俑者。在这个意义上讲，人的行为是形成制度的关键要素。

制度分析与行为分析是两种有所区别的分析方法。它们之间的区别表现在：制度分析侧重于解释一个经济体系从整体上是依照什么规则运行的，而行为分析则是侧重于解释一个经济体系内部的主体是如何行动的；制度分析依据成文法律以及正式的规章制度，探求这些制度规定与体系运行之间的关系，而行为分析依据主体的心理活动及其派生活动，探求这些主体与体系运行之间的关系；一个是以法学作为其理论分析的重要基础之一，另一个则是以心理学作为其理论分析的重要基础之一，尽管它们各自还有其他不同的学科作为知识支持系统；虽然两种分析的终极目标是提出如何协调制度与行为之间关系的方案，但制度分析是在主体行为既定的前提下讨论制度调整问题，把制度看作是因变量，而行为分析则是在制度既定的前提下讨论行为调适问题，把行为看作是因变量。由于两种方法的上述区别，使得相互之间可以平行运用，并互为补充。二者的区别不是对立的，而是互补的。

20世纪80年代末开始流行于我国经济学理论界的制度分析方法，吸收了西方经济学中新制度学派的有益方法，但是却没有对其分析方法的缺陷给予应有的注意与批判。西方新制度学派摈弃了所谓"黑板经济学"的西方主流学派过分抽象数理化的倾向，恢复了经济分析的现实感与历史感，从形成经济运行的制度条件因素探讨经济运行的演变规律。但是新制度学派在处理经济活动的主体问题时，并没有很好地吸收当代心理学对经济活动当事人的研究成果，而是继续简单地对待经济活动中的主体行为。尽管其代表人物科斯说过："大多数经济学家都作这样的假设，即人是理性地追求效用最大化的。在我看来，这个假设既没有必要，也会引人误入歧途。……当代制度经济学应该从人的实际出发来研究人，实际的人在由现实制度所赋予的制约条件中活动。"① 一本1990年出版的《新制度经济学》宣称："理性选择模型，强调个体单位总是在一定约束条件下追求目标函数极大化，这是新制度经济学的核心。……新制度经济学抛弃了新古典理论所假设的陈旧的二分法——家庭追求效用极大化，企业追求利润极大化。"② 但是实际上，构成新制度学派分析方法的基础之一没有心理学，因此在涉及"实际的人"时，除了用经济人的假设作为制度分析的前提，以经济人的最大化行为解释分析对象的行为外，新制度学派没有什么新的东西。这样，新制度学派现实的与历史的分析就仍然没有摆脱唯心主义的泥潭。

既然经济学本质上还是以人为研究对象的，经济学不能把人的行为简单化、抽象化，不能无视人类丰富多彩的具体行为的存在。按照这种简单化、抽象化行为推导出来的理论解释离着现实很远，提出的政策主张或者无用或者误导。正是由于长期以来主流经济学的研究方法是抽象和逻辑演绎而不是经验实证实验，使用经济人概念作为分析的前提和起点，导致人们越来越不信任经济学的简单化抽象化分析结论。有感于此，经济学从20世纪70年代就开始把人的具体行为作为研究中心，不再依赖简单的理性人假定。以诺贝尔经济学奖获得者赫伯特·西蒙（1978年得主）和理查德·舍勒（2017年得主）为代表的行为经济学者，开创和发展了对人的行为的经济理论研究。行为经济学也采用古典经济学的经济人假设，但是并不把它作为分析问题的前提，而是作为分析的对象，通过改进的分析方法解释在特定环境下人的具体行为，从而提出具体行为特点和特征，这种分析的结论可能直接推翻理性、自私性等假定。行为经济学兴起的关键是

---

① 罗纳德·哈里·科斯著，盛洪、陈郁译：《论生产的制度结构》，三联书店上海分店1994年版，第348~349页。

② 思拉恩·埃格特森著，吴经邦、李耀、朱寒松、王志宏译：《新制度经济学》，商务印书馆1996年版，第12页。

研究方法的创新，不是依靠数学逻辑推定人的行为，而是早期用问卷调查，中期用实验室，近期借助互联网大数据分析方法来分析人的行为复杂性。研究方法的创新得益于心理学、信息学等自然科学的发展。"它的起源就是一种'从实践中来'的交叉学科；它的研究目的也不是单单为了提升解释的力度，更重要的是，它从一开始就准备着'回到现实中去'。"[①]

在此要强调，制度方法与行为方法，不是截然对立的两种分析方法，而是互补的。这种互补性表现为当对制度变迁进行说明时需要有对合乎实际的行为分析为基础，因为人是制度变迁的发动者与受动者；而当对行为变化进行说明时需要有制度条件为前提，因为人是在既定的制度条件下开始行动的，发出行为的。割裂二者的内在联系会犯片面的、机械的与主观唯心的分析错误。尤其是个人行为与经济制度在实际生活中是混在一起的，因此，理论分析的抽象如果要还原为现实，就要十分谨慎地兼顾二者。

目前在我国经济学教学科研中，仍然充斥着经济人假设为金科玉律的认知。许多研究者不去深入研究行为问题，而是以简单的行为命题如经济人假设作为公理去说明制度问题，并企图用制度问题掩盖行为问题，用制度分析完全替代行为分析。这已渐渐形成了一种简单思维模式，几乎把所有现存的问题都归罪于体制不好：管理混乱是体制问题，经营不善是体制问题，效益不佳是体制问题，团结不好是体制问题，积极性没有调动起来是体制问题，甚至于个别领导的作风不好、工作失误或出现腐败都是体制问题。按照这种简单思维模式，体制不知要为过去、现在，或许还有将来出现的问题负多少责任。

不可否认，体制在经济运行过程中的确起着重要作用。它给予经济活动的参与人一个行为框架。但是体制总是为一般情况设计的，它

---

① 姚宁：《让经济学研究"回到现实中"》，载于《中国社会科学报》2018年3月1日。

既不能把个别特殊情况一一考虑到，也不能超前建立。进一步说，体制如果能把所有的问题都解决，经济活动就没有矛盾了。而这恰好是做不到的。在行为没有形成一定之规之时，制度建设自然是重要的，但是当制度已经建立起来之后，行为依然有问题，那就不是制度的问题了，极有可能是行为主体本身出现问题。现实生活中常常可以看到的是，在同一个制度下，有的人行为合规，有的人行为就不合规。进一步说，在改革开放几十年中，有的高管人员腐败倒下了，有的高管人员则与时俱进，成为时代的成功者。这种情况说明，制度自然重要，但更重要的是人的初心不忘和信仰坚守。

因此，除了经济运行存在制度问题而外，大量的问题应该是非制度问题，也就是说是行为问题。当一种行为符合制度安排时，或许人们对这种行为不觉得奇怪，只有当这种行为不符合制度安排时，人们才会感到诧异。这也许是人们重体制轻行为的心理症结所在。

总之，行为分析就是研究经济行为主体本身的特征、性质、素质及其所发出的特定动作。对制度主体的说明有助于揭示发生在制度内部的、深层次的问题。与单纯的制度分析不同，行为分析可以具有如下的一些意义：

（1）揭示一种按照合理要求设计出来的制度为什么在实行中成功或失败的原因。

（2）说明符合制度运行的主体素质、行为特征和方式是什么。

（3）预测制度运行中主体的行为。

二、行为命题假设的必要性及其条件性

作为经济分析与经济管理的一个基本前提，有关经济活动当事人的抽象规定性命题或假设仍然是必要的。只有通过对经济活动当事人

基本特征的了解与把握，才能对其余经济和管理的行为作出合理的解释。这种命题在马克思主义经济理论分析体系中也是常用的。

例如，马克思本人对资本主义经济体系所作的理论分析，就建立在资本主义社会分化为两大对立阶级——资本家阶级与工人阶级的前提命题之上。资本家的行为受他所处的生产关系的约束，同样，工人的行为也受他与资本家之间的雇佣关系约束。马克思将其称为"资本关系的神秘化"："一方面，价值，即支配着活劳动的过去劳动，人格化为资本家；另一方面，工人反而仅仅表现为物质劳动力，表现为商品。"① 现实生活中的资本家，作为一个具体的社会成员，可能并不是天生的贪婪、欺诈，对工人实行冷酷无情地剥削，而可能表现出某些善良的个人品德。但是，"作为资本家，他只是人格化的资本。他的灵魂就是资本的灵魂。而资本只有一种生活本能，这就是增殖本身，创造剩余价值，用自己的不变部分即生产资料吮吸尽可能多的剩余劳动。资本是死劳动，它像吸血鬼一样，只有吮吸活劳动才有生命，吮吸的活劳动越多，它的生命就越旺盛。"② 而工人的阶级属性，决定了工人在社会化生产劳动场所的纪律性，在对资本家斗争中的革命性和团结性。

马克思还指出，在劳动市场上，资本家与工人都以自由、平等的身份，在自觉自愿的基础上参与交易，最终签订双方都获得自我权益的劳动契约。尽管从根本利益上说，资本家阶级与工人阶级水火不相容，工人的利益只有在出卖自己的劳动力之后才能获得，但是"使他们连在一起并发生关系的唯一力量，是他们的利己心，是他们的特殊利益，是他们的私人利益。正因为人人只顾自己，谁也不管别人，所

---

① 马克思著，中共中央马克思恩格斯列宁斯大林著作编译局编译：《资本论》（纪念版）第三卷，人民出版社2018年版，第53页。
② 马克思著，中共中央马克思恩格斯列宁斯大林著作编译局编译：《资本论》（纪念版）第一卷，人民出版社2018年版，第269页。

以大家都是在事物的前定和谐下，或者说，在全能的神的保佑下，完成着互惠互利、共同有益、全体有利的事业。"①

　　显然，马克思承认资本家和工人都是经济人。但是两个分属不同阶级的经济人之间是很少有共同利益的。而在同一阶级内部，经济人的属性就让位于阶级人属性。同一阶级内部，根本利益是一致和统一的。正是根据资本家阶级和工人阶级的这些行为特性，马克思分析了资本主义经济体系内部各种矛盾是如何运行的，预言了资本家阶级将是人类社会最后一个剥削阶级，工人阶级将是资本家阶级及其社会的掘墓人。在马克思的概念体系里，经济制度是生产关系的总和，因此对资本主义的生产关系的分析属于制度分析，而对资本人格化的分析，则是行为分析。马克思本人将这两种分析统一起来了。虽然在马克思时代，心理学、社会学等学科的发展尚未达到今天的水平，对资本家与工人的行为分析缺乏社会心理学说明，因此对资本家和工人的行为分析显得概念化和简单化，需要更加深入和科学的研究，但是马克思的分析仍然给人以启迪：

　　第一，建立一个经济分析的对象行为命题或假设，仍然是必要的；有了这个行为命题或假设，就可以在一般情况下就当事人的行为作出必要的和基本的说明。无论从理论认知角度还是从实践管理立场出发，对社会经济活动的当事人总需要有一个一般性的概念化看法，这就是行为命题或假设。没有某种有关活动当事人行为的概念化看法，与这种当事人打交道就不知如何入手。"人们在行动中所遵从的假设，可能是也可能不是从那些被客观再三证明其正确的事物为基础的。不管它们是否正确，这些主题或设想可能变为经理的一部分信念和态度。每个人都会倾向于按他自己的假设来处世行事。因为这些假设控制着我们对本身经验的认识。它们构成我们个人行为的理论，它们指导我们

---

　　① 马克思著，中共中央马克思恩格斯列宁斯大林著作编译局编译：《资本论》（纪念版）第一卷，人民出版社2018年版，第204~205页。

的行为。"① 通过科学分析而建立起来的行为假设，实际上是真设，是对行为主体的规律性概括和总结。用来指导实践，可以大大提高对行为的理解力和预见力。我们不赞成的是在没有经过科学研究就武断地认定的某种行为命题或假设，而主张通过科学研究形成有关主体行为的命题或假设。

第二，这种行为命题或假设要建立在一定条件之上。从实践观察可知，在一个人的一生中，行为模式不是永恒不变的。原因固然很多，但最基本的原因仍然是由于外界环境的变迁而对个人行为模式产生的影响。人是环境的动物，人的行为条件性问题已经通过行为主义的心理学得到了解决，它为认识行为主体的行为提供了唯物主义的证据。因此，离开条件性去谈论某个人类社会活动当事人的行为，是缺乏根据的，是不科学的。马克思认为，只有一个人当"他在资本执行职能的时候，才是资本的人格化"。② 用现在的概念说就是：当一个人扮演了资本家的角色后，这个人的行为才符合资本的人格化特征。推而论之，在存在资本雇佣关系的社会条件之下，资本家与工人的行为就会大量地和经常地表现出某种规律性趋向，符合古典定义的经济人命题假设。在私有经济条件下，经济人命题或假设是对有关主体行为的一种真实写照，尽管它不是所有在这个条件下活动的主体行为的全部真实写照。同样，我们之所以不赞成用经济人命题来推测公有经济中当事人的行为，就是因为在公有制度条件约定下，当事人的行为大量地和经常地表现出另一种规律性趋向。有关公有制条件下行为主体的行为命题，曾经有人作过探索，提出公有权主体假设及其行为特征。③

---

① R. R. 布莱克、J. S. 穆顿著，孔令济、徐吉贵译：《新管理方格》，中国社会科学出版社1986年版，第7页。
② 马克思著，中共中央马克思恩格斯列宁斯大林著作编译局编译：《资本论》（纪念版）第三卷，人民出版社2018年版，第418~419页。
③ 樊纲：《公有制宏观经济理论大纲》，三联书店上海分店1990年版，第30~35页。原文错误地把行为理解为职能，但这不抵消原文理论探索的积极意义。

在否定了私有经济条件下产生出来的经济人假设命题之后，我们面临着建立公有经济条件下主体的行为命题或假设的挑战。

20世纪70年代以后，在行为主义管理学派的兴起的同时，一些西方经济学家出于对传统经济学只强调公理化的抽象逻辑推理的"物"的分析不满，发起并建立了以对"人"的分析为内容的行为经济学（Behavioural Economics）。这个学派不是经济学由宏观向微观的复归，也不是一个单单研究个人或群体经济行为规律的科学，而是力图从整个基点上转变经济学研究的传统，试图建立一种新的理论分析体系。赫伯特·西蒙以他的管理行为理论及行为经济学理论获得了诺贝尔经济学奖。根据西蒙的解释，西方"行为经济学关心的是新古典假设关于人类行为在经验中的有效性。一旦证明这些假设有效，行为经济学就致力于发现能正确地并尽可能精确地描述行为的经验定律。其次，行为经济学还要说明实际行为背离新古典假设对经济体系及其制度的运行、对公共政策的含义。行为经济学的第三个内容是为效用函数（或任何一种可以替代它的、经验上有效的行为理论结构）的形式和内容提供经验证明，以便加强对人类经济行为的预测。"[1] 尽管这种关于行为经济学的目的具有肯定"经济人"命题的错误倾向，但是对于西方经济学中的行为研究趋势，马克思主义经济理论和管理研究者应当给予必要的重视，应当在对社会主义经济体系内部运行的调查和分析的基础上，利用当代社会人文科学的新结论、新成果，建立起马克思主义行为经济学和管理理论。

---

[1] 约翰·伊特韦尔等编，陈岱孙主编：《新帕尔格雷夫经济学大辞典》第一卷，经济科学出版社1996年版，第238页。

三、本书研究的对象和目的

面对复杂的政府经济管理行为，研究不能完全放弃一种研究方法而笃信另一种方法。研究方法总是要服从于研究目的与研究对象的特殊性。因此，对于政府经济管理行为的复杂性所作的研究，一方面需要借鉴行为科学的经验性研究方法和问卷调查等研究方法，另一方面又需要坚持经济学的抽象性研究方法和实证性分析方法，并力图将各种研究方法的特点、长处结合起来。

本书分析的对象是社会主义经济管理模式中的政府经济管理行为。对这种类型的政府经济管理行为需要做两个基本含义界定：

首先，它具有社会经济制度的特殊性质。我们不是抽象掉制度因素去研究政府经济管理行为，而是专门研究存在于社会主义社会经济制度下的政府经济管理行为。本书的终极目标是为完善社会主义政府行为提出有参考价值的意见。因此，存在于资本主义社会经济制度下的政府经济管理行为，只是作为一种必要的参照物进入分析的视野。在后面第八章，通过对比社会主义中国政府与资本主义韩国政府的经济管理行为，可以得到一些有价值的参考信息。自然，笔者也十分清楚地意识到，书中提出的一些看法与建议也是有条件的。

其次，它是政府在经济事务方面的管理行为。正如前面已经指出的，政府行为是一个宽泛的概念。本书不打算研究政府行为的一般，而是研究政府行为的特殊，即政府在经济事务方面的管理。当然在实际行动中，政府在经济事务方面的管理并非完全独立存在，会与社会事务方面的管理等交织在一起。这种交织现象常常表现在资料收集与事实陈述方面。但对政府行为所做的必要分类抽象，会加深对作为整体的政府行为的理解，读者可以把理解政府经济管理行为当作打开理解整个政府行为大门的钥匙。

　　将上述基本界定综合起来，可以对政府经济管理行为做全面的界定：第一，行为合法性，即它是在社会主义国家内依照合法程序组建并依法管理国民经济的政府行为。第二，行为人性，即构成行为的基本元素是政府工作人员的行为。第三，行为群体性，即政府工作人员的行为是一个集合，而不是每个独立的个人行为。第四，行为组织性，即这些政府工作人员的行为是有组织的，它是在一定的制度下按照各种纪律和规定组织起来之后而产生的行为。第五，行为管理性。政府经济管理行为不能理解为政府经济行为。从严格意义上讲，政府没有自己的经济行为，而只有经济管理行为，并与政府的社会管理行为相对应。

　　据此，对本书所提出的政府经济管理行为定义如下：它是社会主义国家中政府组织依照法律对国民经济活动所采取的对策性管理行动。

　　与行为科学研究目的大致相同，对政府经济管理行为的研究也要达到三个主要目的：第一，描述政府经济管理行为的基本特征，正确地把握作为群体现象的政府经济管理者行为的本来面貌，直观地面对政府经济管理行为复杂的特性。第二，揭示政府经济管理事件之间的逻辑联系，在错综复杂和千变万化的政府行为中，寻找这些行为事件之间的内在联系，寻找行为的规律性。简而言之，揭示政府经济管理行为的奥妙。第三，预测政府经济管理行为，并对未来新的经济运行环境下政府经济管理行为的调整和适应提供对策性意见。

　　在分析中，将力图贯彻四个意图：第一，借鉴行为科学、管理学、行政管理学、社会学及经济学的研究成果，从主体行为角度对政府经济管理进行分析，为政府经济管理的研究提供一个新的框架和思路。第二，将宏观分析与微观分析统一起来。改革开放以来，由于西方经济理论的介绍与引进，社会主义经济理论也逐步分离为宏观分析理论与微观分析理论。这种分离有推动经济理论向前发展的一面，但并不总是适用于任何分析对象。当面对着政府经济管理行为这样的问题时，仅仅只从一个角度（宏观或微观）来分析就显得不完整。同时，行为科学的分析角度主要是微观的，如果在分析政府经济管理行为时继续沿着这个微观分析的思路往前走，也将会使分析停留在较狭窄的平面上。宏观与微观的划分是相对的，在政府经济管理行为分析范围内，这种二分法就显得不必要了。较好的办法是将二者统一起来，对政府经济管理行为的分析，先从政府经济管理者的行为即微观开始，然后上升到政府经济管理组织的行为，最后达到对完整的政府经济管理行为即宏观现象的充分认识。第三，分析的对象聚焦于中国，但不局限于中国。就力所能及的历史及理论视野，包括把其他一些前社会主义国家的政府经济管理行为和资本主义国家的政府经济管理行为也纳入分析的框架之中。因为事实上对政府行为的理解和研究具有世界性，除了特殊国情和制度之外，政府行为也具有一定的共性。第四，力图应用马克思主义的观点、立场和方法对战后西方社会科学的成果有所批判有所借鉴，注意吸收当代资本主义经济管理模式中有价值的理论研究成果及有用的政府经济管理经验。

当然，如同分析人类行为一样，分析政府经济管理行为也面临困难的和不确定的结局，其原因是多种多样的。一个众所周知的原因是，在社会主义国家内部，各种有关政府行为的信息越是到高层越难以获取，这给分析带来一定的局限性。即使通过历史文献，对有关政府行为的客观叙述也是不多见的。另一个原因是分析者本人知识的有限性，尽管对此已经做了许多努力，但总觉得在所分析的对象与所掌握的分析工具之间还存在着较大的距离。但是，问题的重要性和现实感，以及对这个问题长期保持浓厚的兴趣，激励着笔者在理论探索上跃跃欲试，力争在现有的一切条件下，作出满意的分析结果，并为其他研究者提供素材和思路，最终揭示出复杂的政府经济管理行为规律性。

由于受笔者专业出身以及知识结构的限制，本书着重讨论的是有关政府行为中的经济管理部分。但是所涉及的问题不可能不超出这个范围。因此，一方面笔者吸收了相关学科的研究成果，另一方面本书中的一些结论在原则上也适用于政府行为的非经济管理活动。事实上，政府经济管理行为与政府行政的和社会的管理行为是密不可分的，文中一方面借鉴了有关行政管理和社会管理的理论成果，另一方面分析也扩展到某些行政和社会管理研究领域。总之，在当今边缘性问题不断涌现因而出现学科交融的时代，对某个社会现象的解析已经不能局限于某个狭窄的分析领域，必须跳出某个学科的小天地，向更广大的学术空间进军。

"当有人问 J. 洛布他究竟是神经病学家、化学家、物理学家、心理学家还是哲学家时，他只回答说：'我解决问题。'"[①]

[①] 马斯洛著，许金声等译：《动机与人格》，华夏出版社 1987 年版，第 17 页。

第二章 政府经济管理行为产生的前提和基础

政府经济管理行为不是在真空中形成的。无论什么样的政府及其经济管理行为，都是在一定条件下形成、发展、变化，直至形成一种适应一定条件的模式。因此。要理解政府经济管理行为，首先需要理解促成这种行为的条件。所谓条件，可以有多种理解，在本书中，我们主要从政府经济管理行为产生的前提和基础来分析其限定条件。由这些前提和基础可知，社会主义经济体系中的政府经济管理，无论人们喜欢与否，赞成与否，它总是要如此行动的。它的行为首先只能从形成它的行为前提与基础中寻找到根本依据。

第一节 政府行为的政治法律前提

一、政府行为与执政党地位

目前在中国，社会主义经济的基本政治前提是共产党领导下的多党合作和政治协商制度。历史上，我国曾经在第二部宪法（1975年）和第三部宪法（1978年）的第二条中直接写明中国共产党对国家的领导地位。第四部宪法（1982年）虽然取消了原来的第二条，但是在总纲部分仍然指出了中国共产党的领导作用。到2018年3月，在《中华人民共和国宪法（2018修正）》第一条中，明确指出："中国共产党领导是中国特色社会主义最本质的特征。"一般来说，执政党的作用居于中心地位，这是社会主义政府经济管理模式的基本前提。它决定了政府经济管理模式的终极决策、管理路线、管理组织方式、管理人员的委派等一系列程序和做法。对历史上曾经有过和现在仍然存在着的社会主义经济模式考察表明，共产党作为执政党一直是社会主义经济体系之中政府经济管理行为的一个十分重要的政治前提。

在理解政府行为与执政党关系问题上，存在着两种对立的认识观和截然不同的实践做法，因而人们无法回避，需要给出正面回应。当代西方的政治法律理论是西方政治民主化进程的产物，其代表人物是孟德斯鸠。首先，他把政治体制划分成三类：由全体人民或若干家族执掌最高权力的共和政体，由君主执掌最高权力但依据确定的法律行使权力的君主政体，由单独一人随心所欲、朝令夕改地治理国家的专制政体。① 其次，他根据古代罗马、希腊以及近代英格兰等国家的法律实践经验与教训，主张国家的立法权、行政权和司法权要分立分置的思想，认为只有三权分置，才能保障公民自由权不会得到伤害。② 应当说，新中国成立之初就采纳了共和政体，就通过建立全国人民代表大会制度、国务院制度、最高人民法院和检察院制度分置了立法、执法、司法三权。就形式而言，中国选择的是共和政体，与西方绝大多数国家采纳的共和政体是一样的。但是重要区别在于，西方实行的

---

① 孟德斯鸠著，许明龙译：《论法的精神》上卷，商务印书馆2019年版，第30~31页。
② 孟德斯鸠著，许明龙译：《论法的精神》上卷，商务印书馆2019年版，第186~190页。

第二章　政府经济管理行为产生的前提和基础 41

是政党竞选轮替执政的共和政体模式，而中国实行的是共产党领导的多党合作和政治协商的共和政体模式。① 其实，中国共产党执政的做法源于苏联做法，但又不同于苏联做法。在俄国"十月革命"之后大约十年中，世界上第一个新生社会主义国家苏联，在联共布尔什维克党领导下还保留了一些其他政治小党派，但是并没有推行政党竞选轮替制度。后来这些政治派别在历次政治斗争中逐步被清除出国内政治生活，最终形成了苏联的一党独立执政制度。按照当代西方法律主流理论划分，一党执政模式属于专制类型。奥地利学派的代表人物之一、纯粹法学派创始人凯尔森把国家政治制度划分为两种基本形式：民主和专制。列入专制形式名义之下的有绝对君主制、立宪君主制、总统制共和国与内阁政府制共和国、政党独裁四种。② 按照这种理论逻辑，世界上所有的社会主义国家都是政党独裁，因而都是专制国家。

从政体形式上划分的所谓专制或民主，并不反映政体内容上的所谓专制或民主，更不能证明谁更具有制度优越性。历史上，在西方的共和政体内部就出现过立宪君主的专制国家如英国，总统制共和国的专制国家如法国，更出现过政党独裁的专制国家如纳粹德国和法西斯主义意大利。反之，许多奉行了多党制共和政体的发展中国家，社会经济却长期发展不起来，人民生活水平提高不了多少。一个国家究竟采用哪种政体来发展，需要由多种条件和因素来决定，最终要用国家强大、社会进步和人民幸福来判断。世界是复杂多样的，在政体选择上不可能只有一个选项。20世纪的苏联共产党把一个落后的农业国建成世界上先进发达的工业国，并独立抗击了强大的纳粹德国的侵略，联合同盟国最终战胜世界法西斯主义；在国家解体之前已经成为世界

---

① 八个民主党派是：中国国民党革命委员会（民革），中国民主同盟（民盟），中国民主建国会（民建），中国民主促进会（民进），中国农工民主党（农工党），中国致公党（致公党），九三学社，台湾民主自治同盟（台盟）。
② 凯尔森著，沈宗灵译：《法与国家的一般理论》，中国大百科全书出版社1996年版，第332~334页。

两大超级大国之一。① 而学习苏联的中国共产党坚持以人民为中心的理想与信念，依据本国国情不断改进和完善共产党自身建设和国家治理能力，短短70年就把一个贫穷落后的农业国发展成为世界上第二大经济体、世界制造大国、世界贸易大国、世界教育大国等。这些成就充分证明共产党是世界上最优秀的政党，充分证明共产党执政体制具有一些超越西方多党制政体的制度优势。在社会主义国家里，共产党一党执政传统是由历史进程决定了的。这一历史进程，无法通过政治实验或历史的假设来改变。从世界上第一个社会主义国家到一大批实行社会主义社会经济制度的国家，在政治进程中最终都是共产党政治集团取得执政地位。共产党的性质是工人阶级先锋队，代表最大多数人的利益。由于各个国家的具体情况不同，实行社会主义的政治纲领的组织名称各不相同，但可以把它们都称为共产党政治组织。目前在五个社会主义执政党国家中，中国、越南、古巴使用共产党称呼，朝鲜使用劳动党称呼，老挝使用人民革命党称呼。

产生这个历史事实的依据是：

第一，在所有的实行社会主义制度的国家里，共产党政治组织是建立这种制度的主要政治力量。为建立这个制度，共产党组织付出了巨大的政治集团努力，乃至成员个人的鲜血与生命。第二，这种政治力量的政治目标首先是建立社会主义社会经济制度。也就是说，共产党与社会主义有天然的联系，尽管它的终极目标是实现共产主义社会经济制度。第三，在建立社会主义社会经济制度的斗争进程中，其他对共产党政治目标不持歧义的党派组织始终是共产党组织的追随者、同路人或合作伙伴。这些党派的政治生命，一方面取决于它们的基本政治目标是否与共产党组织的根本政治目标相冲突，另一方面还取决于双方的政治利益需要及其合作愿望的强烈程度。第四，共产党组织

---

① 关于苏联在1991年解体原因，超出本书研究范围，但是与苏联共产党本身后期保守僵化腐败有直接关系。苏联共产党失败了，国家就随之解体，二者有必然性联系。

拥有绝大多数的国民支持率。从历史上看，各国的共产党政治组织上台执政的形式有两种，一种是通过武装斗争推翻前政权夺得执政地位，另一种是通过议会选举取得执政地位。现代西方政治理念强调后一种形式的合法性和民意代表性。然而，当旧的执政势力已经失去社会多数成员的支持同时又为了保存其政权而实行政治独裁时，共产党组织只得领导人民起来推翻前政权，人民支持共产党，推举共产党成为执政力量。这种没有通过议会选举而形成的执政形式也同样能够体现民意。因为共产党作为工人阶级的先锋队，代表全体人民的根本利益。无论哪种情况，得民心者得天下，这是政治的历史进程中铁的规律。

因此，由共产党组织领导一个国家的政治，社会主义国家的政府经济管理行为将体现出一元化的政治领导经济的特点。但是由于各国的具体历史条件不同，共产党执政的形式有所不同。我国与一些东欧前社会主义国家，在建立社会主义政治制度的过程中，并没有像苏联那样完全取消其他政党组织，而是建立起了共产党领导下的多党合作制。其他一些非无产阶级的民主党派也参与了国家的政治、经济等管理活动。这种体制保证党的执政领导体现包括全体合法公民在内的利益。从实质上说，社会主义的一党执政与资本主义的多党制，都是根据各自社会中占统治地位的阶级意志行事的。区别只是在执政的形式、方法方面：

第一，凡政府涉及政治范围问题的经济决策将充分体现出共产党组织意图和政治追求。在社会主义经济体系中，由于坚持党的统一政治领导，经济问题的重大方针和路线都直接反映了党的基本路线、根本原则与基本战略。由于共产党代表工人阶级和广大劳动人民的利益，因此从形式到内容，从表象到实质，社会主义经济体系中的共产党领导都始终代表社会最广大人民的根本利益。与此相对比，在形式上的多党政治构架中，政府的经济管理表面上是社会各种党派、集团、阶层等的观点和利益的混合，但是在实质上仍然主要体现占统治地位的阶级意图与意志。西方资本主义经济体系中各派政党，无论是共和党与民主党，工党与社会党，在野时可以爱说什么就说什么，一旦上台执政，基本上要按照西方社会的具有支配影响地位阶级的意见和理念行事。

第二，政府的经济决策过程将处于共产党组织的有力影响之下。特别是在制定最高级别的国民经济决策时，常见的做法是，首先是由党中央提出建议，然后政府按照文件中所初步拟订的方针、原则、任务、目标和政策等，分别向党组织和国家立法权力机构提交计划草案。由于各个社会主义国家的历史和传统不完全相同，在党与政府之间具体的关系上有一些差别。有些国家对政府的控制程度比较松，政府经济管理具有相对独立的和灵活性较大的权限；而另外一些国家，党对政府的控制程度就比较高，政府经济管理行为基本上就是党的经济管理行为。与此相对比，在资本主义多党制政治构架下，政府的经济决策过程受到某一党派的直接影响要小一些，而受立法机构和院外利益集团势力的影响要大得多。

第三，政府经济管理者将受到共产党组织的监督与控制。党管干部是社会主义国家制度中长期执行的一个组织原则，政府经济管理者也受此原则约束。尤其是中高级政府经济管理者，主要通过党组织挑选、考察、推荐和任命。由于对政府经济管理的人事进行了监督与控制，这样就从组织措施上保证了政府经济管理行为不至于从根本上偏离党的经济建设基本路线和方针。同样由于社会主义各国的历史发展以及传统不同，在具体的做法上各国也不完全一致。

新中国成立之初，我国依据革命时期的经验建立了以干部为标志的政府人事管理制度。进入改革开放时期之后，开始积极探索建立以公务员为标志的现代政府人事制度。1993年10月1日，《国家公务员暂行条例》开始实施，标志着具有中国特色的国家行政机关新的人事管理制度的基本确立。随后，2005年4月27日正式颁布了《中华人民共和国公务员法》，2018年又颁布了《公务员法》2018年修订版。但即使是学习和借鉴了西方的公务员制度，也没有放弃党管干部这条原则。在新的公务员制下，一方面，党要管干部，党要管人才，党组织对重要的政府经济管理部门的政务员人选进行甄别、推荐和筛选；另一方面，普通的政府经济管理者作为公务员，不必像某些西方国家的政府经济管理者那样必须在党员与公务员之间做出选择。而在西方资本主义政府体系中，往往强调政府官员保持所谓的"行政中立"。

我国政治制度是从共产党执政之后就形成的，从来没有动摇过。但是曾经在20世纪80年代，对党领导国家的政治制度有过一些探索。由于历史上的极左思想带来的教训极为深刻，加上受到西方政治制度理念的影响，这种探索存在着一些不确定性和模糊认识，比如提出党政要分开，党要管党，党的基层组织从企业中退出等。探索的具体内容是将许多行政职能从原来的党委决策权限中分隔出来，党组织集中精力抓大事，实行政治领导。然而经历了30多年的探索，到党的十九大，重新明确了"党政军民学，东西南北中，党是领导一切的"这一政治原则。这就对改革开放以来关于党建的一些模糊认识和探索做了一个了断。

二、政府行为与国家

按照一般理解，政府又称国家行政机关或国家管理机关，是国家权力机关的执行机关，是统治阶级运用国家权力对国家行政事务进行组织和管理的机关。[①] 因此，政府的经济管理行为首先受到它所处的国家性质和类型的制约。

[①]《中国政府工作概要》编写组：《中国政府工作概要》，中共中央党校出版社1991年版，第3页。

按照马克思主义国家理论，从历史上看，"国家是社会在一定发展阶段上的产物；国家是承认：这个社会陷入了不可解决的自我矛盾，分裂为不可调和的对立面而又无力摆脱这些对立面。而为了使这些对立面，这些经济利益互相冲突的阶级，不致在无谓的斗争中把自己和社会消灭，就需要有一种表面上凌驾于社会之上的力量，这种力量应当缓和冲突，把冲突保持在'秩序'的范围以内；这种从社会中生产但又自居于社会之上并且日益同社会相异化的力量，就是国家。"①

国家是相对于社会而言的，是一个社会最高的组织形式。然而18世纪以来由于资本主义国家组织尚未达到20世纪以来的发达水平，这使得具有社会主义思想倾向的人们（也包括大多数社会科学工作者）对国家组织形式的认识仍然是一般性的。例如，没有严格区分国家与政府的差异。在马克思分析当时的德国工人党的党纲《哥达纲领》时，他指出："事实上，他们是把'国家'理解为政府机器，或者理解为构成一个由于分工而同社会分离的独特机体的国家，"② 我国有的研究者把马克思这句指明他人理解而马克思本人并没有表示赞同的话，当成了马克思关于政府的经典定义，③ 这其实是一种误解。马克思主义经典作家一生中对国家或政府做过大量的高层次研究，仅就国家所说的类似定义的话在文献中就不下十种。然而他们主要是从最高意义上即社会发展的历史进程来谈论国家的，这提示我们要从指导思想上去理解马克思与恩格斯的原话，从本质上去理解有关问题，而不能简单地去套用原话，甚至于误解了原话。马克思的原意是不分国家与政府的，国家与政府是一回事。

随着历史的进程，无论是先于社会主义国家制度而成熟的资本主

---

① 恩格斯著，中共中央马克思恩格斯列宁斯大林著作编译局编译：《家庭、私有制和国家的起源》，人民出版社2018年版，第189页。
② 马克思著，中共中央马克思恩格斯列宁斯大林著作编译局编译：《哥达纲领批判》，人民出版社2018年版，第29页。
③ 杨再平：《中国经济运行中的政府行为分析》，经济科学出版社1995年版，第3页。

义国家制度,还是社会主义国家制度本身,都由于国家管理职能分工细化,其国家组织机关被分成了若干部分。与国家的立法机构(各国的议会或人民代表大会)和国家的护法机构(各国的法院或检察组织)相对应,政府作为国家的执法组织机构,根据宪法及其他有关法律的规定,按照一定的程序组建,并执行宪法赋予的各种职权,接受宪法及有关法律的监督和保护。我国宪法规定,国家的最高权力机关是全国人民代表大会,国家的最高行政机关是国务院。从此往下,各级地方权力机关是地方人民代表大会,各级地方行政机关是地方政府。因此,国家制度中的行政职能开始专业化,作为履行行政职能的政府与整个国家组织区别开来,政府是国家机构的组成部分之一。这是国家治理形式的现代化。

当然受过去国家传统理念的影响,现在还是有许多人容易把政府机关的所作所为归结为国家的所作所为。究其原因,除了在以往的社会科学文献中,没有严格使用国家与政府的概念外,还有实践方面两者行为容易混淆的原因。尤其是在社会主义国家制度尚未成熟的时期,国家行为与政府行为没有从制度上加以区分。因为政府与立法机关同样属于国家的一部分,尤其是在对外交往中,政府更是以国家的名义行事。所以,在经济管理实践中似乎也可以把政府看成是国家。不仅理论上有这样认识,实践中也常常是这样做的。

但是从现代法律制度上说,政府行为不等于国家行为。按照国家意志表述和国家意志执行区别,国家构成一分为二,体现国家意志表述的行为是政治,体现国家意志执行的行为是行政。[①] 因为政府的政策条令最后以国家的法律法规为依据。于是,根据孟德斯鸠的三权分置可以分成两种:立法权和司法权合并为国家意志表述行为,执法权为国家意志执行行为。政府行为专指国家意志执行的行为。在西方国

---

① 古德诺著,王元译:《政治与行政》,华夏出版社1987年版,第9~13页。

家制度的架构中，由于实行严格的三权分立、相互制衡原则，政府的行为与议会、宪法法院的行为是清楚的。政府依据国家法律组建，在议会的授权范围内行动，政府行为受到宪法法院的监督。宪法法院可以裁决政府行为是否违宪，议会可以根据司法裁决作出弹劾政府的决定。社会主义国家体制不同于西方国家制度，是由共产党领导下的人民代表大会制。在这种制度下，仍然存在着立法权、司法权、行政权、监督权等权力分工的国家政治架构。以我国为例，国家的最高政治经济决策由全国人民代表大会做出，经过全国人大的表决和认可，完成法律程序的形式认定之后，最高国民经济决策才具有法律上的效力。这是从"文革"到"改革开放"以来获得了宝贵的正反经验教训之后才确立起来的依法治国理念。只有实现内容和程序上的公平正义统一，才能保障社会主义社会制度的长治久安。

因此，按照我国国家机构的分工，国务院作为中央政府只是国家最高决策的执行机关，它的行为在法律上说只是国家意志的执行人，而不是国家意志的表述人。宪法只是赋予国务院拥有其他国家机关所没有的各种手段。它通过运用这些手段进行具体的组织和管理活动，把国家权力机关制定的法律和通过的决议付诸实施，从而实现最高国家行政机关的职能。

进而推论，政府的经济管理行为不等于国家的经济管理行为。国家的经济管理行为包含了经济立法、经济护法与经济执法等在内的全部活动，也包括国有经济发展行为、国有资产保值增值行为。而政府经济管理只是国家行为中的一个组成部分，尽管是非常重要的组成部分。政府经济管理首先必须合法合规，其行为不能越出国家经济法律规范。一切违反法律法规的政府行为，都将得到纠正直至惩罚。

使人们困惑的一个特殊的实践问题是：政府依法行事，其行为不一定就是合理的，而政府不依法办事，其行为可能会是合理的。这是在理解政府行为与法律关系时有可能遇到的所谓"合法而不合理、合理而不合法"问题,也是一个二律背反命题。例如,在计划经济制度下,政府主管部门直接向所属企业下达计划指标,干预企业日常生产经营活动,这是有制度依据的,是合法行为;而在企业自身没有发育成熟、生产经营能力不强的时候,也需要政府的扶持、指导与干预,也使得政府这种行为合理化。但是当企业自身的生产经营能力增强并在微观经济活动中迫切需要有自己的独立决策与经营管理权限后,尽管从制度规定上说,政府直接干预企业的行为依然是合法的,但从促进企业的进一步发展来看,就不一定合理了。从计划经济体制向市场经济体制的转型过程中,合理的政府行为是逐步减少对企业的直接干预,扩大企业的自主权,并转变为一种间接干预方式。但这很可能与既定的制度发生冲突。在制度没有调整过来之前,这种冲突总是存在的,并且以各种消极的和隐蔽的对抗形式表现出来。于是,体制转型期大量出现政府行为二律背反的现象。即使在改革开放 40 年后,新旧体制交替已经大体完成,这种矛盾现象依然不少。

一般来说,判断合不合法的依据是已经存在的法律制度规定,而判断合不合理的依据则是社会经济活动的必然性和规律性。政府行为符合这种必然性和规律性,也就是常说的行为实事求是,就是合理。在上述问题分析中,计划经济是一种法律制度条件,企业生产经营能力是一种必然性和规律性条件,两种条件下的行为都有一定的道理。因此,解答这个命题,关键要看形成行为的条件哪一个更具有约束力。

据此可以构建一个二维逻辑表(见表 2 - 1)。就政府的合理或合法行为调整而言,可以推测有四种组合情况,分别是:政府行为既合法又合理——A 行为;政府行为合法但不合理——B 行为;政府行为既不合法又不合理——D 行为;政府行为不合法但合理——C 行为。当然,实际现场的具体情景非常错综复杂,形成的原因也会多种多样,相关利益当事人会站在各自立场上据理力争。从分析逻辑上看,解决所谓政府行为二律背反问题的出发点不是理而是法,法是最终调整依据，这体现了依法治国的根本精神。法为先理在后，合法合规为上，非法违规为下。在此前提下，合法的理性行为是最佳行为，合法的非理性行为是次佳行为。而非法非理的行为是最劣行为，非法但合理的行为是次劣行为。

表 2-1　　　　　　政府行为的四种情况及其应对策略

		行为合理性	
		是	非
行为合法性	是	A：最佳行为 应对：不需要做任何调整	B：次佳行为 应对：优先调整政府行为
	非	C：次劣行为 应对：优先调整法律	D：最劣行为 应对：全面改革

为什么会这样判断？因为调整政府行为的可能性要大于调整法律制度的可能性。因为，对合法与否的判断比较简单，已经公布的国家法律文件是直接的判断依据，而对合不合理的判断就不那么简单了。合理的依据往往来自对客观的社会经济活动的必然性和规律性的认识及利用，要达成这种共识需要经过较长的时间不断实验和反复摸索。同时，合理是在一定条件下的形成的，并且依条件的变化而变化，因此合理只能是相对的，没有绝对的合理。合理与合法相比，前者具有管理操作上的难度，而后者具有管理操作上的简明性。因此，实践中的政府经济管理更倾向于按照合法性来行动，而把合理性问题的答案留给了上级机关和立法、司法机关。

因此，法律规定是政府行为的边界。政府作为国家权力机关的执行部门，主要任务是执行和实施最高决策，而不是反过来要求国家权力部门作出法律上的修正。但是，法律规定总是要力图体现出合理性，如果长期不体现合理性，法律规定最终就会遭到人们的蔑视，这就会使法律规定变成一纸空文。于是就要求立法者对问题有深刻的洞察力和敏捷的反应力,及时制定出合理的法律规章。然而,要使问题既合理又合法,又委实不易。因为在实践上,立法总是慢几拍的,总是在人们对法律的对象有了比较透彻的理解之后,才能列出明确的规范,且不说旷日持久的立法程序与审批程序。这样,世间上便有了许许多多合理与合法相悖的行为。有些人往往不了解这个矛盾的复杂程度,容易在遇到经济生活中的一些难题后,就轻易地指责政府,认为政府应该如何。其实,在知道了政府经济管理的行为局限性之后,人们的头脑多少就会冷静一些了。在后面第六章对政府经济管理中的不规范行为做分析时,我们还将继续深入讨论具体的政府经济管理行为合理与合法相悖问题。

总而言之,合不合法,是一个制度分析的命题。解答这个命题,是采取制度变革的举动;合不合理,是一个行为分析的命题。解答这个命题,是采取调适政府自身的行为。按照第一章关于分析方法所作的解释,制度问题作为行为的基本前提,将不是本书分析的重点。具体说,法律终归是政府经济管理行为的前提,本书主要考虑的问题是根据法律制度安排,如何调整政府经济管理行为。

第二节 政府行为的物质与经济基础

按照历史唯物主义的观点,政府是建立在一定物质与经济基础之上的上层建筑,政府行为受制于物质与经济基础两个基本方面即社会生产力与社会生产关系的影响。就社会生产力而言,政府行为受到生产力的发展水平及其发展阶段的影响;就社会生产关系而言,政府行为主要受到社会基本的生产资料所有形式的制约。

首先，受整个社会生产力发展趋势的影响，国家及其政府的经济管理行为有加强的趋势。在人类社会生产力不发达的时期，由于生产的分工与技术联系比较单纯，生产者的生产、分配、交换与消费处于较为狭隘的天地。因而只需要依赖于生产者、经营者与消费者的自我联系，社会的再生产活动就能进行下去。直到资本主义自由竞争阶段，我们都可以看到，比起20世纪以后的生产力水平来，相对简单化的社会再生产依靠内部的活动主体就能够顺利地运转下去。但是在那之后，由于数次技术革命，生产力的发展一再突破原来的极限，社会再生产朝着复杂化、精密化、区域化和国际化方向发展，依靠原来的联系是无法适应这种趋势的。以崇尚自由竞争的美国铁路业为例，在19世纪曾经出现过企图通过建立行业协会卡特尔来解决铁路运输过程中的纠纷和矛盾的行动，但是最终都没有获得成功。深入研究这段经济史的美国学者钱德勒总结说："控制并分配横贯一个广大地域的运输网络的运输流量，是一项复杂的管理工作。它需要的经理和人手超过了芬克（当时美国最有实力的铁路实业家——引者）及其在其他协会的同僚们所能指挥的一小支队伍。……其次，铁路公司在每个人均有其自己看法的、如何公平分配客货运量和收入问题上，也很难获得一致的结论。……除此之外，还有那些控制铁路公司股份，但目的又不在于从他们在运输设备上的投资回收利润的投机商人和生意人，他们的行为也造成了在运费上达成协议并付诸实施的困难。但最重要的却是高昂的固定成本的无情压力。为了降低这部分成本的支出，不得不破坏卡特尔的协议，使用过剩的能力。"① 这种没有约束地破坏竞争局面，最终以美国国会在19世纪末通过有关法律而告一段落。

其实，在美国没有实行罗斯福式的政府干预之前，就已经出现了国家干预行为，但这种干预是通过立法以国家意志表述名义实施的行

---

① 小艾尔弗雷德·D. 钱德勒著，重武译：《看得见的手——美国企业的管理革命》，商务印书馆1987年版，第160页。

为，只有立法之后，政府才能有所作为。如 1850 年出台的《宅地法案》，允许政府将土地赠与私人公司建造铁路。"铁路土地赠与产生了一系列复杂的外部性，铁路的修建提高了行驶速度和市场进入的便利程度，农业移民和商业活动因此受益颇多。"① 1862 年、1890 年分别出台的《莫里尔法案》，允许赠予联邦政府和州政府土地，合作举办农业研究站和州立大学与学院。此举直接促进了美国农业研发和农业现代化、地方教育发展和高等教育大众化。② 1887 年出台《州际贸易法案》之后，"联邦政府就从一个自由放任的体制过渡到部分规制的体制，它建立了州际贸易委员会，并授予其规制铁路运费的权力。"③再如 1890 年出台的《谢尔曼反托拉斯法案》拆分标准石油托拉斯，1906 年出台的《纯净食品和药品法案》减轻病牛肉或变质牛肉、产假牛奶和受污染牛奶对城市居民伤害，1913 年实施《禁酒法案》试图减轻酒精对青少年及成年人的健康伤害等，直至 1935 年出台《社会保障法案》。

由此可见，随着社会生产力的高度发展，各个独立的生产者、经营者和消费者在利益冲突下越来越无法达成共同遵守的社会契约，国家干预成为重要平衡因素。

其次，就社会生产力的不同发展阶段而言，政府行为有所差异。受整个社会生产力发展趋势的影响，国家及其政府的经济管理行为有加强的趋势。这是总的趋势，但不排斥在不同的社会生产力发展阶段上的强弱差异以及形式转化。在生产力水平尚未到达较高水平时，政府行为表现出直接的特点，而在生产力水平已经到达相当高的阶段之

---

① 罗伯特·戈登著，张林山、刘现伟、孙凤仪等译：《美国增长的起落》，中信出版集团 2018 年版，第 303 页。
② 罗伯特·戈登著，张林山、刘现伟、孙凤仪等译：《美国增长的起落》，中信出版集团 2018 年版，第 304 页。
③ 罗伯特·戈登著，张林山、刘现伟、孙凤仪等译：《美国增长的起落》，中信出版集团 2018 年版，第 305 页。

后，政府行为呈现出间接的特点。这尤其表现在20世纪第二次世界大战后的一部分工业国家经济增长历程中。在20世纪50年代的法国、联邦德国和20世纪60年代的日本、韩国，政府对经济活动实行过一系列的干预措施，其中尤以政府计划最为突出。政府经济管理由外在直接干预为主转向由内在间接控制为主，其行为更加灵活和巧妙。

产生这种转变的原因固然很多，但是一个根本历史原因或过程是：在经济增长的起飞阶段，通过政府的组织与计划，能够将有限资源用在国家急需的方向上。在这个阶段，一方面社会物资奇缺，社会供给不足，需要政府进行必要的调节分配；另一方面，社会需求同样不足，需要政府扩大公共支出来刺激投资和生产，扩大生产总量。然而到了经济迈过增长跨入成熟阶段，企业和消费者的成熟，使得它们能够处理好自己的事务，过去必要的政府扩张与直接干预措施就没有必要性了。政府行为的重点由扶持企业和保护消费者，直接投资创造经济增长的条件，转向了监督经济主体的行为，维护市场秩序，并为整个社会的未来提供发展的框架，等等。从第二次世界大战后多数国家的发展历程中可以看出，在大致经历了一个从经济的低水平到高水平的发展过程中，政府对经济活动的影响和干预，无论在数量上还是在质量上都发生较大的变化。这种变化应当说是一种符合社会经济发展规律的现象。

最后，就生产关系而言，政府行为受到生产资料所有制关系的制约。在生产资料归国家所有的条件下，政府作为国家权力的执行机关，负责对国有资产进行保护、经营与管理。在集中型的政府经济管理模式中，自不待言，政府的作用是巨大的，其行为也是被强化的。然而在分散型的政府经济管理模式中，政府的作用及其行为也是不可低估的。政府作为上层建筑中最重要的组成部分，有权力和义务对国有资产承担充分的责任。在社会主义制度下，生产资料公有制是基本的经济关系，政府乃至整个国家机器都要巩固并捍卫这个经济基础，这决定了政府经济管理行为的出发点和归宿点。在资本主义制度下，少数生产资料归国家所有，政府对这部分生产资料承担了比对私有财产更多的责任与义务。因此，某些政府行为的客观依据是生产资料国有制。这点无论在资本主义还是在社会主义都是行得通的。尽管从实践看，政府直接经营国有企业未必取得较好的效果，但是由于国有企业的存在，使得政府必须对经济体系中最重要的部分加强影响力。

早在1997年，世界银行的发展报告总结性地指出："在过去的一个世纪中，政府的规模和职责范围大幅度扩大，工业国尤其明显。第二次世界大战之前政府的扩张，除其他因素外，主要原因是政府必须解决因大萧条带来的经济和社会体系中的沉重负担问题。战后对政府的信心培育了对政府的需求，要求它做更多的工作。工业国中福利国家增多了，而许多发展中国家采纳了政府主导的发展战略。其结果是，全世界各国政府的规模及其管辖事务范围都极度扩张。老牌工业国中政府支出目前几乎占其总收入的一半，发展中国家大约占1/4。但正是这种政府影响的极大增长也使得问题的重点从数量性转向质量性了，即从政府的规模及其干预措施的范围转向它们在满足人民需求的有效性上来了。"[①] 市场经济发展至此，政府干预不是有没有、要不要的问题，而是数量和质量的问题，是程度大小的问题。20世纪80年代兴起的新自由主义思潮，使劲鼓吹"管的最少的政府是最好的政府"。但实际上，无论是资本主义国家还是社会主义国家，无论是在经济发达时期还是在经济不发达时期，政府介入经济活动的形式和数量虽然有所改变，而政府干预的总趋势并未发生根本性变化。

---

① 世界银行：《1997年世界发展报告：变革世界中的政府》，中国财政经济出版社1997年版，第2页。

第三节 政府行为的文化传统与社会心理基础

一、文化传统基础

除此以外,传统文化因素作为政府行为的基本背景,也是不容忽视的。关于文化概念,近年来也存在泛义化的倾向。本书指明的文化是传统的文化,意思是说一个民族在经过多少岁月之后遗留给后人的那些精神财富。由于是祖祖辈辈世世代代传留下来的东西,因此具有深厚的社会基础和广泛的社会影响力。影响所及,自然连政府经济管理行为也概莫能外。

从经验观察就可知,不同的传统文化背景中的政府行为是存在着差异的。在进行东西方政府经济管理行为比较分析时,对于政府与民间、集体与个人等两者地位的态度,多数研究者注意到了一个基本文化差异:在以渗透着古罗马精神和基督教宗教及其文艺复兴文化为背景的西方文化氛围中,个人利益受到推崇,民间利益具优先地位。受这种历史文化传统的影响,早期的西方政府经济管理职能只限于维护个人利益,政府扮演社会的守夜人角色。到了凯恩斯主义流行之后,虽然政府的角色已不局限于守夜人,但受长期历史文化的浸染,政府经济管理行为依然以充分尊重和保障个人的经济权益为基调。反之,在以儒家和释家教义为背景的东亚文化氛围中,以社会、国家、集体及家庭为优先,个人的利益不允许超越于社会和集体的利益之上。在东亚社会，政府管理行为首先依据的是社会及集体的利益，维护社会和集体利益的政府行为受到称赞，实行的是善政、仁政。政府的经济管理天然地具有合法性和合理性。只有当政府行为越出了社会及集体的利益后，即施暴政，政府才具有被推翻的理由。在西方文化语境下，政府对个人如果不是一种限制，至少也是一种不可缺少的恶。而在东方文化语境中，政府对个人至少是一种公正，政府经济管理者是老百姓的"父母官"。在这个意义上可以有根据地说，两种文化观念产生了有差异的政府行为，同时也进一步成为政府的行为规范指南。因此，只有理解了这些文化背景，才能更好地理解产生于这些背景的政府行为。

我国在改革开放时代，试图确立有限政府的理念。这种理念源自西方文化传统。在西方理念中，政府不是全能政府，而是有限责任政府。这种理念显然不同于中国传统文化中的理念："溥天之下，莫非王土。率土之滨，莫非王臣。"[①] 有限责任政府的理念固然有其合理性，在市场经济体制中，市场是资源配置的决定性因素。因而政府职能有边界，不能像在计划经济体制下那样大包大揽，对社会经济承担全面责任。所以在20世纪90年代正式确立了社会主义市场经济体制之后，政府管理就从许多领域大举退出。但是，政府的退出并没有换来相应的进步，相反，人民群众的不满意见有所上升。对于城市社会出现的出行难、就医难、就学难、住房贵、就医贵，以及大量社会公共产品无人提供等问题，政府是无法逃避责任的。至少在中国社会分工体系中，政府不可能仅仅承担"经济人"的有限责任。因此，进入到21世纪之后，政府开始恢复了在20世纪90年代退出的一些社会职能，如城乡公共医疗服务、义务教育、扶贫工作等。有限责任的政府主要在经济领域通过发挥市场决定性作用体现出来，而在社会发展领域政

---

① 《诗经》，山西古籍出版社1999年版，第119页。

府实际上发挥全面作用。无限权力意味着无限责任。

然而，过分夸大不同的文化背景对政府经济管理行为的影响力，也会模糊了对政府经济管理行为一般规律的认识，以致看不到事物的同质性。一项比较研究表明，同属于中华文化范畴的海峡两岸和香港的人员工作价值观是不同的，这与同属一个文化圈的人们工作价值观应该相同的假设是有矛盾的。[①] 形成这个矛盾的原因，可能是东方文化与西方文化的交融影响。

根据霍夫施泰德模型，两个最重要的工作价值观是权力距离和个体化。权力距离指的是上下级之间所拥有的决策权力距离，以及一个社会对这一差距的接受程度。分数高，意味着这种国家强调下级的服从、从众或顺从权威，下级也较适应专制的领导；分数低，意味着相反的国情。个体化与群体化相对应，高得分代表着一个社会中人们只关心自己和最近的亲族，个人的自我取向强，具有"我"的倾向。由表2-2可看出，在权力距离指标方面，尽管属于中华文化范畴的中国人得分比世界要高，但在中国人群体之间差距依然是较大的。而有关个体化指标，出入就更大了。当然，诚如调查者自己所说，该项调查只是初步的，科学的结论恐怕还有待于进一步的研究，但它从方法论上说明了不能夸大文化在政府经济管理行为中的权数。就管理行为而言，如果要想取得管理的成功，不同文化氛围的管理现场依然要遵循具有共性的管理规律。

总而言之，传统文化对政府经济管理行为是有重大影响的，其影响又是复杂的。但不能过分夸大这种影响。政府作为社会的上层建筑，与传统文化作为社会的意识形态，共同受制于经济基础的作用。经济基础在最后起着决定性作用。在这个基础之上，传统文化对政府行为才能够表现出其不同质的文化差异。上例关于海峡两岸、香港地区以

---

① 徐联仓、王新超：《工作价值观的跨文化比较研究》，载于《行为科学》1991年第6期。

及新加坡的工作人员调查部分地说明了其关系的复杂性。同样，日本与中国同样具有相似的文化传统背景，但是在许多方面日本社会与中国社会表现出不同的差异。所有这些，都会具体反映到不同的政府经济管理行为上。关键的问题是要理解在每个文化背景下产生出来的政府经济管理行为的特征，估计这种行为在现有的条件下的价值，以及预测这种行为对今后社会经济发展的可能影响。

表 2-2　　受中华文化影响的不同地区工作人员价值观比较

地区	权力距离	不肯定回避	个体化	男性化
中国大陆地区	58	64	50	50
中国台湾地区	58	69	17	45
中国香港地区	68	29	25	57
新加坡	74	8	20	48
国际 40 个国家和地区平均	51	64	51	51

资料来源：徐联仓、王新超：《工作价值观的跨文化比较研究》，载于《行为科学》1991 年第 6 期，第 10 页。

二、社会心理基础

本书第一章已经谈到，说到底，经济活动是由人去推动的。因此，人的因素不可忽视。政府经济管理行为，同样说到底，也是一种政府经济管理者的行为。因此，要揭示和理解政府经济管理行为，就必须解释政府经济管理者的内心世界。这就注定了研究必须要以政府经济管理者行为的心理为基础。虽然，政府经济管理者的心理受到生理和环境两个方面的决定，因此心理因素需要由造成心理因素的前提条件进一步说明，但是，当一定的假设条件不变时，心理基础是支配政府经济管理者行为重要原因。

　　同时，政府行为不仅仅是单独个别人的行为，而是一个社会群体的集体行为。因此，构成这个社会群体的心理，是社会的心理，而不是个别的心理。解释政府经济管理者的心理基础时，除了要注意具体管理场合具体管理者的心理因素外，更多的是要注意代表政府经济管理者群体的心理因素，这就是政府经济管理者的典型心理特征。所谓典型心理特征，就是一种建立在类型基础之上的群体心理特征。依据这种认识，我们才有了比较合理的政府经济管理者心理调查和分析。在第三章中，本书将进一步借助管理心理学的决策风格概念，对政府经济管理者的管理风格进行了典型概括。

　　总而言之，当代心理学的研究成果已经大量渗透到社会经济活动各个领域，经济管理活动也不例外。应用心理学分析不是有害于而是有助于解释和理解政府经济管理行为，为更好地、深入地了解政府经济管理行为提供钥匙。

第四节　政府行为的国家经济管理制度前提

　　由以上各个前提或基础，形成一定的国家经济管理制度，或按照普遍的理解，形成一定的经济体制。在讨论政府行为的政治、法律前提和经济基础时，我们也涉及制度问题。很明显，这里所讨论的制度问题，从属于前面所提到的有关制度因素问题。政府行为除一般地受上述制度因素制约和影响外，还更为具体地受到国家经济管理制度的制约和影响。相对于行为而言，制度一旦形成，一般不会轻易变动，制度具有相对稳定的特点。因此，国家经济管理制度因素是政府经济管理行为产生的一个必要前提。具体说，国家经济管理制度前提包括由国家根本制度要求政府去实现的基本目标（制度性目标）、国家立法机构以及法律赋予政府行使的公共权力，以及由整个国家组织制度所规定的政府组成形式。

一、政府管理的基本目标

政府管理的基本目标，是一种制度性目标，在很大程度上决定了政府的管理行为。通常而言，管理目标就是行为目标。但由于政府管理行为受到前述条件的约束，因而行为目标出现了两种区别：一种是政府自己可以选择的具体目标，这是政府自由裁量权可以搞定的；另一种是政府管理自己不能选择而必须严格执行的基本目标。对前一种目标，政府管理自己可以做出选择，而后一种目标是给定的，政府事实上不能做出选择。在管理实践中，确实存在着这两个层次目标。

在政府经济管理实践活动中，具体目标在很大程度上将受到政府行为的影响，往往政府行为产生出一定时期一定范围的政府管理具体目标。例如，为了治理通货膨胀，政府把在近期内消灭财政预算赤字列为政府管理的重要目标；同样，为了提高政府运转效率，消除腐败，政府又可能把控制人员经费的增加列为某个时期的管理目标。这些目标都是由具体条件下的政府行为决定的，因此这些具体目标服从于政府行为。然而，政府管理的基本目标，从表面上看，是由国家权力机关作出选择并责令政府去完成；从实质上看，是由制度以及产生这个制度的基础共同选择的。因此，相对于政府管理的具体目标，这些基本目标具有客观性的特点，不受政府行为影响和约束。相反，政府行为严格受到这些目标的限制。这样国家通过设置基本目标，就在很大程度上规范了政府行为的方向，成为评价政府行为好坏的一个重要尺子。

因为处于不同的发展阶段和面临不同的发展任务,所以对政府管理基本目标的选择具有时代性和动态性等特征。新中国成立70年来,政府管理基本目标发生过数次重大的调整:在20世纪50年代,政府基本管理目标是建立工业化体系,实现从农业国向工业国的转变;是完成社会主义所有制改造任务,实现从新民主主义革命向社会主义革命的转变。到20世纪90年代,政府的基本管理目标是实现两个根本转变,即实现经济增长方式从粗放型向集约型的转变,实现经济运行机制从计划经济向市场经济的转变。21世纪10年代,中国政府管理基本目标又依据"使市场在资源配置中发挥决定性作用"要求,重新界定了政府职责和作用。在2013年发布的《中共中央关于全面深化改革若干重大问题的决定》中,"强调政府的职责和作用主要是保持宏观经济稳定,加强和优化公共服务,保障公平竞争,加强市场监管,维护市场秩序,推动可持续发展,促进共同富裕,弥补市场失灵。"①据此可以归纳当下的中国政府基本管理目标就是这八个。

二、政府的权力

政府的行为能否有效,与政府所拥有的权力有很大的关系。按照国家制度的法律架构,政府的经济管理大权来自国家权力机关的授予,政府在授权的法律范围内行事。因此,运用权力是政府行为的直接表现,同时又是产生政府行为的一个最关键原因。几乎所有的政府行为,无论好坏,无论社会主义还是资本主义,都与权力有关,拥有权力是任何一个政府行为的基本前提。只有拥有了必要的经济管理权限,政

---

① 习近平:《习近平谈治国理政》第一卷,外文出版社2018年版,第77页。

府经济管理行为才能够产生实质性的效力。

一般来说，政府机关所拥有的管理权力分为财权和事权。这些权力在不同的政府经济管理模式中有不同的分配方式，因而表现出不同的行为特征。在高度集中的政府经济管理模式中，由于中央集中了几乎所有的经济权限，包括财权和事权，所以这种管理模式中的政府行为实际上是中央政府的行为。在适度分权的政府经济管理模式中，中央政府与地方政府分别享有了一定的财权和事权，因此这种管理模式的政府行为实际上是中央政府行为与地方政府行为的复合。在松散的邦联制国家体制下，中央政府与地方政府之间存在较大的行为差异。这些情况都与权力结构的差别直接相关。

在行使权力的过程中，如果政府在没有被授权时越权，或者政府超出宪法规定范围滥用权力，或曰专权，这些都是国家经济管理制度不容许的。如果制度健全的话，政府的这些违宪行为将受到行政法律的制裁。

政府行为不仅要以拥有必要的权力为前提，同时也需要以对权力的监督为前提。按照政府行为的法律前提，政府的经济管理权力来自国家立法机关的授权。但是在具体的执法行为中，政府活动的空间是比较大的。法律也给政府经济管理留下了制定和实施行政法规的权限空间，而这种权限空间对实际的经济活动产生更为实质性的影响。如果政府拥有了权力而没有监督，就会出现政府行为失控的现象。只要个别政府经济管理者"把有限的权力发挥到无限的地步"，这就十分危险了。因此，权力拥有和权力监督是产生政府行为的共同前提，进一步说，它们是政府行为制度前提的一个重要组成部分。

在分析政府行为与权力的关系时，要纠正一个误解，认为权力是一切政府行为腐败的根源。按照这个结论自然而然的推论就是：取消或限制权力才能根除政府的一切腐败行为。其实，权力是制度的范畴，它随制度的变迁而变化，并根据制度要求判断其使用的合理性。同时，权力也是一个国家统治阶级集中了本阶级的意志授予本阶级服务的官员的统治手段。在资本主义国家，资产阶级占统治地位，权力是资产阶级利益和意志的体现，但却巧妙地披着社会民主的外衣。因此，权力能否成为腐败的土壤，一方面取决于权力被赋予的那个制度或阶级属性。例如，在封建君主制度下，封建等级制度剥夺了人民对官僚权力的支配力与监督力，只有最高统治者才享有对官僚权力的监督权。官吏的腐败也就必然成为制度的伴随物。另一方面，即使是在人民当家作主的社会，当人民赋予的行政权力得不到有效监督和制约时，行政权力就有可能被变质的人民公仆滥用。

政府经济管理乃至一切管理都离不开权力，但在制度前提已定的条件下，关键的问题是如何运用权力和监督权力。而这正是政府行为研究的一个核心问题。正确地使用权力会给经济活动带来巨大的驱动力，会给社会造福；越权或专权才会给经济活动带来阻力，才会给社会造孽。以历史唯物主义的实事求是态度看待权力问题，才能够正确地找到规范政府行为的钥匙。

三、政府的组织形式

在社会主义国家，政府一般按照两个方面来组织：其一，按照职能分工分成不同的职能部门；其二，按照地区分布分成不同的行政区域。不同的职能部门有不同的工作特点，其行为也就不同。不同的行政区域，尤其是上下级的行政层次——中央和地方，产生不同的管理需要和要求，形成了不同的组织形式。这是产生具体的政府行为的重要依据之一。

组织问题在行为分析中占有重要地位。一般来说，组织与行为是一个互动的过程，按照管理行为理论，组织是由人群与职位结构合成的。"一个组织可以被认为是两个概念的结合：（1）作为一组人的群体；（2）作为一组职位的结构。"① 因此，当讨论到政府经济管理中人的行为时，不可避免地要牵涉到有关组织行为问题。为了使得本书的分析保持必要的逻辑一致性，我们把政府的组织形式作为一般性的前提确定下来，而把有关具体的政府组织问题放在与人相关的行为分析中。进一步说，在整个国家经济管理制度中，政府的组织形式是由总的制度决定的。如果企图改变已有的政府组织形式，这就是体制改革；而对体制改革进行分析，按照第一章的方法论陈述，应当属于制度分析范畴了。本书始终把行为分析放在首要位置，而把制度分析放在次要位置。

　　制度经济学家在论及制度和技术的关系时，总喜欢制度高于技术，重于技术，决定技术。甚至认为制度是第一生产力。② 本书不是专门研究制度与技术关系的，似乎不应该评价这种制度经济学家的观点。但是如果把技术研发看作是人类主观行为时，并将其换为一种客观制度与主观行为的关系命题时，就有了一种不同角度的解读：就实际情况而言，制度是前人造出来，后人遵循的；制度是死的，行为是活的；在同样的制度前提下，有的人行为对了，有的人行为错了，应该更多地从人身上找原因，而不是一味责怪制度。在制度既定之下，行为高于制度，重于制度，决定制度。

---

　　① 唐·赫尔雷格尔、小约翰·瓦·斯洛克姆著，余凯成、黄新华、陈儒玉、许志恒译：《组织行为学》，中国社会科学出版社1989年版，第331页。
　　② 科斯、哈特、斯蒂格利茨等著，拉斯·沃因、汉斯·丰坎德编，李风圣主译：《契约经济学》丛书序言，经济科学出版社1992年版，第2~3页。

第三章 政府经济管理者的行为

在论述了形成政府经济管理行为的各种前提以及基础之后,如果谈到具体的政府经济管理行为,就必须从认识政府经济管理者的行为开始。这是按照行为科学方法研究政府行为的基本思路。其理由不难理解:第一,行为从根本意义上说是生物的特性。由此可以推论,研究政府经济管理行为要从研究政府经济管理者开始。第二,在政府经济管理行为中,尽管具体行为千姿百态,但是从一般意义讲,它们都是某种政府经济管理的个人独唱或者集体合唱。我们最终关心的是作为群体类型的政府经济管理者的行为规律性,认识这个规律性自然要从认识政府经济管理者开始。第三,具体的政府经济管理者个体不是我们研究的主要兴趣所在。实际上,研究不是针对某个具体的个人,而是研究那些具体的政府经济管理者的集合,是研究那些具有政府经济管理行为的类型群体。然而如果没有有关个体政府经济管理者的调查和研究,以及建立在统计学基础上的分析,对总的政府经济管理者群体的认识总是不确定的,或是停留于缺乏社会心理学的说明。对有关政府经济管理者个体或群体的说明,最终目的是要说明政府经济管理者作为类型群体的行为规律性。

第一节　政府经济管理者的角色行为

不是所有政府机关里的工作人员都是政府经济管理者。这里有一个约定：政府经济管理者是指履行政府经济管理职责并发生行为的个人。他们不应包括在政府经济管理机关外履行一些管理职责的人员，如因政府机关人手不够临时雇请的社会人员，这些人员因工作需要也临时赋予了一些管理职责；也不应包括虽在政府经济管理机关里但不履行管理职责的人员，如机关中的后勤服务人员。

作为一个总的特定社会群体，政府经济管理者在群体内部结构上可以按照管理职能进一步分成不同亚群体，如管理的决策者、组织者与实施者，管理者与被管理者，高层管理者与底层管理者，中央官员与地方官员，等等。如果有必要，这些结构可以不断地划分下去。一般而言，这些政府经济管理者的亚群体，是根据一定的管理职能、形式、任务和分工而形成的，是政府经济管理的行为载体。这些群体在另一种意义上说，就是扮演某种管理角色。

一、角色行为的复杂性

"角色"一词如果从英文 ROLE 理解，与"作用"是同义词。但是从社会学角度看，角色是社会的产物，是对社会人的一种社会位置的分派。这是在社会地位和社会关系的基础上形成的符合其社会身份和职业规定的个人行为模式。归根结底，是社会分工的人格化。英国大文豪莎士比亚曾经说过：世界就是一个大舞台，人们仅仅是这个舞台上的演员。每个人都走上舞台担当某一角色，表现人物的性格特点，最后离开舞台。社会是极其复杂多样的，并不是一个人终生只扮演一种角色；并且，在一定时期里，人们也不是只能扮演单一角色。这样，人们在现实生活中同时扮演多种角色，形成所谓"角色丛"现象。

管理理论将社会学的角色论运用到了管理者的人格分析中来。一个著名的分析例子是加拿大管理学家亨利·明茨伯格提出的"经理的角色"（manager's role，也有译成管理者角色）。他依据实证观察，归纳出10种管理者角色，分成三个方面：第一，涉及人际关系的三种角色：挂名首脑、联络员、领导者；第二，涉及信息的三种角色：监听者、传播者、发言人；第三，涉及决策的四种角色：企业家、故障处理者、资源分配者、谈判者。[①] 虽然此种划分显得零乱，没有逻辑性，但是他将管理者的多样性与复杂性简化为单纯的若干种角色，提供了认识管理者行为的钥匙。

政府经济管理者在实际管理工作中都将根据所分配的职位担负一定的责任，同时享有必要的权力。二者合起来就构成了政府经济管理者所扮演的特定角色。但是，政府经济管理者在生活中所扮演的角色不可能是单一的，除了在一定的管理环境中担负一定的管理角色外，还在其他的环境里担负不同的角色。政府经济管理者具有多种社会角色是一种正常现象，在一般情景下，这种多种角色以不妨碍公务为限。

假设以政府工作时间划线，时间以内，他或她是具有某种特定角色的政府经济管理者（总的角色是公仆）；时间以外，他或她是亿万人中的普通老百姓（男人或女人，父亲或母亲，儿子或女儿，等等）。但是理论上的角色分配不可能在实际生活中截然分开，角色是复合型的。因此，在特定的场合，角色必须主次分派清楚，避免发生角色冲突。在时间之内，他或她是受特定角色限制的，他或她的行为举止不

---

① 亨利·明茨伯格著，孙耀君、王祖融译：《经理工作的性质》，中国社会科学出版社1986年版，第79页。

能越出此限,老百姓的角色必须服从于政府经济管理者的角色。在时间以外,他或她是一名普通的老百姓,要按照正常的生活规律生活。这可以用一种极端的情景来说明:假设有一个家庭的所有成员同在一个政府机关供职。在工作时间,工作规则要求父亲或母亲放弃这种家庭角色,对待自己的子女如同对待机关里其他同事一样;同样,当子女的也不能指望从父母那里得到特殊待遇。在工作时间以外,这种工作角色就有必要转换为家庭角色。如果家庭成员仍然不放弃工作角色,就会给家庭生活带来诸多烦恼。假设其他条件不变,这种工作角色与家庭角色的相互交替将一直持续到其中一方完全退出工作环境或家庭环境为止。

但是,由于政府经济管理者供职于政府机关,不是普通的老百姓,而是具有特定身份的人员。因此,即使在工作之余,政府经济管理者的角色也是既定的,一直到他或她退休为止。在工作期间,政府经济管理者按照规定履行职责自不待言;而在工作之余,为了防止政府经济管理者作出有损于政府形象的任何行为,管理制度必然包含着对政府经济管理者的若干不分工作内外的规定。这是把特定的政府经济管理者角色延伸到日常生活中来,老百姓的角色也要服从于政府经济管理者的角色。这样做不能不引起角色间的矛盾或冲突,结局往往是为了保持一个角色而暂时放弃另一个角色,为保持工作角色而放弃非工作角色,为保持主要角色而放弃次要角色。党的十八大之后,鉴于日趋严重的腐败现象,中央高层制定了前所未有的严厉规定,实行领导干部终身追责制。这样不仅工作八小时之外,而且退休之后,如果领导干部在任期间发生玩忽职守和贪污腐败问题,一样追责到底。实际上这已经成为角色终身制,一朝为官,终身担责。

总之,"人们不能同时扮演构成他们的自我概念的所有角色—身份。相反,他们必须有选择地分配他们的时间和其他不充分的资源,他们在既定的情景中所扮演的角色—身份不只是要受到那个身份的显著性的影响，而且也要受到那个特定情景中所出现的机会的影响。"①

二、政府管理者的角色定位

在我国，一提及政府经济管理者，人们首先形成的一个总的角色形象是：政府官员是"公仆""人民勤务员"或"父母官"。其实这三种说法各有区别。"公仆"概念最早出现在法国资产阶级革命时期的人权理论之中，经过马克思和恩格斯对巴黎公社经验的总结，而成为无产阶级政权工作人员的统一称谓。它要求执掌了无产阶级政权的人们不要像资产阶级的官僚那样，"为了追求自己特殊的利益，从社会的公仆变成了社会的主人。"② "人民勤务员"的概念形成于中国革命战争年代，由毛泽东提出："我们一切工作干部，不论职位高低，都是人民的勤务员。"③ 实际上，它与人民公仆是同一个范畴。"父母官"角色则是在中国长期的封建主义制度下形成的一种"清官"观念，当官的就要替小民做主，"当官不为民做主，不如回家卖红薯"，也反映出处于无权地位的普通老百姓对官员的一种企盼。

从计划经济体制转变为市场经济体制之后，由于受到西方经济理论的"公共选择"流派的影响，一些人把政府视同"经济人"，并依据经济人假设去推定我国政府行为。然而这是对社会主义政府的角色错误定位。西方经济学与政治学的交叉分支学说——"公共选择"理论产生于西方资本主义社会，其观点也有符合实际的一面。在公共选择理论没有产生之前，一般说来西方经济学在对待政府人行为认识上

---

① D. P. 约翰逊：《社会学理论》，国际文化出版公司1988年版，第415页。
② 马克思等，中共中央马克思恩格斯列宁斯大林著作编译局编译：《法兰西内战》，人民出版社2016年版，第14页。
③ 毛泽东：《一九四五年的任务》，载于《解放日报》1944年12月16日。

还是简单的,假定任何政府基本上企图最大限度地对社会发挥某种福利功能,并不认为政府人是经济人。但是自20世纪50年代末以来,以邓肯·布莱克、戈登·塔洛克和詹姆斯·M.布坎南为代表的公共选择学派"则改变了这种情形,……,公共选择学选用了一种模型,在其中,选民、搞政治的人和官员们被设想为主要是为一己私利而行事的。这样就有可能运用来自经济学方法论的分析手段。"[1]

将西方经济学的经济人假设运用于西方政治市场分析,就像西方经济学运用经济人假设分析西方经济市场一样,具有一定的真实性和经验性。因为在西方资本主义国家,从本质上说,政府是统治阶级即资产阶级的代言人,政府行为如果不是出于官员个人私人动机支配,也会出于轮流执政的资产阶级政治派别利益的支配。以民治政府为自豪的美国为例,诚如恩格斯所说:"正是在美国,同在任何其他国家中相比,'政治家们'都构成国民中一个更为特殊的更加富有权势的部分。在这个国家里,轮流执政的两大政党中的每一个政党,又是由这样一些人操纵的,这些人把政治变成一种生意,拿联邦国会和各州议会的议席来投机牟利,或是以替本党鼓动为生,在本党胜利后取得职位作为报酬。"[2] 这种政党轮替职位交易的现象被后来的政治学者称之为"政党分肥制":经过选举上台的政府官员,为了本党的利益和回馈自己的选民,会利用任命权把大量的公职位置委派给自己人。"不可否认,被人们称为并恰如其分地称为美国的政府体制的这种体制,在其后来的发展中,对那些政府委任的官员也使用了同样的规定。但是必须承认,作为这种体制基础的真正理论原则并不要求这么做。这些政府委任官员受到了同有自由处置权的选举官员一样的对待,其原因

---

[1] 约翰·伊特韦尔等编,陈岱孙主译:《新帕尔格雷夫经济学大辞典》第三卷,经济科学出版社1992年版,第1112页。
[2] 马克思著,中共中央马克思恩格斯列宁斯大林著作编译局编译:《法兰西内战》,人民出版社2016年版,第14页。

在于人们希望维持政党组织并保持住它的力量。维持政党组织在当时被认为必要的，所以，公职应当作为战利品酬劳得胜的政党的理论就被采用了。"① 按照20世纪初期的政治学理论分析，"政党分肥制"产生两个严重缺陷：其一降低了行政效率，其二妨碍了全国整体利益的实现。但是更为重要的是，它的存在使民治政府、民选官员和政治中性成为口号，揭示了资产阶级政治的虚伪性。

根据公共选择理论分析，政治市场的参与者和经济市场的参与者并没有什么差别。政治家参与政治活动并不是出于高尚的利他动机，而是根据自利原则行事，不仅注重从公共决策行动中可能获得的利益，也关心自己所要花费的成本。政治家和政府官员在政治市场上追求着自身的最大化利益（权力、地位、威望、享受……）。因此，像经济人那样，政府人主观上关心的是自身利益最大化。所不同的是，传统西方经济学还多少承认个人利益和公共利益的矛盾共存，而公共选择理论则根本就不承认存在着公共利益，如同布坎南所说："对公共利益这种说法我是不赞同的。既然独立的个人有其自己的利益，那么，公共利益之说在我看来就是无稽之谈了。"②

这样一来，政府人，无论处于什么地位，不管是国家领袖、政治家，还是政府中一般公务员，他们的行为动机都一样，都以自身利益的最大满足为目标。按照这种逻辑分析，我们必将引申出如下一些命题：

其一，在政府中，所有人以个人利益为第一，集体利益第二，最后才是按国家利益的原则行事，世界上根本不存在全国各族人民利益忠实代表的革命党人。然而，这不是幼稚的希望，就是别有用心的歪曲。

其二，独立的个人有其自己的利益，公共利益纯属无稽之谈，更

---

① 古德诺著，王元译：《政治与行政》，华夏出版社1987年版，第60页。
② 经济学消息报编：《追踪诺贝尔》，中国计划出版社1998年版，第153页。

没有什么人民公仆之类的政府官员，政府并不能作为公共利益的代表，而只能是某些政治集团和个人追求自身利益最大化的场所。但是，这样的政府还值得人民的信赖吗？人民还能选择这样的政府吗？

其三，由于政府人的自利性，以及政府人与非政府人之间最基本的关系是基于利益与自利的交易，因此政府人的腐败就是不可避免的，是无法运用各种手段来消除的。公共选择理论正是以此作为证明所谓"政府失灵"的。但是，政府人真的就会无可挽回地腐败吗？至少世界上一些吏治严明的国家和地区的经验和中国共产党不平凡的党建经历表明并不全如此。

由以上分析可见，经济人假设运用于政府分析，必将引申出与当前我国实际不完全符合的结论，也必将引申出对我国占主导地位的社会意识形态相违背的结论，会导致对社会主义制度执政党及其政府的不信任程度加深，经济人假设涉及基本政治立场问题。由此可见，经济人假设是不科学不正确的假设，以此运用于政府人行为分析当然也是不科学的，甚至是有害的。

既然用经济人假设来分析政府人的行为是不科学的，那么我们应当用什么假设来替代？要选择出符合实际的政府人假设，需要对政府人在社会经济活动中的角色进行定位。角色定位在科学研究方法论上属于规范分析，但这种规范分析是以一定社会经济条件为前提的，是以大量的实证分析为基础的。

一般来说，处于一定社会经济条件下的个人具有现实性和具体性。个人的现实性和具体性表现在任何个人都不是脱离物质生产活动的个人，一方面他是物质生产活动的参加者和承担者，另一方面又受现实的物质生产方式的制约。个人总是同一定的生产方式联系在一起，即总是和生产力发展的一定水平及特定的生产关系联系在一起，既不能脱离个人的活动去谈生产力和生产关系，也不能在生产力和生产关系之外去谈个人的活动。现实和具体的人不仅是物质生产活动的承担者、创造者，而且也是一定的政治和精神活动的承担者、创造者，人不仅与生产力和生产关系的矛盾运动联系在一起，而且与经济基础和上层建筑的矛盾运动联系在一起。因此从根本上说，所谓人的利己性或利他性，应当在这些矛盾运动关系条件下去理解。在以生产资料私有制为基础的生产关系的社会里，有占有生产资料并据此剥削压迫劳动人民的阶级，就会有损人利己、自私自利的思想和行为；在阶级矛盾到达十分激烈的时候，以一个阶级利益的利己性对抗另一个阶级利益的利己性就显得十分明显。但是，在以生产资料公有制为基础的生产关系的社会里，个人利益、集体利益、社会公共利益三者在本质上是一致的。只有实现了公共利益、集体利益，才能更好地实现个人利益，个人利益必须通过增进公共利益和集体利益的途径来突现。在这种条件下，某个人的利己性要服从于利他性，因为个人追求利益（效用）最大化的必然结果是他人利益（效用）的最小化。为此，公有制社会专门作出了一系列的制度安排来避免个人利益与集体利益和公共利益之间的对抗与冲突。在注重集中统一领导的计划经济条件下是这样，甚至到了比较注重个人作用和利益的市场经济条件下也是如此。

作为执行国家专政职能和社会经济管理职能的政府人，不可能脱离社会公共利益去追求所谓政府人自身的利益（效用）最大化。如果去追求个人利益（效用）最大化哪怕只是一天，这种政府人都面临着被制度安排予以惩处的可能性。在吏治严明的资本主义国家制度中，占据统治地位的利益集团是不能容许自己利益的代理人违背集团利益去追求个人利益（效用）最大化的，政府人的个人政治命运也是同他所代表的那个集团利益连在一起的。即使从形式上说，西方国家也是通过选举制来挑选似乎超越党派利益和个人利益的政治代表去治理国家，甚至通过所谓国家公务员政治中立的制度安排来淡化某个利益集团的利益，强化政府人对社会公共利益的效忠、守护和追求。

社会主义政府人的早期角色定位是"公仆"。"公仆"概念最早出现在法国资产阶级革命时期的人权理论之中，经过马克思和恩格斯对巴黎公社经验的总结，而成为无产阶级政权工作人员的统一称谓。它要求执掌了无产阶级政权的人们不要像资产阶级的官僚那样，"为了追求自己特殊的利益，从社会的公仆变成了社会的主人。"① 为了防止这个情况发生，马克思充分肯定了无产阶级第一个政权的做法：巴黎"公社采取了两个可靠的办法。第一，它把行政、司法和国民教育方面的一切职位交给由普选选出的人担任，而且规定选举者可以随时撤换被选举者。第二，它对所有公职人员，不论职位高低，都只付给跟其他工人同样的工资。公社所曾支付过的最高薪金是6000法郎。这样，即使公社没有另外给代表机构的代表签发限权委托书，也能可靠地防止人们去追求升官发财了。"② 马克思还进一步提升了巴黎公社打破资产阶级政权的创新意义："政府的压迫力量和统治社会的权威就随着它的纯粹压迫性机构的废除而被摧毁，而政府应执行的合理职能，则不是由凌驾于社会之上的机构，而是由社会本身的承担职责的勤务员来执行。"③ 显然，社会主义政府中的管理者角色，是公仆、勤务员。

我国长期推行的国家干部制度以及现在所实行的国家公务员制度，都是按照人民公仆或勤务员的角色形象去要求每一位政府机关的工作人员为人民服务。通过历史检验证明，大多数政府机关的工作人员都具备了这种角色。但是也要实事求是地承认，由于历史条件限定，形成公仆角色的巴黎公社两个可靠办法没有在已经建立的社会主义国家中完全推行开来，公仆角色并不是每一个政府管理者都完全具备了的。

---

① 马克思著，中共中央马克思恩格斯列宁斯大林著作编译局编译：《法兰西内战》，人民出版社2016年版，第14页。
② 马克思著，中共中央马克思恩格斯列宁斯大林著作编译局编译：《法兰西内战》，人民出版社2016年版，第15页。
③ 马克思著，中共中央马克思恩格斯列宁斯大林著作编译局编译：《法兰西内战》，人民出版社2016年版，第131页。

由于主客观方面的因素，一部分政府官员离公仆角色要求尚有一段距离，甚至出现与公仆角色背道而驰的腐败现象。因此，仅仅有了制度规定还不够。从行为角度看，公仆角色还需要通过培养教育才能够建立起来，要使每个政府管理者都成为人民忠实的勤务员，需要长期的培养教育工作和自我思想改造。但是，如果用经济人的角色来定位我国的政府官员，我们就会从根本上难以获得成功，只能像西方资本主义国家那样把防止官员腐败的希望寄托于法律制度建设上。而法律制度从来就不是消除官员腐败的灵丹妙药。如果政府人行为动机本身就是利己的，法律要么只能维护这种政府人的利己动机使其合法化，要么会因为维护他人以及公共的利益而导致利己性与利他性的内在矛盾冲突。

在社会主义国家中，政府对国民经济的发展与运行负有重大的制度使命。这种使命促使政府具有相应的经济职能，如对国民经济发展的引导与预测，对市场经济活动的监管，对国民经济重大比例的调整，对国有资产的保值和增值，等等。因此，一般意义上的政府人具有公共利益代言人和代理人的基本特征。尽管"公仆"角色也体现了社会主义国家制度对政府官员的这种本质规定，包含了对政府人的制度属性和道德规范的要求，要求所有的政府官员都要按照公仆角色规范自我行为，其角色的本质是全心全意为人民服务。但无论如何，"公仆"概念用于社会主义政府人的角色定位并不十分准确，它会导致对政府人角色定位的消极理解。例如，从公仆角度看，政府人就难以成为社会主义市场经济活动的宏观调控者。因此，笔者认为用"公共人"（Public Man）概念来定位社会主义制度下的政府人角色更为准确。

正如马克思所指出的："在选择职业时，我们应该遵循的主要指针是人类的幸福和我们自身的完善。不应认为，这两种利益是敌对的，互相冲突的，一种利益必须消灭另一种的，人类的天性本来就是这样的：人们只有为同时代人的完美、为他们的幸福而工作，才能使自己也达到完美。"① 社会主义制度下的政府人正是这种"为同时代人的完美,为他们的幸福而工作"的人。作为制度属性的人,政府人是公家人、公共人。这种政府人的人格特征表现在以下方面:

(1) 公共利益最大化是政府人追求的首要目标。公共利益最大化是社会主义政府人追求的首要目标,这是与追求个人利益最大化的资本主义社会中的政府人具有根本区别的②。如果社会主义制度下的政府人不把实现公共利益的最大化作为自己的首要目标,那么这样的政府人连一天都当不下去。

我国政府人要追求的是社会公众的利益,但并不否认个人利益,而是把个人利益置于公共利益之下,把小团体、部门、单位的利益置于公众利益之下。在社会主义基本经济制度中,个人利益与集体利益,集体利益与公共利益在本质上是一致的,只有实现了公共利益、集体利益,才能更好地实现个人利益。由于社会主义的公有制把政府人与其他社会成员的利益紧密联系起来,统一起来,消除了公共利益、集体利益、个人利益的矛盾,为公共人的形成准备了基本的生长基础。因此,社会主义政府人要把具体维护社会主义公有制作为实现公共利益最大化的首要目标。

(2) 政府人的公共管理权力来自公众授权。社会主义的政府人必须拥有一定权力才能履行正常的公共管理职能。但这个权力不是政府人天然具有的,而是社会公众通过一定方式授予的。这个道理应该十分清楚,就连西方资本主义社会也是如此。因此这意味着:第一,除了公众授予的权力之外,政府人不拥有授权以外的广泛权力;第二,公众授权的同时也就是公众对权力使用的监察。公共授权与公共监察

---

① 《马克思恩格斯全集》第40卷,人民出版社1982年版,第6~7页。
② 这是假定"公共选择"理论对西方政府人的经济人假设是成立的。但现实生活中,许多的西方政府官员和政治家也并不如"公共选择"理论所说是经济人。我们在这里只是从一般理论意义上借用"公共选择"理论的这个假设,并不同意实际生活中的情况都是如此。

是政府人履行公共人职能的两个侧面。所谓建立社会主义的民主与法制，就是围绕公共授权与公共监察的核心来展开。

（3）社会公众向政府人提供全部的生活资料。这是政府人成为公共人的必要条件。政府人因不从事生产经营活动，故自身所需的一切生活资料需要由社会公众提供。历史上我国曾经实行的实物供给制和现在实行的职位结构工资制，以及西方国家实行的公共财政制，都体现了这个精神：政府人除了社会公共利益外，没有自己特殊的物质利益。这保障了政府人专心致志地从事实现社会公众利益最大化的公务活动。

当然，由于社会经济条件的限制，政府人从社会公众那里获得多少俸禄才算合适，这是要根据现实情况综合考虑的。目前针对我国政府人腐败的经济原因，有的观点提出要实行高薪养廉的政策。这种主张有一定合理性，因为如果供养政府人的生活资料不足以维持政府人的正常生活以及公务活动的需要时，也会降低政府人的工作质量与效率，并给意志不坚定者提供腐败的口实。但是需要明确，高薪只是必要条件之一，能否养廉还需要其他必要条件和充分条件。中国晚清政府为了遏制官员的腐败，在给予高官的俸禄中就公开列有所谓"养廉银"，其数额是正常职位俸禄的几十倍，但这依然不能阻挡晚清政府中的腐败之风。同样，近几年来查处的政府人腐败案例中，有几人是因为生活困难而去受贿？实质上，高薪养廉主张隐含着政府人是经济人的假设，这显然是不可取的。一般而言，政府人所拿的俸禄应该包括：对自身劳动付出的补偿，供养政府人家庭成员的生活开支（要扣除具有独立生活能力的家庭成员的收入），提高政府人综合素质的享受与发展的费用，以及政府人履行公职所需的特殊开支。从总体上说，政府人的收入水平不能低于社会平均水平，不得高于工商业界水平。

（4）政府人处于公共监督之下。进一步说，除了极少数情况之外，政府人基本没有所谓"私生活"。这是政府人成为公共人的必要保证。由于政府人以公众利益最大化为自己的追求，并行使公众赋予的权力，接受公众提供的生活照顾，因此政府人也就将自己全面置于公共生活之中，接受公共监督。

现实生活中，政府人除了担负公共人角色之外，还会有其他一些社会角色，如为人父母，为人夫妻，等等。此外，政府人以一定工作时间来履行公务，工作时间之外还有大量业余时间供自己支配。但所有这些都是从属性质的，公共人角色主导着政府人的一切活动，直至离开政府组织。因而，政府人必然要放弃常人所具有的许多不受公共监督的"隐私权"，一切由公众认为与公共利益相关的政府人行为都要受到公众监督。自然，这种监督在现代国家中并不是随意的，而是由法律来界定的。公共监督是法律范畴意义的监督，政府人的极少数个人权益，以及作为公共人的一般权益，也是受到法律保护的。

总结以上关于社会主义制度下的政府人特征分析，概括起来就是：政府人作为公共人，他追求社会公共利益最大化，行使公共权力，依靠公共给养，接受公共监督。要成为政府人，就意味着要成为这样的人，也就意味着要放弃常人角色。

三、管理角色行为的静态化和动态化

从社会主义国家经济管理角度看，政府对国民经济的发展与运行负有重大的制度使命，这种使命促使政府具有相应的经济职能，如对国民经济发展的引导与预测，对市场经济活动的监管，对国民经济重大比例的调整，对国有资产的保值和增值，等等。因而政府经济管理者的角色从总体上看应是国民经济的"领航员"，市场经济活动的"裁判员"和"监护者"，以及社会国有资产的"保管员"，等等。但是，在政府经济管理内部存在着管理分工，政府经济管理者的角色不是单一的，而是多种多样的。根据政府经济管理者在内部担负的分工角色，一般可以按照管理分工把他们分成若干种：

第一，按照经济管理决策层次，分为最高决策者、中层决策者、基层决策者；还可以根据在决策过程中发挥实际作用的情况，分为名义上的决策者、事实上的决策者；

第二，按照经济管理职责范围，分为总指挥、情报分析员、计划员、组织者，监督者，等等。如有必要，上述管理角色还可以不断分化出来。

一般而言，在政府经济管理行为中，每个政府经济管理者基本上按照上述体制分派的某种角色行事，并固定地、年复一年地充当体制分派的这种角色。这种现象可以称之为"静态的角色行为"。固定的充当某种角色，并不是说该政府经济管理者一生的角色都不改变，而是说，在扮演某个角色时，该政府经济管理者不发生角色行为的位移或转化。有时我们会看到某些管理角色扮演者夸张了自身的管理行为，如把角色所拥有的必要管理权力使用到超越应有的权力界限，这是对静态的角色强化现象。总的来说，如果管理制度约束严格的话，管理角色的静态化不会导致过分消极的结果。

但是，通过观察可以发现，政府经济管理者的角色行为通过角色位移即角色转化而变得复杂起来。例如，政府经济计划人员最主要的管理角色是政府领导人的智囊或参谋，这在大多数情况下都是如此；但是在有的情况下政府计划人员还扮演着事实上的决策者和领导者等角色，政府领导人反而只是对计划人员提出的决断签字而已，扮演了挂名领导人的角色。另一个最为典型也较为普遍的例子是首长与秘书之间的管理关系变化，常常是首长念秘书拟就的文件，或者颁布秘书拟定的命令，秘书成为事实上的决策者，而首长成为挂名决策者。这种管理角色的位移或转化，就是"动态的角色行为"。政府经济管理者角色行为的动态化在一定的条件下可以转化为两种后果：消极的和积极的后果。

消极的后果是指角色转化不当导致不良的管理后果。在传统的集中管理模式中的一些场合，最高决策者替代了中层以下决策者的角色，导致政府经济管理的失败，我国20世纪50年代"大跃进"时期有关钢铁产量的决策就是一个典型例子。当时，在极短的时间内，政府经济管理的最高领导人直接决定各个钢铁厂的产量指标，而各个钢铁厂的厂长以及所在地区的经济负责人都事实上被剥夺了决定产量的权力。[①] 此外，企业想要为职工修建一个厕所而需要经过上级主管部门的审批和同意，同样是这种角色转化的消极例子。在传统的管理模式中，上级主管部门直接干预企业日常生产经营活动，在制度上是允许的，具有体制上的正当依据。但是等级制的管理组织形式又规定了"统一计划分级管理"的原则，这意味着层层负责，各级政府经济管理者具有各自的角色行为空间和角色权限。如果越过必要的管理层次，直接干预基层经济活动，这样就产生了角色不合理的位移，属于政府经济管理者角色的不合理。

积极的后果是指角色转化妥当产生良好的管理效果。领导者不做任何改动就直接采纳了秘书的意见，这样领导者就变成了名义上的决策者，而秘书则变成事实上的决策者。同样，国家经济计划部门提出的各项建议和主张被国家最高决策部门所采纳，计划部门也就同时扮演了参谋与决策的管理角色。在实际的政府经济管理中，存在着许多由下属（个人或部门）替上级领导（个人或部门）做出决策的例子。这种角色的转化或位移产生于下级管理者或部门的专业知识信息多于上级领导者这个基本事实。实际上就是上下级的信息不对称性。

---

① 薄一波著：《若干重大决策与事件的回顾》下卷，中共中央党校出版社1993年版。

在假定管理者的管理能力与角色要求相符的情况下，管理角色对管理决策对象的信息把握程度是造成积极或消极的角色行为动态化后果的一个重要条件，同时也是形成角色动态化的一个重要原因。一般而言，如果上级管理者（部门）掌握了与下级管理者（部门）至少同样数量的经济管理信息，上级管理者就可以依据自己的信息作出决策，而不必依赖下级管理者的信息。此时，管理角色就没有必要移位，如果发生了事实上的移位，也不一定是合理的位移，如首长把自己能够决策的事务也委托给秘书去做。如果下级管理者拥有比上级管理者更多的经济管理信息，下级管理者在决策方面就具有了相对优势，上级管理者就不得不依赖下级管理者做出决策。此时位移是一种必要，也是合理的角色行为。管理角色向下位移的危险在于两个方面：其一，如果上级领导长期把应当由上面做出的决策交给下面，必然会破坏正常的管理程序，使整个政府经济管理系统运转失灵。其二，如果下级是平庸无能之辈的话，那往往会给整个政府经济管理造成可怕的后果。

事实上，更加广义地看待管理角色动态化问题，可以发现许许多多中外这样的事例。美国学者查尔斯·林德布洛姆就提出了"Proximate Decision Maker"（接近决策的人）的概念。按照美国政治制度框架理念，政府的权力来自选民，因此选民是国家的决策者，但是林德布洛姆认为，"并非所有的公民都能成为直接的（immediate 或 proximate）决策者，他们将直接的决策任务交给少数人。"[①] 这些少数人是美国统治集团的成员，包括国会议员，总统，政府行政官员等。进一步说，美国国会或政府内阁都有一部分为议员或总统服务的工作人员，这些人员事实上拥有了超越自身角色的决策权。有时，国会议员之间的辩论实际上是国会议员所雇佣的工作人员之间的辩论，议员的观点或提案实际上是雇员的观点或思想。美国总统在自身周围建立了一系

[①] 查尔斯·林德布洛姆著，竺乾威、胡君芳译：《决策过程》，上海译文出版社1988年版，第50页。

列上层机构，如经济顾问委员会，国家安全委员会，总统特别贸易代表，环境委员会，科技政策办公室和其他办公室。这些庞大的机构所雇佣的专家，事实上是美国总统的政策制定者或决策者。以20世纪80年代初担任美国总统的里根为例，"里根可以被称作是工作人员总统，因为他给他们那些年长资深的工作人员助手们以太多的权势和自由。"①"里根将自己置于他工作人员手中的意愿是他作为演员受过训练的结果。他习惯于让导演告诉他怎么做，为他设计场景，描绘他的外形。……里根仿佛有两重角色，一是作为一切的主宰，他在预算、税收、或星球大战计划等方面可以宣布他宏伟的目标；二是作为一个可怜的角色，在那里，他步入自己制造的窘境，成为一个从幕僚那儿接受提示的演员。"②林氏说："我们给'proximate'这个词以有点特殊的含义，对直接的（proximate）决策者也就定义为那些'最靠近'或最接近实际决策的参与者。他们是那些同其他直接的决策参与者，如党的最高领导人（他们已把那些法律之外的权限授予后者），或者由于其他原因成为实际决策的强有力的、直接的参与者……一起享有直接法定权限去决定具体政策的人。"③

四、角色行为分析的局限性

政府经济管理者的角色为预测政府经济管理者的行为提供了一个前提，明确他或她在政府经济管理行为中被分派的角色，有助于更好

---

① 赫德里克·史密斯著，肖峰、姬金铎译：《权力游戏》上卷，中国人民大学出版社1990年版，第397页。
② 赫德里克·史密斯著，肖峰、姬金铎译：《权力游戏》上卷，中国人民大学出版社1990年版，第403页。
③ 查尔斯·林德布洛姆著，竺乾威、胡君芳译：《决策过程》，上海译文出版社1988年版，第50页。

地理解政府经济管理者的行为复杂性,并根据其角色行为的规律性来矫正行为的正确性和适应性。我国政府经济管理者的一些管理行为可以从角色行为分析中得到说明。这一点还会在后面的分析中看到,例如政府经济管理者的党政兼职行为。然而要想进一步理解政府经济管理者的行为,角色分析仍然是不够的。正如西蒙指出的:"角色(或身份)是一个人的决策所依据的前提,所做的某些规定;但不是全部规定。同一决策当中,还掺有许多其他前提,包括富于个性差异的信息前提和人的特质前提。……对有些情况来说,了解角色前提就足够了(例如预测一个发现你闯红灯的警察的行为);但就另外一些情况来讲,信息前提和其他前提,可能就很关键了。"[①] 在复杂的政府经济管理行为过程中,除了角色行为外,政府经济管理者本身的管理决策风格是一个更加深层次的问题。

第二节 政府经济管理者的管理决策风格

一、管理者行为类型与管理决策风格

管理角色行为分析只是解释了政府经济管理者行为的一般性问题,而没有解释政府经济管理者行为的个性问题。现实情况往往是:同样的管理角色,表现出来的行为却是显著不同的。这不得不引导人们进一步思考引发政府经济管理者行为的内在因素。有关管理者个人的管

---

① 西蒙著,杨砾、韩春立、徐立译:《管理行为》,北京经济学院出版社 1988 年版,第 28 页。

理类型理论是解决这个问题的钥匙。

所谓管理者行为类型，其实是指管理者的个性特征之总和。由于管理者在管理过程中总是通过所作出的决策显示出管理者的个性，因此常常把管理者的行为类型又称作是管理决策类型。它的理论分析基础是心理学的类型论。在心理学中，个性指的是一个人的心理特性，包括能力、气质和性格。心理学按照形成人的个性差异的因素，对难以计量的人群做了类型划分。这样就使得对复杂多变的人类行为有了相对简化的理解，心理科学研究的一个主要目的也就在于此。奥地利心理学家荣格首创了类型心理学，他认为人类具有两种基本的心态：内倾和外倾。这两种心态在一个人一生中可能都具有，但彼此排斥，不能同时并存于人的意识之中。通常是其中一种心态占据优势。与心态同样重要的是心理功能，有四种：思维、情感、感觉和直觉。心态与心理功能组合起来，人的个性就分成了八种类型（如表3-1所示）。这种类型化理论的认识价值在于：如果对成千上万的人群个性作出了正确归纳，就可以对人类基本行为作出合理的心理学抽象，并以其基本结论预测人类行为。管理学正是借鉴了心理学的这种理论及方法，通过正确地建立管理者的基本类型，来认知成千上万的管理者的管理行为，并预测其行为。

表3-1　　　　　　　　荣格的八种人类心理类型

	思维	情感	感觉	直觉
外倾	外倾思维型	外倾情感型	外倾感觉型	外倾直觉型
内倾	内倾思维型	内倾情感型	内倾感觉型	内倾直觉型

资料来源：霍尔等著，冯川译：《荣格心理学入门》，生活·读书·新知三联书店1987年版。

目前有关管理者行为类型的研究成果已经不少，例如苏联的管理学家就提出过一种易于理解的管理决策类型。类型分成五种：稳健型、冲动型、消极型、冒险型和谨慎型。① 美国管理学家提出的梅叶斯—布瑞格斯类型显示（Myers - Briggs Type Indicator），也有一定的影响。我国曾翻译介绍了美国管理学家 R. R. 布莱克和 J. S. 穆顿的新管理方格理论，这个具有 9×9 矩形的方格不仅提供了测定管理者管理风格的方法，而且还提出了一套有关经济管理风格的理论解释。然而，在所有的管理决策类型研究中，以美国南加州大学管理学教授 A. J. 罗提出了"管理决策风格"（Managerial Decision Style）概念最具有认知价值。与布莱克和穆顿的方格论相比，罗的管理决策风格论除了具有更加简单明了的测定方法外，更为主要的是具有心理学的解释基础。A. J. 罗借鉴了荣格的类型说，吸收了现代心理学的最新成果，通过对管理实践的观察和归纳，在长期研究基础上概括出四种类型的管理决策风格，并设计了测定的方法 DSI（Decision Style Inventory）。到 20 世纪 80 年代，A. J. 罗的"管理决策风格"类型说已得到了国际管理学界的普遍承认，在我国也有介绍和传播。

A. J. 罗认为，就管理的外在决策环境而言，管理者处于环境压力、任务需求、个人需要和群体需要四种因素作用之下；就管理的内在心理状况而言，管理者具有高低不等的认知水平，以及对外界具有某种目标与任务或主观与人的倾向。同时，保罗·贝肯（Paul Bakan）等人的研究成果表明，人的大脑左右两半分别担负不同的功能，左脑专司逻辑和演绎思维活动，右脑专司关系、空间和归纳思维活动。由此，管理者的决策风格可以分为四种类型：指示型、分析型、概念型和行为型。四种类型的基本特征如图 3-1 所示。

---

① А. И. 基托夫著，庞德金、毛疆、张务本译：《经济管理心理学》，经济管理出版社 1987 年版，第 220 页。

思考倾向	分析型 控制 逻辑 差异	概念型 获取 系统 创造	领导者 先行性 适应性
行动倾向	指示型 权力 结构 速度	行为型 支持 说服 同情	管理者 反应性 规则
	任务倾向 左脑型	人际倾向 右脑型	

图 3-1　管理决策风格的类型特征

资料来源：Alan J. Rowe and Richard O. Mason, 1987: "Managing with Style, A Guide to Understanding, Assessing and Improving Decision Making", Jossey–Bass Publishers, 56–57。

按照 A. J. 罗的说法，管理决策风格是"隐含在管理成功中的因素"。具备了某种适宜的管理决策风格，并不一定就能保证每个管理者都取得实际成效，但是却是管理者取得成功的一个基本条件。A. J. 罗根据万名以上的各行各业的管理者的调查，归纳出管理者四种行为特征：

（1）具有指示型风格的管理者对模棱两可状态极不容忍，关注管理任务和技术问题，以系统的和有效的方式实现管理目标，追求管理速度和满意结果，关心组织内部的事物和短期目标，要求严密的操作和控制。这种类型的管理者也具有较明显的不足，如易于独断，追求权力，对信息和多种方案兴趣不高。

（2）具有分析型风格的管理者对模棱两可状态能够容忍，关注管理任务和技术问题，善于通过分析、计划和预测手段实现管理，善于抽象概括思维，尽量追求解决问题的最佳方案，重视办事效率，负有挑战性和创造力，对信息和多种方案感兴趣，并能适应新的管理环境和情况。

（3）具有概念型风格的人对模棱两可状态也能容忍，但关注与人有关的问题,通过探索新的优化方案、制定新的战略、创新和冒险实施管理,也重视对事物系统性和全面性的认识,重视数据和资料,同时考虑诸多备选方案,对下级信任,重视发挥下属的管理积极性和主动性,而不是依靠发号施令进行管理,重视办事质量,关心长期问题。

(4)具有行为型风格的管理者对模棱两可极不容忍,然而同样关注与人有关的问题,关心和支持下属,愿意同人们商讨各种问题,欢迎各种建议,对人热情,不以强迫命令而以规劝方式进行管理,重视人的积极性调动与发挥,不实行严密控制,把管理建立在满足人的需要基础上。①

每个管理者一般在具体的管理环境中被熏陶出一个以上的管理决策类型,因此没有绝对适宜的管理决策风格,个人风格要和情景相匹配。"管理者必须聪明地学会在什么情况下使用左脑技能,又在什么情况下运用右脑技能。"② "那些成功的管理者在概念型的右脑和指示型的左脑之间进退自如,直至问题得到解决。"③ 但是,A.J. 罗也强调了管理决策风格的稳定倾向:"个人能够适应改变了的工作要求,但很难改变其基本的决策风格。"④ 因此,改变管理决策风格将取决于:第一,哪种决策风格为主;第二,外界压力的程度;第三,管理者的年龄和成熟程度;第四,环境条件。其中外界压力对管理决策风格的改变最为主要。A.J. 罗根据对美国各行各业管理者的调查,为不同职业的管理者适宜的管理决策风格开出了具有美国社会特色的清单(见表3-2)。

---

① Alan J. Rowe and Richard O. Mason, 1987: "Managing with Style, A Guide to Understanding, Assessing and Improving Decision Making", Jossey – Bass Publishers, P. 4.
② Alan J. Rowe and Richard O. Mason, 1987: "Managing with Style, A Guide to Understanding, Assessing and Improving Decision Making", Jossey – Bass Publishers, P. 170.
③ Alan J. Rowe and Richard O. Mason, 1987: "Managing with Style, A Guide to Understanding, Assessing and Improving Decision Making", Jossey – Bass Publishers, P. 172.
④ Alan J. Rowe and Richard O. Mason, 1987: "Managing with Style, A Guide to Understanding, Assessing and Improving Decision Making", Jossey – Bass Publishers, P. 64.

表 3-2　　　　A. J. 罗的管理决策风格的职业分布

管理决策类型	职业或工作
左脑型（分析型+指示型）	科研，财务，法律
右脑型（概念型+行为型）	心理研究，教学，艺术
思考型（分析型+概念型）	高层管理，领导
行动型（指示型+行为型）	监工，产品推销员，运动员
主管型（概念型+指示型）	企业家，跨部门管理人员
参谋型（分析型+行为型）	技术性管理人员
中层管理型（指示型+分析型+概念型）	灵活性强的管理风格

资料来源：A. J. Roweand R. O. Mason，1987："Managing with Style, A Guide to Understanding, Assessing and Improving Decision Making"，Jossey-Bass Publishers, P. 52.

二、中国政府经济管理者的管理决策风格

按照马克思主义的管理思想，经济管理具有二重性质，我们应当积极吸收反映了社会化大生产一般规律的西方管理思想和方法，同时摒除其中反映资本主义私有制经济观念的东西。在原则上，A. J. 罗的管理决策风格理论反映了管理实践的一般规律，因此受到国际管理学界的重视，对认识我国的政府经济管理者行为有比较大的借鉴价值。但是他的一些方法和观点是建立在西方社会的管理模式之上的，存在着不符合我国国情的一面，因此要给以批判。具体而言是：

第一，避免静止、机械、片面地看待有关管理决策风格的测定及其结论。因为，一方面，A. J. 罗用来测定管理决策风格的问卷调查法（DSI），由于被询问者对问题不能给以真实的回答，使得调查的结论并非绝对可靠。另一方面，人是受环境支配的社会动物，时过境迁，人的行为类型不可能不发生变化。如果只以一时的调查结论决定管理者的行为类型，难免出差错。A. J. 罗本人就过分自信地用 DSI 法来为

人们的就业提供选择意见。企图以个人的风格类型来确定个人的发展未来，必定陷入理想与现实的矛盾之中。运用 DSI 方法，可以帮助我们确认目前政府经济管理者的行为类型，以及是否与他或她所担负的工作任务及性质相匹配，但绝对不会告诉我们未来的政府经济管理者行为是什么。

第二，不应完全拿西方管理者之"心"度中国政府经济管理者之"腹"。中国实行的是建立在生产资料公有制经济基础上的社会经济制度，同时中国又是东亚儒家文化发祥地。受这两个基本因素制约，中国的管理者与美国的管理者在个人心理特征上存在着差异，这突出表现在对管理者的动机解释上。按照 A. J. 罗的说法，管理者分别受四个动机的驱使：权力与地位，挑战，认同感，接受感。然而通过调查发现，有部分年龄较大、工龄较长的中国政府经济管理者在岗位工作是服从组织安排，并不是出于个人的动机或打算。这个解释是可信的，长期以来，中国共产党培养了一大批忠实于党和国家的事业以及人民事业的管理干部，这一批政府经济管理者的一个特点就是比较遵守纪律，服从组织需要与安排。这些都意味着在选择个人的工作岗位时，放弃个人动机的追逐。这部分政府经济管理者的管理动机是单一的或统一的，不能用 A. J. 罗所定义的管理动机来解释。

根据罗的 DSI 方法，并对其方法做了必要的调整，笔者在 1989 年、1992 年和 1995 年做了三次问卷调查。调查范围分布于全国 8 省，涉及从中央一级政府到地方省、市、县三级政府中计划、工业、商业、统计等部门，共计 259 名政府经济管理人员。前两次的问卷调查表设计与 A. J. 罗的 DSI 有所不同，一是调整和减少了问题个数，二是对计分方法做了调整。在作第三次调查时，考虑到有必要对以前改变 DSI 法的结果进行验证，因此第三次调查是严格按照罗的问题个数和计分方法进行的。从验证结果看，调整后的 DSI 法与罗本人的 DSI 法基本结论相符。这说明三次调查基本一致和可比，调查数据基本可靠、可信、可比，具有一定的代表性和说服力。当然，由于不能完全排除被调查者的自欺心理，也可能会有一些虚假的情况。这些都通过数据技术处理作了修订。有关调查方法的详细情况以及各次调查的问卷表可参见本章的附件1和附件2，而各次调查结果分别见表3-3和表3-4。此外，1989年调查研究的部分理论成果曾经以《中国宏观计划人员的素质分析》为题公开发表在1991年第3期《经济理论与经济管理》上。

表3-3　我国政府经济管理者的管理决策风格调查结果：人数

	第一次调查		第二次调查		第三次调查		总计	
	人数	百分比	人数	百分比	人数	百分比	人数	百分比
被调查人数	208	100.0	31	100.0	20	100.0	259	100
指示型	64	30.8	5	16.1	4	20.0	73	28.2
分析型	123	59.1	23	74.2	13	65.0	159	61.4
概念型	2	1.0	2	6.5			4	1.5
行为型	7	3.4	1	3.2	1	5.0	9	3.5
指示型+分析型	11	5.3					11	4.2
分析型+概念型	1	0.5					1	0.4
指示型+行为型					2	10.0	2	0.8

表3-4　我国政府经济管理者的管理决策风格调查结果：得分

	指示型	分析型	概念型	行为型
第一次调查，1989年				
平均分数	74.8	78.4	51.7	56.6
最高分数	106	110	94	94
最低分数	16	16	0	0
标准误差	16.7	17.5	18.9	18.2

续表

	指示型	分析型	概念型	行为型
第二次调查，1992年				
平均分数	73.4	82.4	60.3	60.9
最高分数	96	104	94	92
最低分数	32	32	30	34
标准误差	13.4	12.7	11.6	12.0
第三次调查，1995年				
平均分数	85.8	89.8	67.9	67.5
最高分数	112	124	97	104
最低分数	56	52	20	44
标准误差	13.7	16.6	16.1	14.8

由表3-3可知，在总数为259名调查样本里，有61.4%的样本属于分析型管理决策风格，有28.2%的样本属于指示型管理决策风格，二者合起来共计89.6%。又由表3-4可知，在三次调查中，分析型风格的得分最高，其次是指示型风格的得分，其他两种的管理决策风格得分都远远低于前面两种。因此结论是：在被调查的政府经济管理者中，管理决策风格以分析型为主，以指示型为辅。当时得到的结论是：在20世纪90年代我国经济体制转轨时期，政府经济管理者的管理决策风格基本上以分析型为主，以指示型为辅；具有任务倾向，左脑型思维。这种管理决策风格使得20世纪90年代的政府经济管理者行为表现出以下最主要的特征：

自己在工作中追求实际成效，也希望为自己工作提供服务的人多出成果办事迅速，因此容易和有干劲与抱负的人工作融洽；喜欢多样化和不单调枯燥的工作；当要解决工作中的某个问题时，首先是对问题进行仔细的分析，要求准确而完整的统计数据；而当不能确定自己应当干什么事情的时候，一般先寻找事实；当时间紧迫时，首先是按照预定计划对要办的事情分出轻重缓急；当工作面临压力时，首先是全神贯注于问题；通常对问题作出现实的和直截了当的决断；在工作结束时中尽量避免留下"尾巴"。尽管具有任务倾向，但是大多数人还是愿意与其他人集体聚会讨论工作中的问题，力求寻找良好的工作环境与秩序，但是在开会时或接待来宾时，一般先想想应该说些什么，然后再谈。

可以看出，20世纪90年代我国政府经济管理者的管理决策风格是比较务实的，对工作抱有严肃、认真、负责、积极的态度。

典型的管理环境塑造典型的管理决策风格。虽然没有一成不变的管理决策风格类型，但我们跨越5年的调查证明，在我国经济转型时期，政府经济管理者的管理风格几乎没有发生质的变化。那么，形成我国政府经济管理者这种管理决策风格的原因是什么呢？

首先，我国经济管理体制长期实行行政命令式的管理，经济管理的方式及目标任务决定了政府经济管理者相适应的管理风格。政府经济管理者承担着全面规划、指导、组织和调控经济运行的使命，必须掌握各种信息及资源，必须仔细地、事无巨细地分析与研究各种各样的经济问题，并对经济运行中发生的问题作出果敢的决断。尤其重要的是，政府经济管理者对企业的生产经营直接负有责任，这种情况在体制改革后有所减少，但是并没有完全消失。因而，政府经济管理者具有追求严格控制，要求速度和效率，关注管理任务和目标的完成，关心技术性问题胜于关心非技术性问题，不容忍管理环境出现模棱两可的状态等积极因素，同时又具有一定的发号施令和独断的消极因素。根据调查的分析，在年龄较大和在政府机关工作时间较长的政府经济管理者中，指示型风格占优势，而在较年轻的政府经济管理者身上则分析型的风格占优势。这说明了传统体制的影响力。

其次，我国经济长期推行政府主导管理路线，因此对进入政府经济管理部门的人员提出相对高的素质要求，在人事制度上也注意保证优秀人才的遴选，这样就使得绝大多数的政府经济管理者的管理素质要高于其他人员。在过去的人事制度下，政府机关历来是优秀毕业生的首选去向，基层部门的优秀管理者也陆续被挑选到各级政府经济管理部门。这种制度使得政府经济管理者成为各种各样的管理者中的佼佼者。由此政府经济管理者具有较多的理性思维的特点，如既善于抽象、概括和演绎，又善于归纳、分析和总结。一般来说，分析型的管理决策风格主要依赖于长期的和系统的教育和职业培训，而不是一种天赋。调查也证实了这一点，在政府经济管理者中间，文化水平较高者具有分析型风格的比重明显多于文化水平较低者，分析型风格与文化素质成正比关系。进一步说，分析型风格不会随着传统体制的消失而消失，因为它是任何一种体制下，政府经济管理者都必须具有的。

最后，改革开放前期尤其是90年代之前的政府经济管理者的管理风格适应了传统经济管理模式，但它不一定适应新的经济管理模式。随着20世纪90年代中期社会主义市场经济的建立，政府不能像过去那样继续直接管理经济活动。企业具有独立自主经营权利性质，社会经济环境条件已经发生了很大改变，政府经济管理者的管理风格也必须转型。以当时在90年代所做的行为问卷调查数据看，政府经济管理者的管理风格处在转型之中，但是转型速度慢于改革进程。从表3-3和表3-4可以看出，无论是分析型风格的人数比重还是平均得分在三次调查中都逐步上升，这是政府经济管理者管理风格改善的表现。但是指示型风格的人数比重和平均得分没有下降，相反有所上升；另外作为适应新形势的概念型风格的人数比重也未增加，尽管平均得分有所上升。令笔者感到遗憾的是，自那以后没有机会再开展类似问卷调查，因此无从对比发现今天的政府经济管理者的决策风格与那时相比有无变化。笔者希望有对此问题感兴趣的研究者继续沿着这个分析思路，继续采用这个行为分析方法，将问题研究下去。

第三节 政府经济管理者的素质

从心理学角度看，个人素质指的是人的神经系统、大脑的特性以及感觉器官和运动器官方面的先天性特点。它强调了素质的生理性和遗传性功能，是人的心理活动或行为的自然前提。但是从管理学角度看，管理者的素质不能单纯由心理学来界定。管理者素质除受制于生理因素（这与任何普通人无区别）外，还受制于特定职业和特定环境（这与其他人有区别）影响。管理者的素质在更大程度上是长期的和后天的管理经历和环境左右的结果。这个结果自然就构成了管理者行为的前提。归纳起来，形成管理者素质的因素有：生理方面，如男女性别差异，身体骨骼构造，大脑结构及其神经系统等；心理方面，如思维的特定模式，对管理环境的特殊感觉、知觉、记忆、情感、意志等；社会环境方面，如所处的社会地位、家庭、学校教育、生活阅历等；管理的特定职业方面，如所在组织、在组织中扮演的角色、过去的职业经历、本身具有的职业技能和技巧等。因此，形成管理者素质的因素复杂多样，总的来说，管理者素质是管理者生理、心理、社会及职业诸种因素所决定的个人行为特征和能力之总和。

应当注意的是，管理者的素质往往是通过行为表现出来的。尽管人们可以从管理者的履历表了解到有关管理者素质的信息，但在绝大多数情况下，素质是透过行为体现的，因此了解管理者的素质要从了解行为入手。管理行为变化多端，处于运动和不稳定状态之中。而管理素质则是管理行为的历史沉淀，是积行为之长期变幻、演化而形成的行为模式化。一旦行为固化为素质，已经形成的管理素质就决定着管理行为，而以后的管理行为随之反映着已经形成的管理素质。人们正是根据素质与行为的这种密切关系,来认识管理者的行为,并对管理者的行为做出预测。

综合以上分析,我国政府经济管理者的管理素质应当包括:

一、符合时代要求的世界观、人生观和价值观

管理者的世界观、人生观和价值观是否符合时代的要求,直接决定着管理者投入经济管理的热情程度和努力程度。因此,不同社会经济制度下的人们,都十分重视经济管理者行为价值观的培养和造就。世界观主要是指人们对待宇宙及社会的基本看法,是人类最高层次的意识观念,具有最抽象化的理性认识。人生观主要是指人们对待人类自身行为的认识和态度,是人在实践中获得的有关人的生命和生活目的的观念,这种观念支配着人在日常生活中的基本态度和行为。而价值观主要是是指基于人们一定的思维感官而形成的认知、理解、判断和抉择,是对事物做出是非好坏辨别。三观之中,世界观是基本的,人生观和价值观是相互影响相互作用的。严格说,没有正确的世界观也就没有正确的人生观和价值观,但是这样说并不意味着有了正确的世界观就一定有正确的人生观和价值观。社会现象比较复杂,人的观念也是复杂的和动态的。例如,一个科学家是一个宗教信徒,这反映出他的世界观是有神论的,但这并不妨碍他在职业研究生涯中秉持科学的价值观。一个在入党时宣誓信仰共产主义理念的官员,后来不信马列信鬼神,热衷于烧香拜佛,算命拜佛,这表明他的世界观、人生观和价值观都发生了根本改变。因为"三观"不一致,基本上会出现"两面人"行为:说一套,做一套;当面是人,背后是鬼。"三观"统一了,政府经济管理者中间的"两面人"行为才会大大减少。

应当看到,组成我国政府经济管理者的来源是复杂多样的,他们

来自社会各个阶层,受各种社会思潮和社会环境影响,他们具有的行为价值观念也不是同一的,而且时代不同,行为价值观念也有较大差距。当下中国处于大变革时代,国内外价值观念、新旧体制观念、在职人员和新入职人员之间的价值观念,都必然发生冲撞。这比较明显地体现在继续坚持为人民服务的价值理念与对市场经济观念的认同和接受方面,如服务意识、竞争观念、时间就是金钱观念、平等观念、效率观念和赢利观念,等等。习近平提出政府工作人员要与企业家保持"亲、清"关系,即政府经济管理者一方面要与企业家保持交往,为企业排忧解难,另一方面又要提高防范意识,警惕企业家对政府管理人员的拉拢腐蚀、"围猎"行为。这反映了如何处理好新形势下的政府经济管理者的价值取向和价值底线问题。

二、符合工作需要的理论修养

政府经济管理者的理论修养,是其素质高低的一个重要标志。根据不同的管理岗位,理论修养有不同的侧重,比如从事财政管理工作的管理者的理论修养,就不同于从事外贸管理工作的管理者。但是根据多年的教学经验和实际观察,作为一名合格的政府经济管理者,其理论修养应当包括:

第一,掌握马克思主义哲学的基本理论。尤其是在分析错综复杂的经济现象时,人云亦云甚多,如果没有基本的辩证唯物主义哲学的指导,就会把握不了经济发展的基本形势。

第二,掌握和能根据客观实际情况运用马克思主义经济理论。社会主义经济运行的许多理论依据和原理,都来自马克思主义的经济学说,以及从马克思主义经典作家们那里发展出来的现代社会主义经济理论。中国把马克思主义作为国家的指导思想,其中也必然包含把马克思主义基本经济原理作为经济工作的指导思想。如果政府经济管理者不了解并掌握这些原理，就难以胜任角色工作。当然，运用马克思主义基本理论一定要与中国实践紧密结合，一定不能搞教条主义。这需要政府经济管理者坚持问题导向，不断学习、思考、理解和行动。

第三，拥有一定的现代市场经济理论和知识。现代市场经济理论不完全同于古典或近代的一般西方经济理论，它在对市场经济缺陷的认识和宏观经济管理的政策操作方面都有许多比较切合实际的经验概括，如市场信息不完备、竞争性垄断、外部效应问题、各种宏观经济政策的效应问题、宏观经济运行的一般过程和特点、有关经济计量的方法，等等。在管理社会主义市场经济体制的新任务中，学习和掌握这些理论，有助于提高政府经济管理者对宏观经济调控的自觉性和能动性，完善政府经济管理行为。

三、系统性和连续性相结合的思维模式

从一般情况看，任何一个管理者都具有多层次相统一的思维模式，即抽象与具体、演绎与归纳、历史与逻辑、综合与分析、逻辑思维与形象思维的统一。同时，思维模式也不是一成不变的，它会随着环境和管理者自身阅历的改变而改变。因此，不能强求管理者的思维模式的一致性。

但是，对于政府经济管理者，某些思维模式是必须具备的，这就是系统性思维与连续性思维。系统性思维，简单地说，就是把一个事物或一个问题放置在一个联结着的整体中去看待，把它看成是与这个整体有机联系并具有一定功能的局部和个体，从而努力寻找全局与局部、整体与个体之间的内在联系，求得问题的解。心理学中有联想思维一说，与系统性思维有相似之处，但系统性思维范畴更准确地表达

了思维模式。连续性思维，简单地说，就是把一个事物或问题放置在一个时间的长河中间，把它看作既是现实的产物，又是历史的产物，更预示着未来。实际上，由系统性思维与连续性思维构成了一个纵横交织的思维模式，是有关客观经济世界的空间与时间的联系在政府经济管理者思维上的综合表现。或许这样要求委实有点难为了政府经济管理者，但是经济世界是复杂多变的，如果没有一个高的思维模式要求，政府经济管理者也就不能胜任自己的角色。

思维模式的固化，也可能带来对政府经济管理者自身不利的结果，或者使得政府经济管理缺乏弹性。这是因为，如果过分地强调了对待事物发展的连续性思维态度，可能会导致经济管理决策的呆板与僵化，使管理缺乏创造力和新意。根据西方管理人的实践，"呆板的或缺乏创造性思维类型的人可能无法感知到任何具有独创性的事物。相反的，他们总是在寻求连续性。呆板的经理们可能坚持认为职工应遵守既定的，按部就班的老规矩。随机行为，纵然富有想象力并且能够迅速解决问题，可是有些经理却受不了，因为随机行为不符合经理们对连续性的不变需要。"[①] 在我国的政府经济管理行为中，同样存在类似问题，一些政府经济管理者面对经济活动的新现象往往表现出审慎和观望的态度。这种态度被称作是保守的倾向，容易受到上下两方面的指责。因此，政府经济管理者要承受较大的压力。如果将经济生活新事物的价值判断问题放在一边，仅就政府经济管理者自身的思维定式而言，过分拘泥于连续性思维就不一定妥当了。这时就需要一定的跳跃性思维作为补充，以增强政府经济管理者对变化之中的经济生活的应变能力。好的思维模式是富有弹性的、混合型的，这就是连续性与系统性相结合的思维模式。

---

① 唐·赫尔雷格尔、小约翰·瓦·斯洛克姆著，余凯成、黄新华、陈儒玉、许志恒译：《组织行为学》，中国社会科学出版社1989年版，第180页。

四、以分析型和概念型为主导的管理决策风格

在本章第二节已经通过实证揭示了我国政府经济管理者的管理决策风格,即以分析型风格为主指示型风格为辅。显然,这种管理决策风格并不是完全合理的。指示型风格是在行政命令管理占主导的体制下产生的政府经济管理者行为,随着我国经济管理模式的转型,这种管理决策风格就不能适应新形势了。因此,在继续保留和发挥分析型风格的同时,应当培养政府经济管理者的概念型风格。

概念型风格属于高层次的管理决策风格。具备这种管理风格的管理者倾向于对全局的总体认识,富于创新和承担风险,重视办事质量和效率,关心长期问题。管理学家凯茨(Katz)认为,成功的管理者需要具备三种基本技能:技术技能、人际技能和概念技能。概念技能是指把管理组织看成是一个整体,要求从全局上把握管理问题。任何一个政府经济管理者,不管其职务、岗位、职能有什么不同,都应该具备这样的管理决策风格。同时,概念型风格体现了对未来的展望与预测,关心长期问题,这种管理决策风格对于政府经济管理者行为特别重要。随着社会主义市场经济体制的逐步建立,政府经济管理者将把主要精力从分配经济资源和直接管理企业转向研究宏观经济波动、市场走势以及未来发展问题。这种情况特别需要政府经济管理者具备分析型与概念型相结合的管理决策风格。

五、高于现阶段社会平均的知识水平及结构

政府经济管理者的知识水平一般受制于整个国家的社会经济发展

水平，尤其是全民教育平均水平。因此，当我国处于发展中国家的地位时，无限制地拔高对政府经济管理者的知识水平显然做不到。但是，一般来说，政府经济管理者作为一个特殊社会群体应当属于具有较高学历和智商的群体，平均水平高于全社会总体水平，这样才会保证高质量的政府经济管理行为。

除了政府经济管理者要具有高于全社会的文化知识水平外，知识结构也是不容忽视的一个方面。因为是从事经济管理工作，所以在知识结构方面有一些特殊要求，与其他政府工作人员的知识结构有所区别。这些特殊要求包括：

（1）宏观经济理论知识；

（2）经济管理技术和方法知识；

（3）主管业务部门或行业的知识；

（4）中国经济发展的历史知识；

（5）国际经济发展的一般经验和教训知识。

知识结构的综合性尤其是对从事政府综合经济管理工作的人员更为重要。因为综合性知识在短期内不宜获得，而在政府经济管理决策过程中又大量地涉及综合性问题。这样，综合性知识乃至综合性人才，就对增强理解力和提高决策水平有着更为重要的意义。对这部分政府经济管理者说来，知识结构的泛、杂、新，要比知识结构的专、纯、旧更可取。用政府经济管理者自己的话说，就是"外行人觉得你内行，内行人觉得你懂行"。为了优化综合性知识结构以及弥补综合性人才的不足，可以采取在政府经济管理部门内部配备不同知识领域的人员，有计划的培训在岗人员等办法。

笔者在20世纪90年代所做的三次样本调查（见表3-5）表明，我国政府经济管理者的知识水平在大专水平以上的比例就已经在80%以上，这个比例远远高于当时全国的比例，也可能高于除了知识分子相对集中的科教部门以外的其他部门。与常识所想象的不同，在政府经济管理部门工作的人员并不都是科班出身,只有40%左右,另有60%的人员从非财经专业半路出家。其中,理工专业毕业的人数占到1/4,这或许是目前在政府工作中较多地用"××工程"之类技术词汇来称呼政府经济管理行为的原因所在,"符号化"代替了有实质意义的名称,但在另一方面,政府经济管理行为呈现技术性的务实趋向。文化知识水平预示着较高的政府经济管理水平,但过低的财经科班出身比例则潜伏着外行管理的危险。日本经济学家大来佐武郎曾就合格的日本政府官员提出过十条标准,其中首要的标准是"要成为T形的人":"在当今社会,I形的人,也就是只靠自己的专业干一辈子的人为数不少,还有一字形的管理人员,他们对什么都略知一二,但都很肤浅。今后的社会,需要的是具有某方面的专业知识,但还要在竖棍上横放一个棒,也就是对本专业以外也广泛了解的T字形的人。"[①] 他的这个想法对培养中国政府经济管理者的知识素质有参考价值。因此,在继续提高政府经济管理者的文化知识水平的前提下,对政府经济管理者的知识结构需要加大专业化与优化的力度。

表 3-5　　　　　　　政府经济管理者的文化知识水平

	第一次调查（1989 年）		第二次调查（1992 年）		第三次调查（1995 年）		总计	
	人数	比例（%）	人数	比例（%）	人数	比例（%）	人数	比例（%）
大专以下	25	12.0	7	22.6	8	40.0	40	15.4
大专水平	67	32.2	17	54.8	7	35.0	91	35.1
本科水平	116	55.8	6	19.4	5	25.0	127	49.1
未答			1	3.2			1	0.4

---

① 大来佐武郎:《漫话现代日本官吏》,国际文化出版公司 1987 年版,第 13 页。

续表

	第一次调查（1989年）		第二次调查（1992年）		第三次调查（1995年）		总计	
	人数	比例(%)	人数	比例(%)	人数	比例(%)	人数	比例(%)
总计	208	100.0	31	100.0	20	100.0	259	100.0
理工类	54	26.0	9	29.0	3	15.0	66	25.5
财经类	87	41.8	9	29.0	8	40.0	104	40.2
文史类	35	16.8	3	9.7	1	5.0	39	15.0
其他	13	6.3	3	9.7	3	15.0	19	7.3
未答	19	9.1	7	22.6	5	25.0	31	12.0
总计	208	100.0	31	100.0	20	100.0	259	100.0

我们在20年前的数据调查显示出了当时的政府经济管理者的知识文化素养水平。20年过去了，政府经济管理者的知识文化素养只升不降。因为从21世纪开始建立常态化的公务员录取和用人制度后，想进入政府机构的人员一般要符合大学学历和岗位专业技能要求，有的政府机构和岗位更将学历层次提高到研究生水平；而且必须参加公务员统一考试。政府经济管理者在庞大的公务员队伍中只占有一部分，然而是专业技术性较强的一部分。因而在没有新的统计数据采集也依然可以推定，20年后我国政府经济管理者的知识水平继续高于社会平均水平。知识结构也会持续改进。

六、良好的公共关系社交能力

政府经济管理者具有良好的公共关系社交能力，不仅是一个单纯的经济管理技能问题，同时也是一个治理能力问题。在社会主义国家里，政府经济管理者所处的角色地位决定了他们必须同社会各界保持最密切的关系。这对于巩固政府在社会当中的地位和影响，保护人民群众的切身利益有着直接的联系。

作为一个特定的社会群体，政府经济管理者比起其他多数社会成员来素质必然要高一些。但是，较高的学历和文化知识水平，较高的待遇，较高的管理经验，较高的智力水平，并不一定使政府经济管理者最终取得管理成功。在那些条件之外，还必须附上良好的社交能力。没有这一条，再有能力的政府经济管理者也难以有所作为。不幸的是，生活中经常会遇到难与人相处的自命"清高"者。

虽然政府经济管理部门是按照金字塔型的行政组织原则建立的，但是它仍然有别于等级森严的军事组织。因此，如果上级政府经济管理者不以民主态度对待下级，不认真吸收下级人员的正确建议，其作出的管理决策就不一定十分可靠。同时，政府经济管理牵涉到社会各个方面，政府经济管理者往往处于各种社会经济矛盾的交汇点，社会各界人士，形形色色的人员都要主动与政府经济管理者交往。这就要求各级政府经济管理者，无论是担负了一定职务的人员，还是普普通通的一般管理人员，都要学会与人打交道，都要学会与各种各样的人士交往。

身处市场经济环境，政府经济管理者容易成为围猎、寻租的对象，因此与人交往，需要慎之又慎。特别是政府经济管理者与私营经济主体打交道，要保持亲、清关系，避免私营老板"寻租"和政府官员"傍大款"。为此，习近平告诫："我们要求领导干部同民营企业家打交道要守住底线，把好分寸。……新型政商关系应该是……'亲''清'两个字。"[①] 政府领导干部对民营企业的"亲"，是坦荡真诚交往和排忧解难，对民营企业的"清"，是关系清白和不搞权钱交易。

---

① 习近平：《习近平谈治国理政》（第二卷），外文出版社2017年版，第264~265页。

民营企业对政府领导干部的"亲",是积极主动献言献策,对政府领导干部的"清",是遵纪守法经营,不搞旁门左道。显然,政府经济管理者与人打交道存在着底线。

七、必要的工作实践经历

政府经济管理者的工作经验,是政府经济管理工作的一项宝贵的财富,也是经济管理的一项稀缺资源。一般而言,要取得学识性的管理知识是不难的,通过正规的教育培训就能够做到。但是,要想获得经验性的管理知识就比较困难,没有十年八年的磨炼是得不到的。然而,也有的政府经济管理者在工作岗位上十余年,一说起有关政府经济管理的基本经验来,仍然是说不清道不明,而实际的管理能力也不强。这说明并非在政府经济管理岗位上工作的年头与管理经验成正比。那么什么样的工作经历才是促使政府经济管理者迅速提高其管理素质的必要途径?

前面分析已经指出,政府经济管理者在各自岗位上被分派一定的角色,这种角色有静态化的倾向。如果一个政府经济管理者长期扮演一个固定的角色,角色静态化倾向就得到了强化。这种情况可以通过计算政府经济管理者的角色静态化率而得到定量认识。设角色静态化率为 J,全部工龄年数为 N,现任部门工作年数为 M,则有计算公式:

$$J = M \div N \times 100\%$$

如果 $J \to 0$,说明工作变动大,在现任部门工作的静态化程度低;如果 $J \to 100$,说明工作变动小,在现任部门工作的静态化程度高。笔者在 20 世纪 90 年代的三次调查发现:第一次调查(1989),$J = 55.6\%$;第二次调查(1992),$J = 65.2\%$;第三次调查(1995),$J =$

57.3%；三次调查平均，J=59.4%。由于没有参照系数，因此还无法确定 J 为多少是合理的，但是考虑到当时的我国人事制度状况，J 值应该更低些才算合理。

　　角色静态化得到强化后会产生种种消极后果。突出的一个消极结果就是使得政府经济管理者本人的管理经验局限在角色范围内，容易养成目光狭窄，不能多角度思考问题的弊端。这种情况的组织原因还将在下一章分析。角色强化的另一个比较典型的例子是，一任新的领导，由于长期的前工作经历留下的痕迹而"三句话不离本行"，这势必同新的岗位对新领导的新角色分派发生冲突。结果是领导者本人觉得新角色扮演起来难受，下属觉得与新领导配合起来别扭。因此，单一的或较少的工作经历是不利于政府经济管理者的成长和工作的。

　　从实际工作角度出发，工作流动过于频繁同样也不利于政府经济管理。通常一个政府经济管理者要想从一个部门的实际工作中获得在该部门的全面经验，没有 5 年左右的时间是不行的。此外，在政府经济管理内部存在严密分工的情况下，如果由政府经济管理者本人提出工作合理流动的请求，常常会招来不安心本职工作的责难。在实际政府经济管理工作中，也力图避免政府经济管理者经验少而影响管理质量的弊病，如对于没有基层工作经历的处级以上新干部要求有一年的下放锻炼，并形成制度化。这是对政府经济管理者中领导干部的特殊要求，但是从一般要求看，每一个政府经济管理者都必须要有与本角色有关的工作经历。合理的设想是：一个政府经济管理者至少应当取得两种工作经历。第一，对于从事综合性管理工作的人员，在此以前至少要有一种在本系统内专业性管理工作的经历；第二，对于从事专业性管理工作的人员，在此以前至少要有一种在本系统外同类专业的管理工作经历。

附件 1：

根据 A. J. 罗的 DSI 法设计的中国政府经济管理者管理决策风格调查表

填表要求：每题有四个可能的答案。在您认为最适合于您的情况的答案前括号内写 1；依次，在您认为较适合于您的情况的答案上写 2，再次写 3，最后写 4。如果您认为有两个答案同时适合于您，难以区别前后次序，可同时对这两个答案写同样的序号，其他顺次填写。

1. 您到现在这个部门工作的主要目的是
   (   ) A. 找一个具有综合性与权威性的管理工作
   (   ) B. 能比在其他部门干得更好
   (   ) C. 让同志们对自己的工作认可和感到满意
   (   ) D. 感到工作安定

2. 您喜欢的工作是
   (   ) A. 技术性的，有明确规定
   (   ) B. 多样化的，不单调枯燥
   (   ) C. 可以个人单独活动
   (   ) D. 与人打交道

3. 您在工作中力求寻找
   (   ) A. 实际成效
   (   ) B. 最佳解决方案
   (   ) C. 新方法和新想法
   (   ) D. 良好的工作环境与秩序

4. 您认为在与人交往中最好的方式是
   (   ) A. 直接进行口头交谈

(   ) B. 文字信件往来

(   ) C. 个别私下见面

(   ) D. 公开场合交流

5. 在制订计划时，您强调

(   ) A. 当前需要

(   ) B. 能达到的目标

(   ) C. 未来的目标

(   ) D. 本部门或本地区的需要

6. 您在解决具体问题时一般是

(   ) A. 依赖经过验证的方法

(   ) B. 进行谨慎周全详细的分析

(   ) C. 寻求新的方法

(   ) D. 凭直觉行事

7. 在计划工作中，您对于信息的要求是

(   ) A. 具体事实

(   ) B. 准确而完整的统计数据

(   ) C. 有多种挑选的原始材料

(   ) D. 已经归纳加工的资料数据，便于一目了然

8. 您在工作中尽量避免

(   ) A. 长时间地辩论

(   ) B. 给将结束的工作留下"尾巴"

(   ) C. 使用数字或公式

(   ) D. 与别人发生争执与冲突

9. 您在工作中特别注意

(   ) A. 记住日期和事实

(   ) B. 解决疑难问题

(   ) C. 未来可能发生的问题

(   ) D. 与别人交往

10. 在开会或接待来访客人时，您一般

(   ) A. 畅所欲言，自由交谈

(   ) B. 先想想应该说些什么，然后再谈

(   ) C. 观察一下周围的气氛，再确定自己应该说些什么

(   ) D. 倾听别人说话，尽量自己不说

11. 您容易和这样的人工作融洽

(   ) A. 有干劲和抱负的人

(   ) B. 守时和自信的人

(   ) C. 好奇和谦虚的人

(   ) D. 有礼貌能够信任他人的人

12. 当工作遇到困难或有重大压力时，您常常

(   ) A. 坐立不安，容易感情用事

(   ) B. 把注意力集中在解决问题上

(   ) C. 感到沮丧，对完成任务信心不足

(   ) D. 担心或健忘

13. 您做出的决策是

(   ) A. 现实的，不带个人主观色彩

(   ) B. 有条理的，具有概括性

(   ) C. 灵活性的，有充足的回旋余地

(   ) D. 尽量照顾别人要求，反映各方意愿

14. 工作中您不喜欢

(   ) A. 对局势及工作进展控制不住

(   ) B. 令人厌烦的工作

(   ) C. 遵守各种制度规定

(   ) D. 被旁人甩在一边，无人理睬

计分方法：依序号1、2、3、4分别打分8、6、4、2，然后按照答

案题号 A、B、C、D 分别加总。A 代表指示型风格，B 代表分析型风格，C 代表概念型风格，D 代表行为型风格。

附件 2：

A. J. 罗测定管理决策风格的 DSI 方法

填写要求：以下每个问题都有四个供选择的答案，要求全部填写。在您认为最适合于您的答案空格内填写数字"1"；其次，在较适合于您的答案括号内填写数字"2"；依次，在适合于您的答案括号内填写数字"3"和"4"。如果您认为两个或两个以上的答案难以区分前后顺序，可以填写同样的数字。

计分方法：依序号 1、2、3、4 分别给出 8 分、4 分、2 分、1 分；然后将各个风格类型的答案分数加总，求出总分。

	指示型风格	分析型风格	概念型风格	行为型风格
1. 您到这工作主要目的是	寻求有一定地位的岗位	在自己的领域干得最好	让大家承认自己的能力	工作有保障
2. 您所喜欢的工作是	技术性的，有明确规定	多样化的，不单调	行动独立	与人打交道
3. 您希望为您工作服务的人	多出成果，办事迅速	非常有能力	勇于承担责任，响应号召	容易接受意见
4. 您在工作中追求	实际成效	解决问题的最好办法	新的措施或想法	好的工作环境
5. 您愿意与人交往的场合是	俩人直接见面无别人	书面、写信或留条	集体聚会讨论	正规的会议

续表

	指示型风格	分析型风格	概念型风格	行为型风格
6. 您在计划过程中重视	目前的问题	满足目的要求	未来的目标	开拓人们的事业
7. 当要解决某个问题时,您	依靠现成的方法	进行仔细的分析	寻找新方法	依靠直觉行事
8. 当使用信息时,您喜欢	具体事实	准确和完整的数据	可供挑选的广泛材料	易于理解的有限数据
9. 当不能确定要做什么时您	凭直觉行动	寻找事实	寻找折中的方案	推迟决策
10. 无论如何您尽量避免	长时间争论不休	工作完不了	使用数字和公式	同其他人发生冲突
11. 您特别擅长于	记住日期和事情	解决难题	预见事情的各种可能	同人们打交道
12. 当时间宝贵时,您	迅速决策和行动	遵照计划分出轻重缓急	不屈服各种压力	寻求指导和援助
13. 在社交场合,您一般	同人们交谈	考虑正在说的话题	观察正在发生的事情	倾听人们的交谈
14. 您易记住	人们的姓名	聚会地点	人们的面孔	人们的个性
15. 您所做的工作使您	有力量影响其他人	担任了富有挑战的职务	实现了自己的目标	同大家打成了一片
16. 同您工作配合好的人是	有干劲和有抱负的人	自信的人	头脑开通的人	有礼貌和可信赖的人
17. 当面临工作压力时,您	变得焦虑不安	全神贯注在问题上	变得沮丧	健忘
18. 人们认为您	敢作敢为,有进取心	规规矩矩,遵守纪律	富于想象力,思想活跃	乐于助人,富有同情心
19. 您做出的决策基本上是	现实的,直截了当的	系统化的,概括性强	泛泛的,有很大灵活性	密切反映人们的需要
20. 您不喜欢	工作失控	工作枯燥	按部就班	被排斥在外

第四章 政府经济管理组织的行为

将分散的政府经济管理者集合起来的基本形式是政府经济管理组织。构成这种组织的基本要素是政府经济管理者及其组织规定。政府经济管理者作为个人，只是政府组织中的一员；而作为一个社会特定群体，政府经济管理组织则是政府经济管理者的集合。因此，在分析了政府经济管理行为中的个人行为之后，需要上升到政府经济管理行为的组织行为，从更高的层次上了解政府经济管理行为。

一般而言，政府经济管理的组织行为有两种基本形式：正式制度下的组织行为和非正式制度下的组织行为。前者有公开和明确的组织制度化规定，后者则没有公开和明确的组织制度规定，其行为是由非制度因素规定的。区分这样两种组织行为的意义在于，我们不仅能够看到按照公开法律及其法规规定而产生的有形的政府组织行为，而且能够看到没有法律及法规为依据但实际存在着的无形的政府组织行为。理解前者只是理解了公开的政府组织行为，而理解了后者即理解隐蔽的政府组织行为才算是理解了完整的政府组织行为。这两种组织行为的划分来源于实际活动的观察与分析，并不是主观臆断的概念。行为科学的一个特殊贡献，就是发现了社会组织中这两种组织形式的客观性和普遍性。它对解释有组织的人类行为诸多现象提供了有力的认识工具。

以下按照先正式组织行为后非正式组织的顺序展开对问题的分析。

第一节 正式的政府经济管理组织形式

政府经济管理者与公开颁布实施的行政规章一起，构成了正式的政府经济管理组织。不同国家制度有不同的政府组织形式。不过，作为社会组织形式之一，政府组织形式也具有一些社会组织的共性特征。大量的组织行为学理论研究表明，一般来说正式的社会组织形式不外乎两种典型形式：三角金字塔型与平行四边形。这两种典型组织形式产生的社会组织行为是不一样的：三角金字塔型组织形式决定了管理行为以集权为特色，平行四边形组织形式决定了管理行为以分权为特色。这种基本特征在政府经济管理组织行为上同样如此。

一、政府微观组织结构

从微观层次到宏观层次，我国正式的政府经济管理组织大多数是按照金字塔型形式组建的。在其中，每个政府经济管理者按照制度安排都各自扮演一定的管理角色。在微观的政府组织内部，政府经济管理者根据分工履行自己的职责。但是，如果一切都按照制度行事，问题也就简单得多，然而事实上并非如此。即使设计得十分周全的组织制度，也难以做到天衣无缝，也有管理的缝隙，也有给管理者发挥主观能动性的空间。这样，仅仅根据内部的角色分派来理解政府组织内部的组织行为，就显得机械了。经验告诉人们，在政府经济管理组织内部，有三种管理者是具有特殊的角色作用的。

1. 领导秘书的角色作用

按照政府内部管理程序，政府经济管理部门主要负责人的工作通常需要秘书的协助。秘书的主要职责是为领导准备决策所需的档案、文件并收发材料，以及接受领导委派处理程序性事务。因此，秘书成为沟通领导与被领导的一个中介环节。经验告诉人们，由于秘书与领导这种超过常人的直接关系，使得秘书的权力可能比名义上规定的要大些。这并非源自正式的组织安排，而源自秘书与领导之间的微妙关系。

管理经验告诉人们，领导者的个人才干和管理幅度与秘书的角色作用有相关关系。首先，领导个人才干与秘书角色作用是呈反比关系的。因为，领导者的个人才干比较高，他或她对秘书的依赖程度就相对要低，结果使得秘书角色作用缩小；反之，领导者的个人才干比较低，就使得秘书的角色作用增大。其次，领导者的管辖幅度与秘书的角色作用是成正比关系的。因为，领导者的管理幅度过大过宽，他或她就不得不依赖于更多的秘书们去处理其中大部分被认为是次要的事情，结果使得秘书的角色作用增大；反之，其管辖幅度过小过窄，会使得秘书的角色作用缩小，甚至多余。这些已是政府经济管理组织中公开的秘密。但是无法精确量化这种关系。

这个秘密说明，领导者需要秘书，但又要警惕秘书角色越位。秘书角色在政府经济管理行为中起着十分重要的作用，这从正反经验教训中可以验证：如果秘书是称职的，对其领导者及其管理工作会有积极的影响结果；如果秘书不称职，对其领导者及其管理工作均会造成消极影响后果。为此，有的地方规定了领导者的秘书"十要十不"守则：一要政治坚定，不左右摇摆；二要摆正位置，不越权越位；三要洁身端正，不以权谋私；四要增光补台，不抹黑添乱；五要诚实可靠，不投机取巧；六要忠于职守，不懈怠失职；七要谨慎检点，不盛气凌人；八要乐于奉献，不追求名利；九要严守机密，不违法乱纪；十要接受监督，不自恃特殊。据曾经的一个公开报道，陕西省原省长向社会上招聘3位专家和一名公务员组成自己的秘书班子。三位专家分别来自高等院校、留学归国、银行金融部门，那名公务员来之前系某大厂办公室主任。"3位专家就任后被告知的主要工作是：省长讲话稿的会后整理（讲话事前不必准备讲稿），参与省长主持报告的集体研究，省长指令专题调研，经常保持与外界的联络等。"① 这些情况说明在改革过程中，一些政府经济管理部门已经意识到秘书角色的重要性，并力图消除秘书角色的负面作用。

2. 办公室主任的角色作用

按照政府内部管理规定，办公室是组织内部负责行政管理事务的部门，其负责人一般不像管理业务部门负责人那样负责有关的经济管理事务。但是，由于办公室是处于领导与业务部门的另一个中介环节，所以办公室主任的角色作用也就不能完全按照组织的正式角色分派来理解。事实上，办公室主任的角色情况类似于秘书的角色情况。

一位来自县政府的办公室主任是这样认识的："办公室工作范围广，工作难度大，生活无规律，经常加班加点，十分辛苦，结果还经常是'领导嫌软，部门嫌管，群众嫌显，家属骂懒'。"实际上，"办公室是一个责任重大的岗位，是一个锻炼人、增长才干的岗位，是一个虽苦犹甜、令人难以忘怀的岗位。"② 由于办公室地位的重要程度，一般选派到办公室主任位置上的都是比较能干的、管理素质比较高的管理者。作为办公室主任，要具备八种管理意识：奉献意识，窗口意识，勤政意识，查办意识，参谋助手意识，抓重点意识，进取意识，

---

① 杨晓平：《陕西省长不配秘书聘专家》，载于《中华工商时报》1995年7月3日。
② 何育才：《办公室干部的八种意识》，载于《经济日报》1994年8月18日，"政府之窗"版。

创优意识。

3. 综合部门负责人的角色作用

在同级政府经济管理者中间,综合部门负责人的角色作用超过了名义上的含义。这种角色作用的特殊性,主要源自对综合部门职能和地位的组织规定。综合部门掌握比专业部门更多的信息,了解更详尽的内幕,负责协调各个部门的工作,为上级领导准备需要的文件和材料,处理各个专业部门不能解决的疑难问题,所有这些,都促使综合部门成为"责任重大、锻炼人才,增长才干的岗位"。因而,按照不成文的规定,综合部门的负责人常常是上级领导者的候选人。作为一名进取心强烈的政府经济管理者,如果他或她要想更快地得到提升,那么争取在综合部门工作一定时期是十分必要的。

习近平同志是从秘书工作开始干起,一步步走上领导岗位的,因此他对办公室及秘书的工作环境和角色有直观和深入的观察与体验。为此他总结了一些很有参考价值的经验和观点。例如,他认为政府组织架构中的办公室工作有四个特点:一是重,地位重要。起到领导决策的参谋、智囊作用,为上下服务的作用,机要保密作用。二是苦,非常辛苦。整天有干不完的事。三是杂,事务繁杂。巨至国家大事,细至室内卫生、干部生活,应接不暇。四是难,难度很大。工作处于全方位、开放型,神经始终处于高度紧张状态。因此办公室工作要有高度责任感,要高效率开展工作,要实行高水平服务。作为领导秘书,既是配角,又比配角作用更窄。"秘书的工作性质,决定了他要正确对待名利荣辱,树立无私奉献的精神,不断加强和深化自身的修养。"做到"五不":一不自恃,二不自负,三不自诩,四不自卑,五不自以为是。在处理同领导的关系中,掌握好秘书角色的度:"参与而不干预、协助而不越权,服从而不盲从。"① 这些体验观点,非常真实地揭示了我国政府组织中的秘书、办公室人员的行为和角色的特性。

二、政府宏观组织结构

在宏观一级,政府经济管理组织以最高管理机构国务院(或部长会议)为塔尖,按照中央部门和地方政府两个系统组成严密的管理网络。每一个中央部门或地方政府的经济管理部门同样也是按照金字塔形的原则组建。在计划经济时代,整个金字塔的塔基,是分别隶属于中央部门和地方政府的国有企业(见图4-1)。进入市场经济时代,我国政府的组织架构经历1998年、2003年、2008年和2018年的数次大调整,去掉了企业作为政府组织的塔基部分,增加了一些平行的组织(计划单列城市、计划单列企业集团等),形式有了较大的改观,但是金字塔新的组织架构依然清晰可见(见图4-2)。

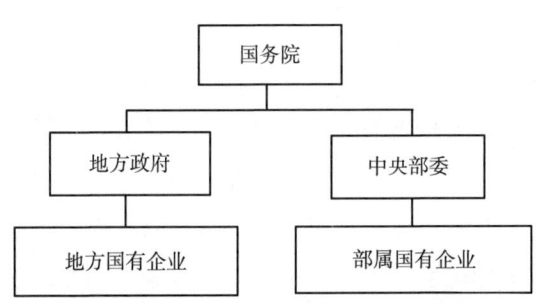

图4-1 我国计划经济时代政府经济管理组织简图

---

① 习近平:《摆脱贫困》,福建人民出版社、海峡出版社发行集团2014年版,第47~56页。

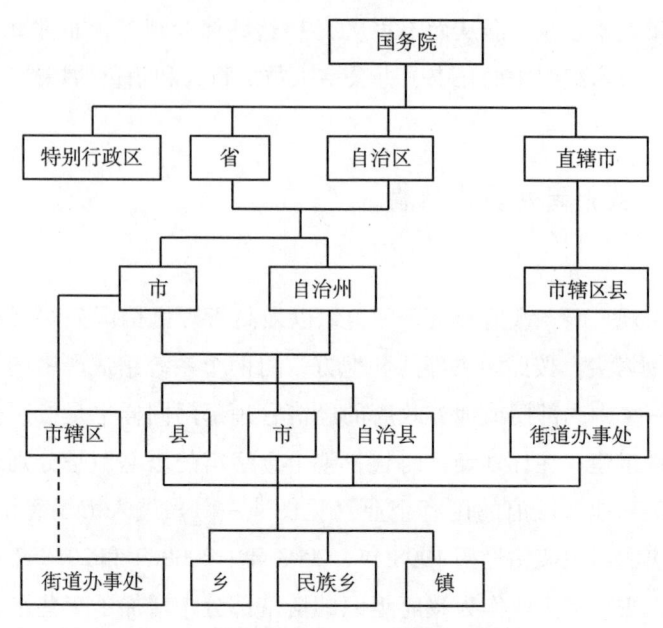

```
                    ┌─────────┐
                    │  国务院  │
                    └─────────┘
         ┌────────┬─────┴──┬────────┐
    ┌────────┐ ┌────┐ ┌──────┐ ┌────────┐
    │特别行政区│ │ 省 │ │自治区│ │ 直辖市 │
    └────────┘ └────┘ └──────┘ └────────┘
                  │      │         │
              ┌───┴──┬───┴──┐      │
           ┌────┐ ┌──────┐ ┌────────┐
           │ 市 │ │自治州│ │市辖区县│
           └────┘ └──────┘ └────────┘
         ┌───┬──┴─┬────┬──────┐      │
      ┌──────┐┌──┐┌──┐┌──────┐┌──────────┐
      │市辖区││县││市││自治县││街道办事处│
      └──────┘└──┘└──┘└──────┘└──────────┘
         │     └─┬──┴────┬───────┐
    ┌──────────┐┌──┐┌──────┐┌────┐
    │街道办事处││乡││民族乡││ 镇 │
    └──────────┘└──┘└──────┘└────┘
```

图 4-2 我国 21 世纪初政府组织结构图

就目前正式的政府经济管理行为而言，我国存在以下三个情况：首先，政府经济管理的组织按照行政地域原则分成多级：全国级，省级，市级，县级，乡镇级。从经济管理的实效看，全国、省和市三级具有较大的决策权限和影响力，县镇级属于政府经济管理的基层，主要是执行上级政府各项经济政策。因此，涉及前三级政府经济管理行为的主要问题是如何划分决策权，涉及后两级政府经济管理行为的主要问题是如何执行政策。历史上由于以中央集权为主，因此在很大程度上说地方政府的行为就是中央政府的行为。现在则由于地方政府逐步拥有了许多中央政府下放的经济管理权限，中央政府行为与地方政府行为出现较大的差异，地方政府行为拥有更多的自主权，甚至在央地政府之间出现一定的摩擦。其次，每一级政府经济管理又按照分工原则分成两大部门：综合部门与专业部门。专业部门承担经济行业的管理任务，综合部门承担协调专业部门之间的关系和进行整体性经济管理的任务。两者的功能都是必要的，按照体制规定两者的管理界限也是明确的，但是在实际运行过程中，两者常常产生出许多矛盾，出现综合部门与专业部门之间的职能重叠现象。最后，无论哪种政府行为，最终都与微观基层组织发生必然的行为联系。

政府与企业的相互关系，是社会主义经济体系中一个长期引起争议的问题。在计划经济时代，全国被设想为一个特大型工厂，众多企业按照分工原则被当作各个车间，而政府部门则被视为是管理这个庞大工厂及其车间的管理者。因此，政府与企业成为一个连体有机物，政府行为与企业行为具有同一性。然而在经济改革过程中，随着市场经济体制前提的逐步确立，政企分开成为调整政府与企业相互关系的基本出发点。这也提出了如何重新认识和建立新型的政企关系问题。到目前为止，新型的政企关系只是形成了大致行为轮廓，细节还需要继续精雕细琢。

如果只就政府的经济管理组织形式而言，典型的金字塔形结构诚如上述。但事实上，在全球范围内的社会主义国家模式中，由于突出社会主义执政党的领导作用，因此在政府经济管理之旁，还形成第二个同样对国民经济有直接影响力的管理组织，这就是党的经济管理组织系统。党的经济管理组织也是按照金字塔形组成的，在每一级党组织内部，同样也设立了与每一级政府组织内部性质大体相同的部门；在整个党组织系统中，建立了与中央部门和地方政府平行的党组织。在20世纪70年代以前，在大多数社会主义国家里，这种党政分工不明确的情况比较严重。党组织就各种各样的经济问题做出决议与指示，并交给政府去执行。有时，鉴于问题的重要性，党组织还直接通过自己的系统去实施有关决议和指示，造成政府组织缺乏对国民经济运行进行调控的独立性。

自20世纪70年代末社会主义经济管理模式发生变革后，党组织的作用相对缩小。政府经济管理行为逐步独立化。党组织的作用主要集中在如下方面：对重大经济问题的讨论和决策，对经济建设基本战略思路的确定，对实现党的路线和方针的组织人事的安排等。如何处理好政府组织同党组织的关系，始终是社会主义经济管理模式中矛盾问题之一。有关问题将在后面展开评论。

第二节 我国中央政府经济管理组织行为

一、经济管理组织机构的调整

我国中央政府管理的组织机构，从1949年开始建立到1954年健全之后，经历过四次大的变动循环：1958年的精简到1965年的膨胀，1970年的精简到1978年的膨胀，1982年的精简到1986年的膨胀，1988年的精简到1992年的膨胀，从1993年又开始了新的精简，1998年具有标志性意义，是第一次按照市场经济要求进行大规模政府组织机构精简瘦身，人员转岗分流。进入21世纪之后，2003年、2008年、2013年和2018年政府机构每五年进行一次调整，朝着大部制的方向迈进。于是乎，有人将这个变动循环称为"怪圈"。

实际上，将研究视野扩展到世界范围内，一个国家的政府组织来回调整，反反复复，也是一种正常的现象。中国政府承担了世界上任何一个国家都没有的管理如此众多人民的任务，其艰难程度与复杂程度都是无可比拟的。这种变动循环，表现出不断探索与进步的必然性。

在每一次的调整变动中，首当其冲的就是政府经济管理机构。其组织机构的变动经过如表4-1和表4-2所示。

表4-1　我国国务院经济管理部门机构变动一览表（至1993年以前）

改革变动	综合管理部委	行业管理部委	直属管理局
1954年，国务院组成，综合部门3个、行业部门19个、直属局7个，共计29个	国家计划委员会、国家建设委员会、财政部	粮食部、商业部、对外贸易部、重工业部、第一机械工业部、第二机械工业部、燃料工业部、地质部、建筑工程部、纺织工业部、轻工部、地方工业部、铁道部、交通部、邮电部、农业部、林业部、水利部、劳动部	国家统计局、国家计量局、中国人民银行、中央手工业管理局、中国民用航空局、中央工商行政管理局、中央气象局
1956年，国务院扩大，综合部门5个、行业部门29个、直属局9个，共计43个	国家建设委员会、国家计划委员会、国家经济委员会、国家技术委员会、财政部	粮食部、商业部、对外贸易部、冶金工业部、化学工业部、建筑材料部、第一机械工业部、第二机械工业部、第三机械工业部、电机制造工业部、煤炭工业部、电力工业部、石油工业部、地质部、建筑工程部、城市建设部、城市服务部、纺织工业部、轻工部、食品工业部、铁道部、交通部、邮电部、农业部、水产部、农垦部、林业部、森林工业部、水利部、劳动部	国家统计局、国家计量局、中国人民银行、中央手工业管理局、国家物资供应总局、出国工人管理局、中国民用航空局、中央工商行政管理局、中央气象局
1958年，国务院压缩，综合部门5个、行业部门22个、直属局5个，共计32个	国家计划委员会、国家基建委员会、国家经济委员会、国家技术委员会、财政部	粮食部、商业部、对外贸易部、冶金工业部、化学工业部、第一机械工业部、第二机械工业部、煤炭工业部、水利电力工业部、石油工业部、地质部、建筑工程部、纺织工业部、轻工部、铁道部、交通部、邮电部、农业部、水产部、农垦部、林业部、劳动部	国家统计局、中国人民银行、出国工人管理局、中央工商行政管理局、中央气象局

续表

改革变动	综合管理部委	行业管理部委	直属管理局
1965年，国务院扩张，综合部门7个、行业部门32个、直属局9个，共计48个	国家计划委员会、国家基建委员会、国家经济委员会、国家技术委员会、财政部、对外经济联络会、全国物价委员会	粮食部、商业部、对外贸易部、冶金工业部、化学工业部、第一机械工业部、第二机械工业部、第三机械工业部、第四机械工业部、第五机械工业部、第六机械工业部、第七机械工业部、第八机械工业部、煤炭工业部、水利电力工业部、石油工业部、地质部、建筑工作部、建筑材料工业部、纺织工业部、第一轻工业部、第二轻工业部、物资管理部、铁道部、交通部、邮电部、农业部、水产部、农垦部、林业部、劳动部	国家统计局、中国人民银行、国家海洋局、中央工商行政管理局、中国旅行游览事业局、中国农业银行、国家房产管理局、中国民用航空局、中央气象局
1970年，国务院压缩，综合部门3个、行业部门16个、直属局2个，共计21个	国家计划委员会、国家基建委员会、财政部	商业部、对外经济联络部、对外贸易部、冶金工业部、燃料化学工业部、第一机械工业部、第二机械工业部、第三机械工业部、第四机械工业部、第五机械工业部、第六机械工业部、第七机械工业部、农林部、水利电力部、轻工业部、交通部	中国民用航空局、国家海洋局
1978年，国务院扩大，综合部门6个、行业部门22个、直属局19个，共计47个	国家计划委员会、国家基建委员会、国家经济委员会、国家科技委员会、财政部、中国人民银行	商业部、对外经济联络部、对外贸易部、冶金工业部、煤炭工业部、石油工业部、化学工业部、第一机械工业部、第二机械工业部、第三机械工业部、第四机械工业部、第五机械工业部、第六机械工业部、第七机械工业部、农林部、水利电力部、轻工业部、纺织工业部、交通部、铁道部、邮电部、全国供销合作总社	中国民用航空局、国家海洋局、国家统计局、国家地震局、国家计量总局、中国旅行游览管理局、国家林业总局、中央气象局、国家测绘总局、国家地质总局、国家物资总局、国家劳动总局、国家建材工业总局、第八机械工业总局、国家物价总局、国家水产总局、国家农垦总局、国家标准总局、国家工商行政管理总局

续表

改革变动	综合管理部委	行业管理部委	直属管理局
1982年，国务院压缩，综合部门6个、行业部门22个、直属局10个，共计38个	国家计划委员会、国家体改委、国家经济委员会、国家科技委员会、财政部、中国人民银行	商业部、对外经济贸易部、劳动人事部、冶金工业部、国家地震局、煤炭工业部、石油工业部、化学工业部、机械工业部、核工业部、航空工业部、电子工业部、兵器工业部、航天工业部、农牧渔业部、水利电力部、轻工业部、纺织工业部、交通部、铁道部、邮电部、城乡建设环境保护部、地质矿产部	中国民用航空局、国家海洋局、国家统计局、海关总署、中国旅游局、国家工商行政管理局、国家气象局、国家物资局、国家物价局
1986年，国务院压缩，综合部门7个、行业部门21个、直属局13个，共计41个	国家计划委员会、国家体改委、国家经济委员会、国家科技委员会、财政部、中国人民银行、经济调节办公室	商业部、对外经济贸易部、劳动人事部、冶金工业部、煤炭工业部、石油工业部、化学工业部、国家机械工业委员会、核工业部、航空工业部、电子工业部、地质矿产部、航天工业部、农牧渔业部、水利电力部、轻工业部、纺织工业部、交通部、铁道部、邮电部、城乡建设环境保护部	中国民用航空局、国家海洋局、国家统计局、国家地震局、海关总署、中国旅游局、国家工商行政管理局、国家气象局、国家物资局、国家物价局、国家土地管理局、国家审计署、国家空中交通管理局
1988年，国务院压缩，综合部门6个、行业部门16个、直属局15个，共计37个	国家计划委员会、国家体改委、经济调节办公室、国家科技委员会、财政部、中国人民银行	商业部、对外经济贸易部、物资部、冶金工业部、能源部、建设部、化学工业部、机械电子工业部、农业部、地质矿产部、邮电部、水利部、轻工业部、纺织工业部、运输部	国家民用航空局、国家海洋局、国家统计局、国家地震局、海关总署、中国旅游局、国家工商行政管理局、国家气象局、国家物资局、国家土地管理局、国家审计署、国家空中交通管理局、国家技术监督局、国家国有资产管理局、国家税务局

续表

改革变动	综合管理部委	行业管理部委	直属管理局
1993年，国务院压缩，综合部门5个、行业部门16个、直属局9个，共计30个	国家计划委员会、国家体改委、国家科技委员会、中国人民银行、财政部	国内贸易部、外贸经合作部、电力工业部、冶金工业部、煤炭工业部、建设部、化学工业部、机械工业部、电子工业部、地质矿产部、邮电部、水利部、铁道部、交通部、林业部、农业部	国家民用航空局、国家税务总局、国家统计局、国家国有资产局、海关总署、国家旅游局、国家工商行政管理局、国家审计署、国家土地管理局

资料来源：根据《中国政府工作概览》一书第861~899页和《新政府论——市场经济，政府职能，机构改革》一书第102~103页的内容整理。本表只统计了经济管理职能部门变动情况。

表4-2 我国国务院正部级机构改革一览表（1998年以后）

改革变动	宏观调控机构	专业职能机构
1998年，撤销15个专业部委，新组建4个部委，更名3个部委，国务院部委总数从40个减少到29个	国家发展计划委员会、国家经济贸易委员会、财政部、中国人民银行	经济职能部委（8）：建设部、铁道部、交通部、信息产业部、水利部、农业部、对外经济贸易合作部、国防科学技术工业委员会； 社会职能部委（10）：教育部、科学技术部、人事部、劳动和社会保障部、国土资源部、文化部、卫生部、国家计划生育委员会、国家民族事务委员会、民政部； 政务职能部委（7）：外交部、国防部、司法部、公安部、国家安全部、监察部、审计署
2003年，正部级机构调整为28个	国家发展和改革委员会、财政部、中国人民银行	经济职能部委（9）：商务部、建设部、铁道部、交通部、信息产业部、水利部、农业部、国防科学技术工业委员会、国务院国有资产监督管理委员会； 社会职能部委（10）：教育部、科学技术部、人事部、劳动和社会保障部、国土资源部、文化部、卫生部、国家人口和计划生育委员会、国家民族事务委员会、民政部； 政务职能部委（7）：外交部、国防部、司法部、公安部、国家安全部、监察部、审计署

续表

改革变动	宏观调控机构	专业职能机构
2008年，机构调整15个，正部级机构总数减少到27个	国家发展和改革委员会、财政部、中国人民银行	经济职能部委（8）：商务部、住房和城乡建设部、铁道部、交通运输部、工业和信息化部、水利部、农业部、国务院国有资产监督管理委员会； 社会职能部委（10）：教育部、科学技术部、人力资源和社会保障部、环境保护部、国土资源部、文化部、卫生部、国家人口和计划生育委员会、国家民族委员会、民政部； 政务职能部委（6）：外交部、国防部、司法部、公安部、国家安全部、监察部
2013年，调整合并6个，正部级机构总数减少到25个	国家发展和改革委员会、财政部、中国人民银行	经济职能部委（6）：商务部、住房和城乡建设部、交通运输部、工业和信息化部、水利部、农业部； 社会职能部委（9）：教育部、科学技术部、人力资源和社会保障部、环境保护部、国土资源部、文化部、国家卫生和计划生育委员会、国家民族事务委员会、民政部； 政务职能部委（7）：外交部、国防部、司法部、公安部、国家安全部、监察部、审计署
2018年，调整15个正部级机构设立26个	国家发展和改革委员会、财政部、中国人民银行	经济职能部委（6）：商务部、住房和城乡建设部、交通运输部、工业和信息化部、水利部、农业农村部； 社会职能部委（11）：教育部、科学技术部、人力资源和社会保障部、生态环境部、自然资源部、文化和旅游部、国家卫生健康委员会、国家民族事务委员会、民政部、应急管理部、退役军人事务部； 政务职能部委（6）：外交部、国防部、司法部、公安部、国家安全部、审计署

资料来源：依据各次国务院机构调整方案归纳整理。表中不包含挂靠在各个部级机构下面的特设机构和直属机构等。因为这类机构变动比较频繁，不稳定且种类很多，难以计数。

二、对政府经济管理组织机构变化的原因分析

政府经济管理机构的上述变化，既是政府经济职能的制度安排，也是社会经济基础的现实反映。

首先，20世纪50~80年代，政府经济管理体制是在传统的计划

经济框架下运行的，政府的经济职能是直接配置和管理所有的社会经济资源。社会经济资源分布于各行各业，为了实现政府的这种经济职能，也就需要按照各行各业分设政府经济管理组织机构。但是，由于中国地域广阔，政府组织不得不分成几个行政级别，因此在中央与地方政府之间，存在着管理权限的分割问题。有时中央政府集中多一些，相应的中央政府的经济管理机构数量就增加较多，例如1956年、1965年和1978年的情况。有时中央政府权限集中少一些，相应的中央政府的经济管理机构数量就缩小，如1958年和1970年的情况。可以说，在传统体制下，绝大多数的中央政府经济管理机构的变化都与政府经济管理职能及其权限划分有着密切联系。因此，体制改革包括而且首先表现在政府经济管理机构设置和数量改变上。

其次，由于在20世纪50年代中期我国急速地推进了国有化和集体化，这就产生了设立众多的政府经济管理机构的必要与可能。全部的国有制和集体制企事业单位都是由它们的政府主管来直接经营和管理的。因为事事都需要经过政府有关部门的同意和批准，所以就势必要有足够的机构和人员来满足这种需要。这是政府经济管理组织机构越分越细的原因。即使在有的时期整个政府组织机构的个数或许增加不多，然而在每级政府内部，以及每个政府组织内部，部门是越来越多，分工是越分越细。

再次，由于20世纪90年代中期确立社会主义市场经济体制，政府机构设置变动频繁，数量急速减少。改革开放40年，中央政府所属的正级单位（含副部级）从1980年的40多个减少到2018年的20多个（见表4-1和表4-2）。这个变化显然是与政府简政放权和让市场机制发挥作用的改革造成的。纵观世界各国的市场经济体制下的政府机构设置，均是合并减少趋势。一般发达国家的中央政府部级机构均保持在20个以内。我国因为人口数量巨大，国家幅员辽阔，因此不可能减少到像其他国家那样的机构数量，但是减少和合并的趋势是与其他国家保持一致的。只有这样才能减少政府对市场的干预，才能提高政府办事效率。

最后，也可以发现的趋势是：政府机构调整减少的是经济职能部门，长期保持稳定的是综合管理机构，增加较多的是社会发展及生态环境部门。市场经济发育成熟后，政府的经济职能是淡化的，而广义的社会职能是在增加和强化的。我国在1998年一举取消了众多的经济专业职能机构之后，明显开始强化了社会职能机构。这也是现代市场经济体制下政府行为的一种变动趋势。经济活动交给市场机制调节，而把属于市场失灵的社会公共产品生产与服务放在政府手中，这是政府与市场关系平衡的具体体现。社会发展也需要利用市场机制，但是总体来说，社会发展更主要依靠政府发挥作用。

上述四点，是正确理解传统和新型体制下的政府经济管理机构变迁的出发点，脱离其中任何一点来认识政府正式经济管理组织制度变迁都会产生不正确的推论。这也是认识和推进自20世纪80年代以来政府经济管理组织机构改革的钥匙。

除了上述四个基本原因导致政府经济管理组织机构的变化外，还存在一些行为方面的因素，例如：

第一，机构的立与废缺乏必要的程序和制度监督。过去常常是由于某个领导人的一句话，一个新的机构就"应运而生"，或者一个旧的机构就"寿终正寝"。没有经过仔细论证。正是在深切地感受到了这个问题的严重性后，20世纪70年代末恢复国家编制委员会以便于严格政府机构管理，同时重要机构的设与废，都要报请立法机构的批准。但是，如果该委员会不能正常发挥作用，这种情况是无法完全消除的。

第二，对某些组织机构的立与废，源于认识上的失误。例如，取消国家物价局就是一个典型。1992年正式提出要建立社会主义市场经济体制，于是首当其冲的改革就是物价。当时上上下下都说应当价格开放，让物价在市场中自发形成并调节社会经济活动。基于这种逻辑认识看待政府物价管理机构，就觉得国家物价局根本没有存在的必要。因此，在1993年的政府组织机构改革中国家物价局被撤销了。但是以后国内社会经济进展出现的问题，以及对各种类型的市场经济国家政府经济管理经验的研究，均表明政府不能完全放弃对物价尤其是关系重大的物资和商品价格的控制。取消国家物价局是一个"失策"。他还特别强调了对粮食等物价机构设置的重要性。"在机构改革过程中，我们已经发现，有相当多的地方，在粮食价格、副食品价格放开以后，把这方面的机构给撤了，人员'下海'了，经费'断奶'了。这样做倒是很痛快，省下一笔钱去搞开发区，但是吃亏就在眼前。……这些事情都得有人去抓。没有机构怎么抓？……有的人说搞市场经济，这个机构就可以不要了，美国不就是搞的市场经济吗？他们为什么还要？我们有自己的特点，不是要抄，但做事情没有人管是不行的。"[①] 同样，对农业领域和工业领域的机构设置，由于对这些产业内在发展规律性缺乏深入了解，因而造成分设的机构之间管理对象相似，其管理职能重叠，如农业部、水产部、林业部和农垦部；或者把不相干的管理对象都放到在一起，影响管理职能的充分发挥。

一些权限划分认识上的分歧也容易导致机构调整的反反复复。1988年曾经一度成立了国家能源部，但是不到几年能源部在1993年的机构改革中就被撤销。到2008年机构改革时，坊间曾经一度传出要重新成立部委级别的国家能源委员会，临到最终，在职能划分不清的情况下，国家能源委员会还是没有成立，代之以国家能源局归国家发改委管控。2010年只是成立了协调机构性质的国家能源委员会。事实上，我国能源开发和利用并没有为此受到耽搁，但在能源资源的规划和调控上，各家机构各执一词，并非是利益部门杯葛。

---

① 《朱镕基讲话实录》第一卷，人民出版社2011年版，第304~305页。

第三，某些暂时性但涉及全局性的问题，有必要设立机构专门解决。通过设立组织机构对暂时性重大问题的解决是必要的。在中国的现实情况下，如果不设立专门组织机构而交一般组织机构处理，问题往往一拖再拖而得不到彻底解决。因此，一般的做法是在针对某个具体问题设立临时性或非常设机构。正是在这里，在严格的机构设置报批制度下，政府组织机构往往被撕开了膨胀的口子。据报载，辽宁省在1994年有各类非常设机构近80个，已与常设机构数量相差无几。[①] 这类机构的设立无需经过立法程序，只要解决了人员编制、办公地点和经费问题，就可以开张营业；而且，还存在临时转正的可能性。对于希望能从中获得各种利益的政府经济管理者来说，何乐而不为呢？尽管这类机构的设置对于协调和开展工作起到一定的作用，但是，也增加了领导层次，加剧了机构臃肿，削弱了现有职能部门作用的发挥，增加了政府开支。

1998年我国开启了政府机构面向社会主义市场经济体制的重大改革。这场改革形成的一个重要经验是确立了"三定"原则，即在设置政府机构时，先定职能，再定编制，再定人数。[②] 这个原则为以后历次政府机构改革所依循。但是从表4-2可以看到，1998年以来中央政府机构的总数没有大的波动，稳定在26个左右。这与发达市场经济国家中的中央政府机构普遍少于20个相比[③]，仍然偏多。进一步说，有多少个正部级机构就有多少个部长，这些部长组成了像内阁或国务院这样的政府核心管理层。官场帕金森规律的提出者帕金森在20世纪50年代末就观察到，市场经济国家的内阁成员最多在21名，最少的只有6名。而在那个时期的社会主义计划经济国家中，内阁成员少则

---

① 《辽宁大幅度撤销非常设机构》，载于《北京晚报》1994年8月18日。
② 《朱镕基讲话实录》第三卷，人民出版社2011年版，第11页。
③ 谭健主编：《外国政府管理体制简介》，上海人民出版社1987年版，第45~63页。

22名，多则38名。[①] 此外，大量在"三定"原则之外的临时机构频繁设立。这说明我国政府经济管理组织机构膨胀的问题还没有得到彻底有效的解决。存在问题的原因可能有很多，前面已经做了一些分析，但是或许最根本原因在于我国政府行为存在着一些更深层的矛盾。这些矛盾时而尖锐时而缓和，如果这些矛盾解决不了，上述种种政府组织的问题就会继续存在。

第三节 政府经济管理组织运行的矛盾性

一、党政分工与党政兼职

从历史角度观察，社会主义国家都实行党领导经济管理的治理方式。这在苏联及东欧的社会主义经济管理模式中表现尤甚。我国从20世纪50年代学习苏联治理经济的经验，也实行的是党领导经济管理工作的治理方式。这种做法形成了在政府经济管理金字塔组织结构旁边，存在着党领导经济管理金字塔组织结构，二者又共同组成了一个复合型的金字塔组织结构。这实际上是矩阵型的组织结构（见图4-3）。

矩阵型管理组织结构较之于金字塔形结构，是更为复杂的形式。矩阵型的管理组织结构对管理的各个方面均提出了更为复杂和高的要求。一方面，它有管理灵活、信息纵横交流、相互制衡等优点。另一方面，它要求加强管理行为的协调性，要求更加先进的管理技巧，因

---

① 诺斯古德·帕金森著，陈休征译：《官场病：帕金森定律》，生活·读书·新知三联书店1982年版，第34~35页。

此也就增加了管理的难度。如果处于结构网中的各个点不是职责和分工明确的，或者管理者不能善于利用这种模式，矩阵型的管理组织结构就会失去它的功能优势，变优势为劣势。因此，如何处理好矩阵型组织结构带来的关系协调问题成为关键。

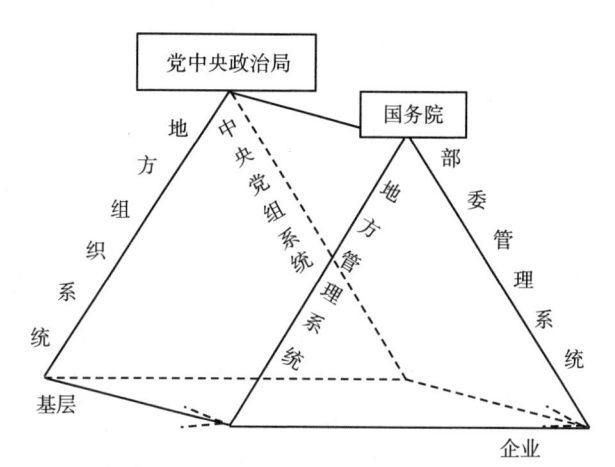

图 4-3　党政经济管理组织结构的复合金字塔型

在社会主义经济管理实践中，由于党的一元化领导是不能动摇的基本原则，党组织的重要性必然大于政府组织。这样在平行的矩阵型结构中，政府经济管理组织金字塔结构与党组织金字塔形组织结构并不平等，简单来说，在重大决策问题以及相关事情上，党组织是最后决策者。社会主义党和国家组织的基本原则是民主集中制，然而长期以来，这种民主集中制的贯彻落实并不到位。在我国以及其他国家过去的实践中，许多时候实际是党组织代替政府组织做出各种各样的经济管理决策和指示，政府组织功能被抛在一边。这种状况实际上是损害了党的领导，放弃了正常的国家管理工具和政府职能，消极后果十分明显。

在中国改革开放伊始，改革总设计师邓小平就尖锐就指出："权力过分集中的现象,就是在加强党的一元化领导的口号下,不适当地、不加分析地把一切权力集中于党委,党委的权力又往往集中于几个书记,特别是集中于第一书记,什么事都要第一书记挂帅、拍板。党的一元化领导,往往因此而变成了个人领导。全国各级都不同程度地存在这个问题。权力过于集中于个人或少数人手里,多数办事的人无权决定,少数有权的人负担过重,必然造成官僚主义,必然要犯各种错误,必然要损害各级党和政府的民主生活、集体领导、民主集中制、个人分工负责制等。"① 按照邓小平的说法,党政不分导致的最主要弊端是官僚主义,效率不高。② "效率不高同机构臃肿、人浮于事、作风拖拉有关,但更主要的是涉及党政不分,在很多事情上党代替了政府工作,党和政府很多机构重复。我们要坚持党的领导,不能放弃这一点,但是党要善于领导。"③ "党委如何领导?应该只管大事,不能管小事。党委不要设经济管理部门,那些部门的工作应该由政府去管,现在实际上没有做到。……过去我们那种领导体制也有一些好处,决定问题快。如果过分强调搞互相制约的体制,可能也有问题。"④

因此,在 20 世纪 80 年代随着社会主义经济改革的推进,相配套的政治改革也开始启动。政治改革按照邓小平提出的四点内容推进:权力不宜过分集中;兼职、副职不宜过多;解决党政不分、以党代政的问题;取消干部任职事实上的终身制并解决好高层领导交接班问题。⑤ 其中,实行党政合理分工,"真正建立从国务院到地方各级政府从上到下的强有力的工作系统。今后凡属政府职权范围内的工作,都由国务院和地方各级政府讨论、决定和发布文件,不再由党中央和地

---

① 《邓小平文选》(1975~1982),人民出版社 1983 年版,第 288~289 页。
② 武市红、高屹主编:《邓小平与共和国重大历史事件》,人民出版社 2019 年版,第 295 页。
③ 《邓小平文选》第三卷,人民出版社 1993 年版,第 179 页。
④ 《邓小平文选》第三卷,人民出版社 1993 年版,第 177~178 页。
⑤ 《邓小平文选》(1975~1982),人民出版社 1983 年版,第 281 页。

方各级党委发指示、做决定。"①，借以保持执政党在政治上的领导作用和在日常管理中的超脱地位。

遵照邓小平的设计思路，1987年10月召开的十三大提出了政治体制改革蓝图。报告区分了政治体制改革的长远目标和近期目标。长远目标是建立高度民主、法制完备、富有效率、充满活力的社会主义政治体制，近期目标是建立有利于提高效率、增强活力和调动各方面积极性的领导体制。报告提出的七项改革措施，实行党政分开首当其冲。②

然而，20世纪90年代以后，由于党政分工改革推进遇到与基本制度的冲突，并造成具体工作新矛盾，因此各地纷纷采取了变通的做法。虽然工作机构设置不再完全一致，职能也做了分工，但是党政领导人员互兼成为一种通行方式。例如，党的书记兼任人代会主任，行政一把手兼任党委副书记或常委。这种主要党政领导人的相互兼职的做法，使得党政分工的效果是有限的，并与政治体制改革另外一项任务即减少兼职直接发生冲突。进一步说，党政人员的兼职，使得组织形式上的分工有可能形同虚设，在组织结构上继续呈现出你中有我，我中有你，剪不断理还乱的状态。尤其是在党委书记与行政主官之间，容易形成所谓不团结问题，换言之，就是内耗、协调成本偏高问题。对此，时任浙江省委书记的习近平深有体会："现有的党政体制是长期形成的，不能简单地说搞不好团结是体制造成的。现有的党政体制也有它的正面功能。别人为什么在这种体制下做得好，我们做不好？要从党性修养上分析。"③"各级党委书记和政府的'一把手'，不是简单的自然人，在很大程度上是党委和政府的人格化代表，彼此之间的关

---

① 《邓小平文选》（1975~1982），人民出版社1983年版，第299页。
② 武市红、高屹主编：《邓小平与共和国重大历史事件》，人民出版社2019年版，第297页。
③ 习近平：《干在实处走在前列》，中共中央党校出版社2006年版，第421页。

系也不只是简单的个人关系,更多的则是党政之间的关系。……作为党委书记,要总揽而不包揽,学会'弹钢琴',善于抓重点,充分发挥党委的领导核心作用,加强与同级人大常委会、政府和政协组织以及各人民团体的协调。发挥各个班子的职能作用,而不能事必躬亲,专权武断,干预具体政务。作为市(县)长,要到位而不越位,在党委班子中积极发挥作用,自觉接受党委的领导,注意维护书记的威信,着力抓好政府党组的建设,主动按照党委的决策和书记的意图开展政府工作,遇到重大问题要及时向党委请示、报告。作为各级党政'一把手',都要补台而不拆台,你落下的我主动捡起来,你不足的我主动补上去,同舟共济,齐心协力,共演一台'二人转'的好戏。"① 显然,党政分工体制形成的问题,完全要依靠体制解决是不够的,这里涉及了官员品德素质和性格修养因素。正如前面章节的分析所指出的,人的因素是非常重要的。制度是由人制造出来的,同样也需要人去主动适应和维护,制度才能显示应有的效力。

  2018年党和国家领导机构开始新一轮改革,为了加强监督,成立了国家监察委员会,国家监委对全国人民代表大会及其常务委员会负责,并接受其监督。与中共中央纪律检查委员会合署办公。由于许多党政组织机构合署办公,一套人马两张牌子,在客观上减少了党政分工带来的矛盾。但是党政复合金字塔组织架构并没有彻底消失,党政分工与党政兼职的内部矛盾还将继续存在,政府经济管理行为不规范问题也将继续存在。

  总之,经过20世纪80年代以来的党政分工制度改革证明,党对政府经济管理工作的政治领导通过党政兼职得到了充分体现与巩固,这是党政兼职的最大优点。但是党对政府经济管理行为的监督则由于兼职会影响其效果,这或许是党政兼职带来的最大挑战。

---

① 习近平:《干在实处走在前列》,中共中央党校出版社2006年版,第420~421页。

从理论到实践，党政分工与党政兼职都是二律背反的现象。在过去，党政不分容易导致官僚主义，相互扯皮，效率不高，因此需要做出适当的党政分开制度安排。于是从1987年的十三大之后，政治体制改革基本思路是党政分开。但是基于长期的实践检验证明，中国特色社会主义的本质特征是中国共产党领导一切，因而从2017年的十九大之后，党的领导得到进一步加强，但这样能不能解决政府经济管理行为中的深层次矛盾，尚待实践检验。目前看来，这种政府管理组织行为内部的矛盾共生体将会继续存在，直到寻找到一个更加合理的解决办法。

二、简化与对口

根据管理重在效率的体制原则，从开始着手政府经济管理组织建设到历年的机构调整，我国都十分强调精兵简政的要求，但实际结果总是相反。除了富余人员过多无法完全精简以及不正当的理由外，在政府机构组织中实行的非正式规定——按照对口原则进行管理，对机构精简造成很大的阻力。对口原则是原社会主义计划经济时期国家计划实施的组织原则，由此扩展至整个政府经济管理过程。我国从苏联计划管理经验中借鉴过来。"对口原则意味着每项指标都有相应的一个机构或对口的负责执行的单位。如果不是这样，那么苏联的计划就只能像大家所知道的许多资本主义国家的'计划'那样，仅仅是一种不精确的预测。"[1] 进入社会主义市场经济体制建立过程中，对口原则依然保留下来。

如果从广义上理解，按照对口原则实行政府经济管理可以分为两

---

[1] 迈克尔·埃尔曼著，江春泽译：《社会主义计划工作》，中国社会科学出版社1987年版，第18页。

个方面：一方面，按照企业生产经营性质建立相应的政府职能组织。这是作为宏观层次的政府部门与微观层次的企业单位之间的专业化对口管理。企业有自己的上级行业主管单位，这些主管单位就是政府经济管理的某个部门，或者是行政性的企业组织，如某某总公司。这种对口管理所引起的政企不分问题已经成为国有制企业改革内容焦点，并在1998年的政府机构调整中一举解决。另外一个方面，按照中央的组织机构性质建立从上到下的政府职能组织。这是政府之间的对口管理，一般又分成内部对口和外部对口。内部对口是指在某一级政府上，根据分工设立不同的经济管理业务主管部门，任何一项问题首先按照最主要性质特征交给最接近对口的部门，以后再依照次要性质特征交给他相应对口的部门去处理。外部对口是指在上下级政府之间建立业务完全相同的组织机构。

对口原则对政府经济管理组织行为带来的消极影响主要是：首先，对口原则能够以几何级数的扩张方式，扩大政府组织个数及其管理人员个数。前面曾经分析指出，政府经济管理者存在角色强化倾向。这种倾向如果发生在某个政府经济管理组织单位的负责人身上，他或她就会堂而皇之地利用对口原则扩展自己的单位或者系统。这种管理角色强化倾向与管理组织对口原则相结合，将会大大抵消政府经济管理组织的简化原则效应。其次，过细的对口分工将强化政府专业职能部门而弱化政府综合职能部门。在计划经济时代，虽然说政府经济管理是高度集中的，但是由于专业职能部门林立，综合职能部门因管理幅度太宽而集中乏力，结果是政府经济管理各自为政，分兵把守，该集中的没有集中，不该集中的却集中起来，造成管理效率的降低。最后，对口原则与层次分明的金字塔形管理组织结构相结合，是产生政府组织内部许多弊病如公文旅行、文牍主义以及官僚作风的一个条件，尽管并不是说具备了这种条件之后就会必然产生这些弊端。

进入市场经济之后，如果不对对口原则进行必要的改革，将会面临不能适应新的环境和要求突出综合管理的问题。因此,自改革以来,推行了计划单列城市的管理组织形式和县级政府经济管理组织合并改革。前者使得被计划单列的城市享有与上级地方政府同样的经济管理权限,减少了对口的层次,直接与中央有关部委对话、打交道,但行政隶属关系维持不变。这样实际上在传统的金字塔形组织结构内部派生出矩阵型的组织形式。后者将众多的县级政府行业主管单位撤销或合并,成立若干综合经济管理单位,如把计划、投资、统计、经贸、商业、物资、农业、工业等机构合并为一个或两个经济管理部门,但内部的职能与以前相同。这样实际上部分放弃了上下政府组织对口管理的原则。

但是,对口原则是金字塔型的组织形式的必然伴随物,因此,只要整个国民经济管理组织体系没有发生格局性变化,对口原则不可能完全取消。事实上,计划单列城市的体制创新就遇到金字塔形模式惯性的"阻抗",而最终的结局是矩阵型结构服从于金字塔形结构。同样,县级政府经济管理组织的撤并改革,只是在外部取消了对口原则,但在内部依然保存了对口原则。在新旧机制交替中所出现的政府机构职能交叉、功能重叠的现象,屡禁不止,也从反面证明对口原则的必要性。

因此,简化原则将与对口原则相互对立又相互依存。当对口原则造成政府经济管理机构的臃肿时,精简原则将给予适当的消肿;而对口原则又会在消肿之后继续新的一轮臃肿。所谓政府经济管理组织机构行为的"怪圈"现象也就不可能消除。

三、政企分离与国有关系

前面已经指出,政府对企业实行专业化对口管理是政府经济管理矛盾的一个方面，它集中表现于政企不分。企业所属的上级政府经济管理部门，是企业的具体所有权者，同时也是企业的行政主管部门。这种政府组织集所有权与管理、经营权于一身。作为社会主义的国有制企业，它的所有资产从理论上说统一归社会所有，从形式上说由代表社会利益的国家统一掌管，从实践上说由国家的行政组织政府统一负责管理经营。在计划经济时代，此点并无太大争议。因为全国是一个工厂，各种企业单位只是分工化的车间。即使到了20世纪60年代承认社会主义商品经济的内在普遍性，也只是强调企业内部要加强经济核算，而政府直接管理企业仍然是金科玉律。

难题来自社会主义经济体系由计划体制转向市场体制之后，国有经济的内在统一性要求与市场经济中企业定位独立自主性要求之间发生一定的矛盾。市场经济中的企业，无论具有什么样的所有关系，都必须具有完全承担市场交易责任的能力。相应地，它要具有独立的财产法人地位，拥有独立的生产经营权，承担生产经营风险。进入市场经济的国有企业，在理论上统一归社会所有之说仍然是能够成立的，但在实践上，国家如何统一掌管和政府如何统一管理这些具有独立倾向的国有企业则显然是一项新课题。

要同时满足国有经济的内在统一性与市场经济中的企业独立性的要求，基本的形式是所有权与经营权的适度分离。所有权与经营权的分离，曾经是促进资本主义市场经济下的社会生产力大发展的制度创新，在社会主义市场经济体制的建设进程中，它同样也是促进社会生产力大发展的制度创新。在中国国有企业的两权分离改革过程中，解决好所有权的落实形式是问题的主要方面。

所有权依然归国家，并通过一定的国家组织形式行使这种所有权力，是确保国有经济内在统一性的基本前提。产权明晰，首先是指所有权归国家的明晰。由于国家是一个抽象的概念，因此还要进一步明确行使这种所有权的组织。我们在第二章中已经指出，社会主义国家组织是由它的立法机构、司法机构和行政机构组成的，其中立法机构是国家的权力机构。因此，从法律制度上说，国有企业的所有权应当具体由国家立法机构行使，或者由它委托给具体的政府经济管理组织行使。当然，由于条件的限制，这种所有权的行使总是存在不尽如人意的地方。但是如果由此认为只有通过各种形式把所有权量化到个人，才能避免国家所有而带来的弊端，从而才能实现真正的社会所有，这实际上是不了解个人与社会以及与国家的关系，同时在实践上也只能比国家所有更糟糕。由于目前社会主义社会生产力水平尚未达到使社会完全占有社会生产资料的程度，个人的占有总是集团性的、区域性的、社区性的、个别性的，因此所有权量化到个人的最佳结果是出现更多的集体所有企业，其最坏结果是出现更多的私人所有企业。这些结果比起国家所有制都更不利，前者适应不了社会化大生产的客观趋势，后者则走向社会化大生产的反面，进一步说，它保证不了社会主义制度发展的基本方向。作为一个反证，在第二次世界大战之后，西方私有经济中出现企业职工持有企业股份的制度创新。这种资本量化到个人的变革虽然起到了缓和私有制与社会化大生产的尖锐矛盾和减少劳资冲突的作用，但是它没有改变整个社会私有经济的基本制度构架。

根据上述分析，就需要正确对待政企分离问题。政企不分是计划经济时代留给市场经济的难题。由于企业都是按照行政隶属关系对口组成的，每个国有企业都有自己的政府经济管理部门，所谓政企不分问题，从总的概念说是国家所有权与企业经营权不分，从具体概念说是企业的政府主管部门所有权、管理权与企业经营权不分。通过改革，企业获得了经营权，但政府主管部门依然集所有、管理的权力于一身。对待这个事实，不能是简单地取消政府经济主管部门。因为，为了体现国家所有权，无论是由立法机构直接出面还是由委托的行政机构间接出面，都必须要有一个组织机构或人专门对国有资产负责。解决问题的出路有二：第一个出路是，在政府经济管理部门内部区分两种职能组织。一种是专门行使所有权的职能部门，目标是促使国有企业的国有资产保值增值，并监督企业的活动。这种政府部门虽然还是企业的主管部门，但目标明确，任务相对简单，只行使所有权而放弃管理权。另一种是专门行使对社会经济活动的管理权，范围不限于国有企业。这种办法的矛盾性在于政府经济管理之间的职能冲突，所以第二个出路或许是由立法权力机构出面设立行使所有权的组织。国有企业的经济属性在现实生活中是通过法律形式得到肯定并受到保护的，因此由国家立法机关直接出面，代表社会共同利益对国有企业履行所有者的职责也是顺理成章的。以立法机构名义建立某种形式的国有资产权力组织，其作用类似股份企业之上的股东组织或董事会组织。这样一来，就可以通过国家立法机构组建独立的国有资产权力组织的形式，实现国有资产的所有权与经营权的真正分离：国家立法机构领导下的国有资产权力组织拥有所有权，在国有资产权力组织领导下的国有企业拥有占用权与经营权，而它们的活动都与作为国家行政机构的政府相对独立。这样一来，政府经济管理部门就成为名副其实的管理职能机构，它可以独立地根据需要对进入市场的各个主体进行调控。

根据目前的中国国情及其社会生产力发展阶段，近期可行的做法是第一个出路，远期的目标还是要实行第二个做法。只有这样，才能真正理顺在社会主义市场经济体制下的政府与企业之间关系。

四、新世纪国有企业改革的成功及其原因

进入 21 世纪之后，我国国有企业在政企分开和内部治理机制改革方面取得了巨大的成功。这是不争的事实。中国的国有经济之所以取

得成功，有多方的理由值得总结。从国有经济改革的原则确立看，国企改革十六字方针非常重要；从国有经济改革的策略选择看，抓大放小，有所为有所不为，是极其智慧的；从经济学理层面看，国有经济的成功是因为采取了适合市场经济一般规律的治理机制和坚持了一定的制度优势。归纳起来如下：

（1）国有经济并不把利润最大化当作唯一经营目的。马克思主义经典作家之所以认为公有经济将是人类最高的经济形态，不是因为意识形态的偏好。实际上在19世纪末，就已经出现了俾斯麦式的国有经济，但是他们对此不屑一顾。他们看到的是在资本主义市场经济条件下，得到极大发展的社会化生产力与私人占有之间存在无法克服的矛盾及其冲突。这种矛盾在现实中的一个表现是：私人的商品生产经营目的是商品价值增值，也就是通常说的利润最大化。但是社会大众最关注的是经营者提供的商品使用价值，也即通常所说的满足人类的需要，而不是价值。因此私人企业目标与社会大众目标在现实中必然会发生碰撞。在市场经济条件下，国有企业作为商品生产经营组织自然会从事价值生产，赢利是正常的动机之一。使国有资产保值增值也是经营国有资产的基本要求。但这些都是手段而不是最终目的。由于它的国家老板把社会大众目标列为考核目标并转达给国有企业，国有经济就不可能把赢利最大化作为唯一的经营动机了。这就是通常所说的，国有企业要实现经济和社会双效益。2008年以后，国家对房地产调控推出建设保障性住房政策，以微利限制开发商，以低价提供给急需住房的中低收入人群。民营开发商响应者寥寥无几，而国有企业成为建设保障性住房的主力。同样作为暴利行业的开发商，其间的态度差异性让人浮想联翩。自2008年危机以后，美国开启了医疗保险制度全民化改革进程，因为现存的私人医疗保险制度被认为是极其低效的，原因就在于："大笔的金钱不是花在提供医疗上，而是花在拒绝提供医疗上"！但美国的医改阻力重重，至今不得。① 国企对社会的贡献，绝不只能用价值来衡量。

（2）国有经济具有内在的组织协调性和利益共同性，这是抗击外部市场无序冲击的制度优势。马克思主义经典作家分析19世纪的资本主义市场经济时就发现，社会化大生产和资本主义占有之间的矛盾表现为个别工厂中生产的组织性和整个社会中生产的无政府状态之间的对立。② 如今到了21世纪，个别工厂的生产的组织性已经扩展为跨国性集团的组织性，这在一定程度上缓和了一国境内的经济对立性，但将境内过剩危机转移至境外则加剧了全球的经济对立性。2008年由美国次贷危机引发的国际金融危机生动地呈现了这种场景。相反，我国国有经济具备内在的组织性以及形成的利益共同体，再加上社会主义国家强大的宏观调控制度优势，使得市场经济中的企业内部组织性与企业外部竞争无序性对立大大降低。要承认，各个国有企业之间在市场竞争中依然有自身小团体利益，这些也会引发利益之争。但是小团体利益之上有大团体利益，大团体利益之上有国家最高利益，这种内在的组织性和利益共同性决定了利益之争不会发展成为利益对抗。这种制度性安排，其间也包含许多错综复杂的非制度性安排，是目前理论分析尚不能完全解释得清楚的。但是这种属性是定然存在的。尤其表现在大灾大难时候，国家一声令下，冲在前面的定然是国有企业，尽管冲上去的企业将会因所支付的费用挂账不能及时得到补偿而蒙受损失。一般而言，国有企业不是经济危机的肇事者。而2008年美国唯利是图的私人企业制造了波及全球的金融危机，将世界各国经济拖累进来。

近年来，美国为首的西方国家政府常常阻挠中国国有企业参与海

---

① 保罗·克鲁格曼著，刘波译：《美国怎么了？》，中信出版社2008年版，第169页。
② 恩格斯著，中共中央马克思恩格斯列宁斯大林著作编译局编译：《反杜林论》，人民出版社2015年版，第296页。

外投资和资本并购，这是一种选择性制裁。它们国家也有一些国有企业到海外投资和并购，可是为何独独阻挠中国国有企业的并购？以国有企业为借口来干涉中国加入经济全球化行程，正说明了西方国际垄断资本看到了中国国有企业的这种制度优势，并产生一种集体忧虑，担心中国的经济崛起会改变由它们一手垄断的世界经济与贸易格局。中国坚持社会主义市场经济的道路选择，坚持国有经济，势必会与资本主义市场经济的世界政经格局发生冲突。这是我们面临的现实挑战。

（3）国有经济采取了市场经济通行的治理方式即两权分离下的委托代理制，从而解决了所谓产权虚置的问题，也就解决了国有经济在市场经济中的经济正当性问题。在苏联式的计划经济中，国有经济组织形式采用依附于行政管理机关的工厂制，这从市场经济的角度看来是产权不清晰，在市场竞争过程中无法承担独立的责任。经过各种实践探索，中国最终选择了基于两权分离的委托代理制作为国有经济的基本组织形式。这种制度首先设置一个国有资产的总代表（国资委或财政部）将所有权集中，再以委托人身份出资组建或控股国有企业，然后选拔经理人来经营国有企业，并设置权责利相统一的考核体系，层层委托，层层代理。并在委托代理制度下，延伸出各种更加具体的组织形式。通常所说的股份制只是这种制度其中之一。两权分离的委托代理制可以容纳所有的组织形式，从全资、独资到有限责任、无限责任，等等。委托代理制的运转高度依赖制度安排，随着国有经济治理机制的逐步健全，我们会创造出世界上最优的国有经济组织形式。

国有经济采取两权分离的委托代理制，打破了市场经济即私有制经济的西方主流经济学教条，同时也证明：其一，竞争是市场经济繁荣的关键，其实与产权的性质无关。实际上，社会化大生产出来的产品已经难以辨认是你的还是我的了，私人产权的固化只能起到阻碍社会化大生产发展的作用。只要国有企业产权清晰、经营责任到位，一样可以参与竞争并承担后果。而且，产权的多样化更加有利于竞争的展开。其二，政府监管市场的裁判员身份可以与国有企业的所有者身份隔离开来。现代私有企业制度适应社会化大生产环境，采取股东大会代表投资人利益、董事会委托管理层管理企业的治理模式。只要国有企业的出资人与市场游戏规则的制定者和裁判员隔离开来，一样可以保持竞争环境的公平。其三，只有建立起命运共同体的企业才能获得成功。每个人如果在企业内部专业分工的情况下不放弃自身利益的最大化，就会妨碍企业的利益最大化。企业内部结成利益共同体是私有制企业克服私有产权缺陷的一个创新，它在日本的企业制度中充分显示了竞争优势。我国的国有企业天然地具有这种命运共同体的制度特征，从而产生出竞争力。

当然，改革开放 30 年后国有企业的重新崛起和成功，并不意味着国有企业已近完美了。笔者曾经指导博士生一起做过有关国企与民企和外企竞争力对比研究，用指标评价方法对三企的各自竞争力进行了比较和计算。结果发现：进入 21 世纪之后，国企在规模、产能和增长潜力方面具有竞争优势，但在运营和稳定性方面弱于民企或外企。对制造业、服务业和高技术产业中的三类企业状况做进一步的比较分析发现，国企，民企和外企各有优势。[①] 一般来说，国企的经营效率要高于财务效率。这意味着国企内部的管理还比较粗放，还需要加强精细化管理。

因此，国有企业面临继续改革的任务。只有通过制度创新和治理完善来解决目前国有企业的现实弊端，才能更好地发挥国有企业所具备的无可比拟的制度优势。今天，我们已经不再担心国有经济是否与市场经济兼容，而是担心国有经济能否既保持它的制度优势又能在市场经济中做大做强。如果这个担心解决了，国有企业可以做成百年老店而又基业长青。

---

① 陈霞：《中国国企、民企和外企的竞争力比较研究：兼论如何完善国企》，中国人民大学经济学博士论文，2013 年。

党的十八届三中全会提出，下一步国有经济的改革取向是大力发展混合所有制。这是对国有经济发展提出的意义更加深远但也是任务更加艰巨的要求。从经济学理层面理解，混合所有制是指两种以上不同的所有制企业采取联营、合作、参股、合资等形式而组建的一种企业经营组织模式。假设有两种不同质的、纯的所有制形式，并各自具有自身的优劣势，那么为了获得市场竞争的成功，两者结合起来发挥联合优势，便是发展混合所有制的主因。这里比较重要问题的是：谁是发起方和主要出资方，谁就是混合所有制的主导方和控制方。

国家资本与私人资本的结合而成混合所有制的历史要从德国算起。在19世纪末，普鲁士政府对私人经营的铁路、烟草行业等实行国家收购，组建混合经济公司或国营公司。在这个制度下，一部分股份属于私人资本家，另一部分股份属于国家；国家可以给自己保留多数股权或少数股权，还可以使人同意给予自己某些特权。[1] 德国混合所有制经济取得了一定的成效，因此导致了第一次世界大战之后多国开始采用这种制度，第二次世界大战之后，混合所有制经济成为西方国家一种时髦的企业制度创新。尤其是在英国工党主政时期和法国社会党主政时期，混合所有制经济达到了历史上的高潮。就国营企业占各自经济比重而言，20世纪80年代初期，奥地利达到24%，法国达到23%，意大利达到20%，英国达到16.7%，联邦德国达到14%。[2] 但是随着80年代中期新自由主义的兴起，西方发达国家出现"去国有化"浪潮，一直持续到2008年国际金融危机爆发前。国际金融危机爆发之后，西方发达国家为了拯救陷入债务危机的私人公司，纷纷出手以国家注资入股的方式解救问题公司。美国财政部对处于债务危机中的两房企业、美国国际集团、花旗银行都以认股的方式实行混合所有制，

---

[1] 让-多米尼克·拉费等著，宇泉译：《混合经济》，商务印书馆1995年版，第86页。
[2] 黄文杰：《法国宏观经济管理》，复旦大学出版社1990年版，第155页。

对申请破产的美国通用汽车集团以债转股的形式收购，持有了60%股权。① 显然从本质上说，西方的混合所有制是国家政策实现的工具，国有化是化解危机的权宜之计，但同时混合所有制也成为市场经济中企业制度模式之一，操作层面的经验值得学习。

然而，对今天我国提出的国有经济发展混合所有制形式，与西方资本主义市场经济中的混合所有制相比，需要明确几点关键的区别：

(1) 这是两种制度基础不同的混合所有制。西方资本主义实行的是私人经济为基础的市场经济，建立在这个基础之上的政权是资产阶级性质。因而国家出于各种目的而对私人资本收购形成混合经济，推行国有化，都是国家资本主义的行为，并不改变其制度属性。"无论向股份公司的转变，还是向国家财产的转变，都没有消除生产力的资本属性。"② 相反，我国实行的是公有制经济为基础的市场经济，建立在这个基础之上的政权是无产阶级性质。国有企业与民营企业的结合，都是社会主义市场经济的行为，并不会改变其制度属性。这体现了马克思主义的辩证思维逻辑：经济基础决定上层建筑；上层建筑又反过来影响、作用于经济基础。看一个混合所有制的企业属性如何，首先要看是在什么经济基础上产生，再看是受到什么性质的国家政权影响，而不能简单地与两种类型的混合所有制形式画等号。

(2) 实行混合所有制经济的原因有差别。西方主流经济理论认为，实行混合经济或国有化的动因是解决市场不能有效提供公共产品问题，以及当出现危机时大型私人企业不能倒的特殊情况。因此，西方国有化的政策推行主要是在公共产品领域，以及在严重经济危机爆发之后大型私人企业陷入困境时，由政府伸出财政资金援助之手。当

---

① 刘瑞、王岳：《从"国进民退"之争看国企在宏观调控中的作用》，载于《政治经济学评论》2010年第3期。

② 恩格斯著，中共中央马克思恩格斯列宁斯大林著作编译局编译：《反杜林论》，人民出版社2015年版，第301页。

企业渡过危机后，企业还可以从政府手中赎回股权。如2008年金融危机中美国政府财政部对花旗银行的援助案。① 我国提出发展混合所有制，是出于完善社会主义市场经济的需要，混合所有制所覆盖的领域绝不仅限于公共产品领域，也不是专门用来对付经济危机。

（3）发展混合所有制经济具有不同的风险。在西方资本主义市场经济发展混合所有制经济，面临两个风险：一是财政债务风险。因为政府要向收购的私人企业注入巨资，会加重财政债务负担，因而混合所有制会将私人债务危机转化为政府债务危机。二是政府道德风险。组成混合所有制企业之后，政府的角色由市场裁判员转化成运动员，当混合所有制企业内部出现劳资纠纷等矛盾冲突时，政府作为利益相关方就处在了资方位置上。政府既要扮演裁判员、调停人的角色，又要扮演运动员、当事方的角色，势必会带来角色冲突，产生政府维护公平正义两难风险。② 而在我国将要大力实施的混合所有制中，参与当事人都是企业，国有企业与民营企业以平等身份参与混合所有制组建，政府则扮演居间调停人的角色，因而可以避免道德风险。又因为一般是企业自愿参股，是合作行为，因而就可以直接避开政府债务风险问题。但是也可能会出现不同于西方的一些风险：其一，非国有资本操纵股份掌握话语权而改变企业国有属性，从而通过"后门"实现非国有化的风险；其二，内部利益冲突风险。这些风险需要在实践中加以验证并给予防范。

目前，我国经济发展推进到结构升级换代阶段，发展混合所有制存在广泛需求。从国企方面看，要扩大资本增强竞争力，需要更多的投资者，尤其是战略投资家；完善国企内部治理机制需要借助外力，

---

① 刘瑞、盛美娟：《范式之争：中美宏观调控比较研究——以金融危机的应对为例》，载于《政治经济学评论》2011年第1期。
② 罗志如、厉以宁：《二十世纪的英国经济："英国病"研究》，人民出版社1982年版，第286~287页。

通过引入管理经验成熟的民间企业经营,可以帮助提升国企内部的治理结构和水平;以合资合股方式吸收中小企业创新技术,可以增强国企的创新能力;在传统的国企自然和经济垄断领域通过引入混合所有制形式,可以缓解由于必要的垄断而带来的社会压力,有利于打破垄断促进竞争。在民企看来,国有企业所具有的人才优势、经营优势、政策优势、市场优势都是民企十分渴求的,加盟国企有助于民企的迅速发展壮大;国企与民企的结合涉及股权制度的调整以及产生一系列的后续调整变化,将会以倒逼方式迫使国有企业加速引入市场机制,替代过去习以为常的官僚化治理机制。波兰的马克思主义经济学者布鲁斯在比较了各种社会主义企业的改革模式优缺点之后,尤其是国家社会主义模式(国家所有制)与工人自治模式(集体所有制)优缺点之后,就提出:"市场社会主义的唯一现实情形看来是一种混合经济,其中,不同形式的国有企业逐渐在平等基础上与私人企业和合作企业进行竞争。"①

从社会层面看,发展混合所有制经济可以满足更广泛的需求:第一,通过国企发起混合经营公司可以引导、改造民间资本,使其更好地发挥经济作用,增强我国社会主义市场经济的基础和实力。我国在改革开放中诞生的民营企业,与在社会主义经济制度建立之前的民族资本主义有本质区别。民企老板绝大多数接受过社会主义核心价值观的熏陶,有的身份就是共产党员,他们积累的财富是与社会主义市场经济发展与完善息息相关的,这会构成他们对基本经济制度的认同感。但是受市场经济规律的驱使,他们在具体经营事务上往往利字当头,追逐利润最大化,经营意识强烈但社会责任意识淡薄。同时,多数民企采取的是家族式企业经营方式,创业不易但守业更难。因此,通过混合经营方式,可以帮助民营企业提升本身的素质。第二,通过混合

---

① W. 布鲁斯、K. 拉斯基著,银温泉译:《从马克思到市场:社会主义对经济体制的求索》,三联书店、上海人民出版社 1998 年版,第 195 页。

所有制形式，可以将利益内部化，降低了国有资本与民间资本的外部利益冲突。自从国企在改革开放之中崛起之后，我们看到国企与民企的利益之争也在频繁发生。20世纪90年代，由于老国企的疾病缠身，多数情况下是新生的民企救助国企。到了21世纪10年代，处于发展停滞状态的民企又困难重重，与重生的国企在许多经营领域产生了利益摩擦。化解各自的利益摩擦当然需要有外部政策环境的调整，尤其是政府要消除所有制歧视政策。然而通过国企与民企的握手，将昔日的市场竞争对手转化为合作方以至命运共同体，就会直接降低利益摩擦概率，实现国企与民企共进共赢的格局。这对实现社会利益最大化的目标是十分有利的。实际上，公有制经济的制度设计本来就是将市场主体的外部利益冲突转化为内部利益和谐的。从这个意义上讲，混合所有制是对市场经济条件下如何建立有效的公有制经济的探索形式，是将社会利益、集体利益和私人利益如何结合得更好的探索形式。第三，通过混合所有制可以避开国际垄断资本政治集团对我国企业加入经济全球化的打压限制。目前，国际垄断资本政治集团对我国国有企业进入资本并购领域严防死守，但是对我国民营企业则宽容许多。因此，为了顺利推进我国实施的"走出去"战略，可以通过组建混合所有制企业的方式向海外业务拓展和资本并购。根本之道是推动美国等西方国家取消所有制歧视条款，但在国际游戏规则没做修改之前，我们不得不进行自我调整。

发展混合所有制还要在制度细节上考虑周全。我国在改革开放之后，就先期取得过与外国资本的混合所有制经验与教训。与外资混合经营的方式最初是"三来一补"，以后是"三资企业"，再到资本并购重组。这些市场经济所熟悉的混合经营模式完全可以运用于国企与民企的混合经营方式。但是，由于内资与外资的区别以及依循国际惯例的要求，不是所有的经验都适用于现在的国企与民企的混合经营。同时，我们也不得不面对一个基本事实：多年来与外资混合经营的负面效果也已呈现，我国一些长期自我培养起来的较具优势的行业和产品品牌在合资中被蚕食掉了。因此，有几点问题是值得讨论的：其一，是否国企都要推行混合所有制度？哪些领域需要保持国有独资？其二，谁来主导混合经营？是国企还是民企？这涉及混合所有制之后的经营主导权谁来掌控。目前似乎是国企主导混合，由国企发起邀请，民企参股注资，这种话语权掌握在国企之手对增强国有经济的"三力"更有利。这样做是符合深改决议精神的，但是否能被民企接受是一个问题。其三，混合所有中的股权比率是多少？如果从保持国有经济的"三力"角度考虑，国有股权比率必须占据优势。其四，混合所有制运转起来之后，股权比率发生改变如何处置？"三资"企业在后期发展中就大量出现了股权变更带来的企业纠纷问题。国企与民企在混合经营中也将会发生蛇吞大象的故事，而如何处置这些情况？

第四节　非正式的政府经济管理组织行为

在20世纪60年代，一位外国学者到中国访问时，就发现中国的管理体制有两大特点："一是个人之间的关系和非正式机构起着重要的作用；二是采用集体负责制（像日本那样）。"[①] 实际上，这位外国学者只是确认了已经存在了很长时期的事实：在注重家庭以及社会关系的中华文化氛围中，一种潜伏在公开的组织形式背后的"关系网"，往往是政府经济管理行为中更加重要的因素。"关系网"一词，是在没有引入行为科学的"非正式组织"或"非正式机构"概念之前的一种普通说词。

---

① 迈克尔·埃尔曼著，江春泽译：《社会主义计划工作》，中国社会科学出版社1987年版，第33页。

所谓非正式组织，是指在正式的组织内部，一部分组织成员不是按照公开颁布实施的行政组织规章而是由于某些特殊的理由结成了小团体。对这种小团体的组织行为的认知，是行为科学的一个重要内容，也是行为科学对有关人类行为认识的一个贡献。非正式组织具有群体性、普遍性、隐蔽性、情结性和利弊双重性等特点。

（1）群体性，是指参与非正式组织活动的不是一两个人，而是在数人以上，但参与的人数不会超过正式组织的总人数，因为那样的话，非正式组织就失去了存在的价值。在这个群体之中，通常会有一个或数个人扮演联络员、召集人的角色，这种人一般具有在社交场合常常见到的那种品质：为人热情、大方、仗义和一定的个人威信。

（2）普遍性，是说这种小团体的活动无处不在，无时不有，凡有人群的地方，就有这种非正式组织活动的存在。要想禁止它是很困难的。这种小团体的活动从不长期间断，不时聚会和联络。

（3）隐蔽性，是指这种组织形式一般不具有可以直接识别的组织形式外观，因为它没有任何正式的组织规定，交往主要依靠口头方式。相比之下，对正式组织的识别就非常容易，比如首先就可以凭正式组织机构的牌子而判别该组织的性质以及有关特征。对非正式组织的识别，首先要通过积累经验观察值，再通过合理分析推导，才能确定该组织行为的性质与基本特点。在大多数情况中，非正式组织的成员不会否认这种特殊关系，除非当危及成员的自身利益时。所以，尽管非正式组织具有隐蔽性的特点，但是并不神秘以致不能识别。

（4）情结性，是指自愿参与这种小团体活动的人们主要基于一种感情上的需要和心理上的认同。"情结"一词原是精神分析主义心理学的创始者弗洛伊德提出的，指部分或全部被意识压抑而在无意识中持续活动的、以性本能冲动为核心的愿望。后来人们把"情结"一词泛义化，凡是对某个事物本能地具有强烈的感情渴求和向往，都可以称为对某个事物的情结。一般来说，维系非正式组织成员的心理基础，就是某种情结。

（5）利弊双重性，是指这种非正式组织行为的后果对正式组织的运行带来两种影响，或者积极促进正式组织目标的实现，或者有意无意地干扰或阻碍正式组织目标的实现。当然，有时非正式组织行为会对正式组织目标的实现产生既无弊也无利的影响，由于行为分析关心的是如何改进人类行为使之趋利避害，这种情况可以从对非正式组织行为的分析中舍掉。

众所周知，我国长达数千年的封建社会中非正式组织的社会关系起着重要作用。这种历史因素必然延续到新中国社会。直到现在，不仅普通的社会成员仍然需要依靠必要的"关系网"即非正式组织而生存，而且社会的管理者也需要必要的"关系网"作为正式组织管理的重要补充，所谓办事要靠关系才能办成。一项对改革开放以来民营经济发展的调查显示，利用非正式组织的社会关系，是乡镇企业发展壮大的一个重要条件。这些"非正式社会关系包括：同乡、血亲、姻亲、朋友和同学，非正式社会关系参与作用的领域包括：建厂、联营、转产、获得业务项目、购买原材料、产品销售、技术指导、人员培训等。"[①] 在现实生活中，人们真切地体验到非正式组织关系比之于正式规章制度的潜在影响力和效力。一个不无忧虑的现象是：在从计划经济体制过渡到市场经济的进程中，由于计划经济的那一套规章制度已逐步失去约束力，而新型的市场经济交易规则尚未形成，或者一部分已经成文的交易规则不为交易当事人理解并遵从，因此，支配经济交易活动的有效规则就只能是为当事人所熟悉的"关系"规则（或曰"熟人"规则）。于是，当企业之间发生拖欠交易货款的违约纠纷后，债权人很可能不是依据有关法律或规章制度向债务人起诉，求助正式的制度解决办法，而是成立催款队伍，针对债务人的个人行为特点进

[①] 世定：《民营企业发展中的特殊现象：非正式社会关系派上用场》，载于《经济日报》1995年5月12日，"民营经济"版。

行公关，采用非正式的人际关系追回自己的权益。维系中华民族数千年的人际关系规则在这个过渡进程中充分地复活了。

应当说，国内社会科学界对非正式组织行为现象的研究还刚刚起步，尤其是还缺少有分量的定性与定量分析相结合的研究成果问世，这使得理解中国社会的非正式组织行为现象仍然缺乏较充足的科学依据。尽管如此，通过经验观察，还是可以发现在政府经济管理行为中，大量存在着非正式组织行为。这些非正式组织是以如下的存在形式表现出来：

（1）同乡型。中国地域辽阔，由于各种主观原因和客观因素，长期以来各地社会经济存在相对封闭的状态，发展不平衡。这种社会物质条件对社会精神作用的结果，是产生出浓厚的同乡情结。如果在异地他乡听到了熟悉的乡音，得到了久违的家乡消息，对于增进彼此的感情具有特殊的帮助效果。通过观察可知，在一般情况下，同乡情结与地域封闭性成正比关系，与地域开放性成反比关系。在政府经济管理行为中，掺杂着这种同乡情结是常有的事。具体表现多种多样，如在政府机构内部，与同乡的关系密于异乡；在政府机构内外，出于同乡的关系给予下面的照顾多于其他关系。在新中国成立以后的相当长时期内，一些领导常常批条子给贫困家乡或革命老区予以大量的财力物力援助，这也是一种同乡情结的表现。基于同乡情结而形成的社会关系网，就是行为科学意义上的同乡型非正式组织。

（2）校友型。在一个机关单位里，来自同一所学校（中学或大学）的经历也是联络管理者之间感情的重要因素。对母校的记忆，对过去熟悉学习环境的回顾，都有助于形成母校情结。尤其是，如果大家共同来自声名显赫的母校，这种母校情结会由于一种共同的优越感而得到强化。在现任的工作环境中，母校情结很容易地转化为相互提携和相互配合。各地正式建立的校友联谊会，也同样会强化这种母校情结。基于母校情结而形成的社会关系网，就是行为科学意义上的校友型非正式组织。但是，经验同样也告诉人们，在一个部门内部，在一定的条件下，例如当涉及提干、提薪、分房、出国等名额有限时，母校情结也可能转化为相互之间的敌对关系。因此，校友型的非正式组织对于政府经济管理行为的影响可能是两种情况，或者建立起合作的关系，或者形成竞争的关系。根据观察可知，管理者个人的品行和修养，以及双方之间的工作距离，是决定母校情结是否转化为其中之一关系的重要原因。

（3）旧部属型。这种非正式组织形式来自在原有的工作环境中形成的上下级关系。原来的上级或升级或退休，名义上的上下级正式关系宣告解除，但是紧密的部属关系继续保持，双方都仍然按照原来的关系相待，这种情况就发展成一种情结。在政府经济管理行为中，这种旧部属型的非正式组织常常表现在为对方提供可能的援助。例如，退休的领导担任某个公司的董事长，依靠还在政府经济管理部门任职的旧下级，为公司的发展提供各种便利。或者，旧下级为自己提出的建议不能取得新任领导支持，而去寻找已经提升的老领导的支持。

（4）业余爱好型。因为具有共同的业余生活情趣和爱好，相互长期交往而形成稳定的关系，也容易发展成业余爱好型的非正式组织。而且，依靠业余爱好情结形成的关系网，具有相对宽阔的活动空间，年龄、性别、级别、部门、资历等都不会成为建立联系的障碍。参与这种关系的成员，往往在工作中有一种默契。

（5）族亲型。因为具有一种血缘上的天然联系，所以在政府经济管理部门一道工作非常容易形成非正式组织。这种类型的弊病有目共睹，其危害之大，使得尽管没有正式的规定，但稍微聪明的领导在用人时都尽可能地避开这种关系。但不幸的是，族亲型的关系网难以消除，越是到政府组织的基层，这种非正式组织越是活跃。

（6）战友型。共同的部队生活，培育了一种浓厚的军营情结。随着近几年来部队大批复员军人被安排到地方政府部门，以战友型为特征的非正式组织也活跃起来。

（7）其他类型。上述6种类型是比较典型的，容易被感觉到和观察到。此外，人类行为的复杂性，还产生出各种更加复杂多变的类型，例如，以上面6种类型为基础而形成的复合型非正式组织，或者是迄今为止尚未分析到的类型。多数情况下，非正式组织形成的原因是非经济性的，是基于一种情结因素。但是并不能排除在短暂的时期内，由于一部分人的共同切身物质利益而结成同盟，这种同盟就属于物质利益型的非正式组织。相比较而言，由于非情感因素结成的非正式组织，都不会维持太久，只有情感因素才是最为稳定和持久的。

基于以上分析，结论是：正视我国政府经济管理组织结构中存在非正式组织的现实，并采取恰当的措施加以正确地引导，是实事求是的态度。后面的章节将结合存在于我国政府经济管理行为中的若干不规范行为展开进一步具体分析。

第五章 政府经济管理中的不规范行为

前面两章已经确立了有关政府经济管理行为的一些理论概念及其范畴，但只是笼统地或一般地说明了存在于政府经济管理内部的规律性问题。要想深化政府经济管理行为认识，还必须对某些典型行为进行解剖，这样才能更加具体和深入地揭示政府经济管理行为的奥妙。"任何科学定律的最后证据都是特殊的事实"[①]，因此，对下面多种政府经济管理行为的剖析，可以进一步论证前面所提出的基本观点。

第一节 不规范行为的含义

前面章节已经指出过，政府经济管理行为有两种现象：符合制度要求的行为，不符合制度要求的行为。不规范现象即是指的后一种行为。相对地说，当整个经济制度进入比较成熟与稳定的时期，所谓不规范现象是比较少的。这与制度的成熟有关系。当然不能绝对说，任何不规范行为都不存在了。正如在第二章谈到政府经济管理行为与法

---

① 罗素著，张金言译：《人类的知识——其范围与限度》，商务印书馆1983年版，第229页。

律的关系时指出的，行为基本上有合理而不合法与合法而不合理这样两种情况。即使是在最成熟的制度内部，也依然会出现与制度不一致的行为。而在制度不完善的时期，行为的不规范现象就比比皆是了。因此，研究与制度要求不相一致的行为即不规范行为就成为分析政府经济管理行为的一个重点。

经过仔细观察发现，分析政府经济管理不规范行为有一定难度。其原因在于：据以衡量不规范性的尺子往往是不明确的。首先，对于那些已有明确规定的尺子，不规范行为容易识别。例如，宣布无条件地不容许政府经济管理者参与经商活动，依据这条规定，凡参与经商活动者，不论形式如何、规模大小、被动或主动、为个人利益还是为集体利益，都应看作是违规行为。2012年中共中央政治局审议通过改进工作作风、密切联系群众的八项规定，即：（1）调研——不贴标语不铺地毯，不迎送不宴请；（2）开会——要开短会、讲短话，力戒空话、套话；（3）文件——没实质内容可发可不发的一律不发；（4）出访——一般不安排华侨华人等到机场迎送；（5）警卫——减少交通管制，一般不封路不清场闭馆；（6）新闻——出席活动依新闻价值等决定是否报道；（7）文稿——个人一般不发贺信贺电、不题词题字；（8）勤俭——严格执行住房、车辆配备等待遇规定。随后又陆续出台六条禁令，即：（1）严禁用公款搞相互走访、送礼、宴请等拜年活动；（2）严禁向上级部门赠送土特产；（3）严禁违反规定收送礼品、礼金、有价证券、支付凭证和商业预付卡；（4）严禁滥发钱物讲排场、比阔气搞铺张浪费；（5）严禁超标准接待；（6）严禁组织和参与赌博活动，以及反对四风，即：形式主义、官僚主义、享乐主义和奢靡之风。出台这一系列规定之后，官场上过去习以为常、见怪不怪的行为就有了是非曲直判断标准，就可以进行必要的查处，直至采用最高的惩罚措施。对于此类不规范行为的确定，来自价值判断和标准设立。价值判断达成之后，就是细则规定。规定有了，就可以执法。因此，对这类行为容易做到识别，容易执法、容易规范。事实上，八项规定和反对四风政策出台之后短短数年，中国国内官场风气为之大变，一扫过去屡禁不止的不规范行为状况。用制度规范行为的效果十分明显。

然而，对于没有明确的规定，但从行为的实际结果来看，可能具有一定违规性质的行为，就不十分容易识别和执法了。衡量的标准尺子不清楚，或许是造成行为不规范的重要理由。但是实际上恰好是不规范行为自身，留给了设立标准尺子的不确定性。这类不规范行为往往具有一个较为鲜明的特点，就是利弊双重性，即这种政府经济管理行为对经济运行既可能带来积极作用，也可能带来消极意义。因此，衡量标准尺子与行为现象互为不确定，就造成了实际生活中大量的模棱两可之事。由于存在着大量模棱两可的行为现象，使政府经济管理的操作复杂化，反过来对其行为的价值判断也就不能做到完全的明确化。因此，可以进一步说，政府经济管理行为分析的重点，应当放在对没有明确规定而出现的不规范行为的说明上。

由于各种原因，政府经济管理行为不规范现象比比皆是，常常表现为杂乱无章，没有因果关系。而且这些现象是混合型的，难以简单地归结为问题出在政府经济管理行为的某个具体环节上。这为科学研究带来困难。20世纪80～90年代，由于我国的体制出于新老交替转型之中，政府的不规范行为比较多。笔者对此曾经做过典型性分析，这些就是："递批条子"现象，"压力—瞒虚报"现象，"一刀切"现象。（笔者旧作：《政府经济管理行为分析》，新华出版社，1998年版第五章）第一个现象说明的是非正式组织行为对我国政府经济管理影响的复杂后果，第二个现象说明的是上下级政府经济管理的不同角色分派及决策信息不对称带来的不规范复杂结果，第三个现象说明的是在政府经济管理决策信息不对称以及行政干预时往往出现的问题。实事求是地分析，首先，这类现象并不是有百害而无一利，在复杂的实际管理工作中往往兼有利弊双重性。研究的目的就在于说明其形成的机理，评价其后果，找到规范其行为的有效办法或途径。其次，经过多年的政府治理制度和体系不断完善改进，上述三种不规范行为现象已经大大减少。当然也不能认为已经绝迹，因为中央依然在随时提醒不许搞宏观调控"一刀切"，不许对重大事项和事件瞒报虚报，谁批条子谁负责。这些提醒的存在其实表明不规范行为还是存在的，只是比较行为隐蔽方式比较多样，并不容易被人捕捉到。如果没有中央的三令五申，这些不规范行为很容易死灰复燃。

需要强调的是，第一，迄今为止多数研究文献对这些不规范行为关注不够，或者只是就事论事地讨论一下，缺乏深入的理论分析。尤其值得注意的是，这些生长在计划经济体制下的不规范行为继续延伸到了市场经济体制中。不规范行为终究是不规范的，有碍于组织目标的实现，因此需要被逐步克服、取缔或被一种方式规范化。

第二，这些现象不能被单纯地看成是政府行为的腐败现象而予以全盘否定。进一步说，这些不规范现象离政府的腐败行为还有一段距离。政府腐败行为的本质是权钱交易和权色交易，而这些所谓政府经济管理不规范行为，并不具有权钱交易和权色交易的本质特征。当然，如果不想办法给以必要的引导，上述不规范行为也可能滑向腐败行为，或者为腐败行为提供机会。

第二节 "压力—瞒虚报"现象

在我国政府经济管理行为中，常常会遇到下级向上级汇报不真实的情况。这种汇报不真实的情况可以区分为两种基本形式：其一，隐瞒真实的情况不报，其二，上报虚假的情况，或者多报或者少报。简称"瞒虚报"。

从新中国成立到现在，我国出现过几次范围比较大情况比较集中的瞒虚报的现象。例如，20世纪50年代"大跃进"时期的瞒虚报情况，即使毛泽东也认为，地方上报情况也还有"三分虚假"成分。[①] 改革开放以后，下级向上级汇报不真实情况之风依旧。仅在统计数字方面，在1994年全国统计执法大检查中就查出2万余起弄虚作假的违法行为。[②] 尽管早在1983年国家就设立了《统计法》并不断加大对统计数据弄虚作假行为的法律惩罚力度，但是每次全国经济普查都能发现不少数据作假的行为存在。笔者早在20世纪90年代中期对京郊区县调研时就了解到，当时有一个县所报的年经济总量指标，水分竟高达67%。尽管每次集中出现浮夸现象的具体历史条件不一致，但还是有一些共性的问题。根据笔者在当时所作的三次问卷调查，在被问及的政府经济管理者中，只有不足10%的人认为瞒虚报是极个别的现象，承认这种现象普遍的人数比例占到40%以上（见表5-1）。另一

表5-1 瞒虚报现象调查数据分析表

现象严重程度	第一次调查（1990年）	比例（%）	第二次调查（1992年）	比例（%）	第三次调查（1995年）	比例（%）	总数	三次调查总比例（%）
非常普遍			4	12.9	4	20.0	8	15.7
普遍			8	25.8	6	30.0	14	27.5
有一些			17	54.8	7	35.0	24	47.1

---

① 吴冷西：《忆毛主席——我亲自经历的若干重大历史事件片断》，新华出版社1995年版，第109页。

② 孟一鸣、邵文杰：《让晴雨表准确无误》，载于《光明日报》1995年3月27日。

续表

	第一次调查（1990年）	比例（%）	第二次调查（1992年）	比例（%）	第三次调查（1995年）	比例（%）	总数	三次调查总比例（%）
极个别			2	6.5	3	15.0	5	9.8
总数			31	100.0	20	100.0	51	100.0
下级应该如何做								
如实上报	127	61.1	19	61.3	14	70.0	160	61.8
有所选择上报	60	28.8	11	35.5	4	20.0	75	29.0
其他	18	8.7	1	3.2		0.0	19	7.3
未答	3	1.4		0.0	2	10.0	5	1.9
总数	208	100.0	31	100.0	20	100.0	259	100.0
上级应该如何做								
满足需要	21	10.1	3	10.0			24	10.1
区别对待	158	76.0	19	63.3			177	74.4
考虑其他因素	17	8.2	5	16.7			22	9.2
其他	12	5.8	3	10.0			15	6.3
总数	208	100.0	30	100.0			238	100.0

注：1990年、1992年、1995年三个年份分别代表三次问卷调查。除个别问题有所出入外，三次调查的大多数问题都是一样的。因此，三次调查具有可比性。同时，此表是在对问卷数据作了进一步加工之后产生的。有关问卷的详细内容见附件5-1。

方面我们又会见到：在集中出现浮夸现象的时期，同时是上下政府经济管理部门上级向下面提出过高的任务要求或指标的时期。尤其是在布置计划任务时，经常是上级部门或领导人替下级确定指标。那么问题就来了：浮夸现象与高指标有没有必然联系？如果有联系，它们两者是如何联系起来的？

一、现象形成的因果联系性

所谓的瞒虚报行为，是指当上一级的政府经济管理部门向下面要求上报有关材料和数字时，下一级政府经济管理部门视其需要或不报（"瞒报"）或多报、少报（"虚报"）。这种行为的发生，一般来说与上下级掌握的信息不对称性有关。如果上级掌握了与下级一样多的信息，也就不需要下级上报，上报也仅仅是为了验证上级掌握的信息。因此，产生这种行为的前提一定是上下级部门之间的信息不对称。

人们经常批评下级上报情况的浮夸行为。严格讲，浮夸只是指其中的一种表现，即多报，而没有涵盖不报与少报。一般情况下，多报是为了获得上级部门的肯定、赞扬或奖励；少报是为了躲避上级部门的否定、批评或惩罚；不报则是一种机会主义行为，做选择性信息处理。总之，这种行为均是不真实的情况上报，浮夸只是其中的一种表现形式。因此，用"瞒虚报"或许能更加鲜明突出这种行为的特点，它把存在于政府经济管理内部不真实上报的行为概括得清清楚楚。那么，下级政府经济管理部门或人员为什么要瞒虚报？

假如不是上级主管部门要求下级上报，而是与下级政府经济管理部门关系不大的其他部门或人员向其索取材料或数据时，情况往往是另一番模样。作为研究人员的笔者，在下面做调查时就经常遇到有关政府经济管理者向本人吐露真情，但是向上汇报的情况又是另一种样子。政府经济管理者本人也清楚地知道这样做意味着什么。

多数分析瞒虚报现象的观点都强调行为动机不纯：地方、部门、单位的领导受利益机制驱动，以权扰数、以权谋私，为了"乌纱帽"。这种解释应当说是有事实根据的，但不是一种完全令人信服的解释。

因为，如果瞒虚报行为统统都是权欲熏心者和道德素质低下者所为，显然解释不了这种现象的普遍性。根据笔者的问卷调查，主张如实向上汇报的政府经济管理者占60%，而主张有所选择或有条件的上报的人数比例近30%（见表5-1）。在占这个30%的人数中间，不乏优秀的政府经济管理者。另外在对问题不回答者中也有不少人是高素质的人员。此外，其他因素如下级政府经济管理者对自己身边的情况不清楚、无意的疏忽，等等，也不能解释这种行为。因为瞒虚报的必然前提是瞒虚报者本人清楚自己所做的一切，换句话说，他本人不是一个昏庸的管理者，倒是一个精明过人的人。

从上下级政府经济管理者的不同角色分派上看，上级领导或部门作为下级的顶头上司，对下级政府经济管理者具有某种影响力，在特殊情况下，甚至拥有"生杀大权"。而下级作为被领导的人，要完成上级交办的任务，要履行自己的职责，同时还要正常地考虑到自身的进退、工作环境的安稳等。当上级部门把评价或提升下级政府经济管理者同某些政绩或指标联系起来时，自然就形成了上下都对这些政绩或指标加以特别关注的局面。这种关注形成强烈的压力，对上级和下级都具有激励与刺激作用。需要强调的是，自从20世纪90年代我国各级政府普遍推行以目标管理为核心的个人责任制以来，并且直接与政府经济管理者的经济收益直接挂钩，工作压力比20世纪50年代是有过之而无不及。由于用指标衡量的政绩同下级政府经济管理个人升迁、奖金相连，同时还和其上司荣辱与共，因此，上下易形成有意识地抑丑扬美的心理共识和需要，并如此循环下去。

在形成"压力—瞒虚报"循环行为过程中，上级政府经济管理部门的要求是一个关键的因素。在传统管理体制中，政府经济管理行为的一个突出特点就是追求高速度高指标，年度的国民经济计划指标常常定得过高，而且把这种主观上追求高速度高指标解释成一种客观的社会主义发展规律性。传统的体制行为主要表现为指标管理：上级向下级下达各种经济指标，这些指标在落实政府经济管理任务、推行各项经济政策，以及考核下级政府经济管理部门或个人的政绩方面，起着举足轻重的作用。用经济管理指标指挥下面带来的消极结果就是使得人们在完不成指标时做数字游戏，所谓干部出数字，数字出干部。在典型地追求高速度高指标的"大跃进"时期，瞒虚报的行为达到了登峰造极的地步。就连毛泽东本人也深感问题的严重性："'大跃进'中有些虚报是上面压任务压出来的，问题的危险性在于我们竟然完全相信下面的报告。有位县委书记强迫农民浇麦，下令苦战三昼夜，结果农民夜里在地头挂起灯笼，让小孩子放哨，大人睡觉。那位县委书记看见点亮了灯笼，就以为已经浇麦了。鉴于虚夸作假成风，我们对下面送来的报表不能全信，要打折扣，恐怕要打它三分虚假，比较稳当。否则，按虚报的数字来定生产计划很危险，定供应计划更危险。"① 在著名的庐山会议前期，毛泽东也对"上有好者，下必甚焉"的批评意见予以认可。②

除去各级政府经济管理者的道德品行因素，剩下来的解释只能是，这种普遍性的瞒虚报行为，与政府经济管理内部的上下级的角色分派及其角色强化有着密切的相关关系。对下级而言，上级是一种领导角色，下级则是被领导角色。领导角色的强化附带产生出被领导角色的强化。当领导角色强化超越了被领导角色所能承受的限度后，被领导角色就会以反抗的形式进行反强化。有一个例子很好地说明了这个关系：

有一个镇发展企业的基础条件不很理想，面对上级下达的1.5亿元产值的指标，全镇上下犹如面对天文数字。书记、镇长和机关全体职工倾巢出动，干了半年，算了一下账，全年能达到亿元就不错了，

---

① 吴冷西：《忆毛主席——我亲自经历的若干重大历史事件片断》，新华出版社1995年版，第109页。
② 李锐：《庐山会议实录》，河南人民出版社1994年版，第62～64页。

还有5000万元没有下落。总不能坐以待罚吧。书记、镇长找来负责企业统计的统计员作了一番交代：我们被罚多少，你也受罚多少，我们得多少奖，也会与你平分。于是年终统计时，这位统计员对全镇企业（含没有建账的个体户）产值进行了统计加估计后，在年终报表上填上了全镇乡镇企业总产值达到1.58亿元。这样，不仅完成了"天文数字"，居然还超额800万元！在庆功会上，该镇的书记、镇长及有关人员都获得了重奖。"有功"的统计员当然也得到了奖励兑现。①

在这个案例中，上级所下达的"天文数字"来自作为上级领导角色的某种强化。报道里没有细说，但可以推测出上级领导的用意。下级刚开始也随着领导角色的强化而被强化。但在下级达不到要求时，就以消极的动作来反强化：对其领导之下的被领导施加角色强化影响。目的是对抗上级领导的角色强化。而且，可以预测，在下一次的下达产值指标任务时，领导给这个镇的产值数会提高到1.5亿元以上。同样，该镇镇长与书记还会有办法加以应付。这样就形成了一种对弈局面：上级在向下布置任务时提出高指标高要求（第一次压力）；下级在达不到高指标高要求时根据不同情况采取不报、少报或多报（瞒虚报）的对策；当上级明白了下级的此种花招伎俩之后，在下达第二轮的任务时会预先加上一个百分比的水分量，同时在满足下级需要时故意留有缺口，不完全按下面的要求提供各种人财物保障（第二次压力），指标又加一层码，依次循环往返。下面的瞒虚报与上面的压力形成一个互动过程。这种行为的互动关系，其实早已被一些政府经济管理者自己用一句话概括过了：领导关心哪个指标，哪个指标就无法搞准。

问题的严重性在于：第一，如果上级不能明察秋毫，会使得瞒虚报者受奖，说实话者没有受奖反而可能受罚，继续助长政府经济管

---

① 宋立渝：《虚报浮夸：老百姓无辜添负担》，载于《消费日报》1994年8月14日。

内部的瞒虚报不规范行为。据材料介绍，一个先进镇的新任党委书记坦言，担任此职务实属不愿意。因为这个镇太"富"了——前任为了追求"政绩"，在统计报表上做了手脚，造成了该镇十分富裕的假象，不久又到县里做了局长。这位新任镇党委书记认为，如果想追求"政绩"，很简单，只需要照着前任的样子，在其基础上继续在报表上弄虚作假就是了。但如果这样做，就会增加农民的负担，恶化党群关系，也对不起自己的良心。但如果不这样做，老老实实上报，短期内不但没有政绩，还会给上级留下一个"工作不力"的印象。①

第二，长期的上下级交往，已经对这种行为现象培育起一种心照不宣的"心理契约"，大家都不得违背。因此，要消除这种不规范现象的举动就会遭到下意识的抵制。笔者在我国西南贵州省进行调查时，就曾经听到过一个县委书记介绍的事例：该县一个镇的新上任镇长，是一个有知识有作为的青年干部。上任之后为了摸清全镇家底，花了半年时间核实了全镇的粮食产量及其他数字，并准备按核实的数据上报。但镇党委书记及县里农业主管部门不同意这样做，理由是他所上报的数字里包含了以前少报的部分，不能统统算在他本人的政绩上。而已经少报的部分不能再上报上去，这样做势必使事情变得复杂化。事情的结果这位书记没有细说，但不用细说也可推知其结果。

在长时间内，上级压力与下级瞒虚报已经互为因果关系，形成对弈局面。也许人们会认为这只是计划经济体制下产物，但是到了计划经济体制已被改掉许多的今天，"压力—瞒虚报"行为依然故我，这就不能仅仅从传统体制上来解释了。从宏观全局看，在高层领导追求高指标高速度时期，必定也是浮夸风盛行的时期。而在高层领导相对冷静要求不迫切时期，瞒虚报的现象就少了许多。

---

① 张梦云：《宁可挨批评也不愿作假——一个基层党委书记的心里话》，载于《杂文报》1995 年 10 月 20 日。

二、解决问题的基本途径

在前面界定政府经济管理不规范行为时,曾指出这些不规范行为具有利弊双重性的特点。就"压力—瞒虚报"行为而言,其利弊表现于小集体获得有形利益,大集体没有获得利益,有时还会受到伤害。即使下级政府经济管理部门及个人可能得到暂时的利益,然而从长远看其根本利益也会受到损害。在全国划定贫困县的时候,有的县本来可以不被列入贫困之列。但是县政府为了得到贫困县的优惠条件,有意识地瞒报或虚报有关情况,争来了一顶贫困县的帽子。或许从此以后上级政府将给予不少优惠及特殊待遇,但是县政府在全县父老和外人面前也就失去了尊重与敬佩。为政一方,不能使一方百姓致富,反而还要长期顶着贫困的帽子,这从各个方面看最终都是失大于得的。权衡利弊得失,于上于下,还是弊大于利,因此此类行为不可助长。

从"压力—瞒虚报"行为发生的过程可以看到现象出现的条件和环节:上级政府经济管理领导或部门所关心的情况及数字;对下级政府经济管理部门或个人的荣辱进退有直接关系的政绩或数字;统计部门和经济管理的关键部位。其中,瞒虚报最集中的领域是统计指标。根据1994年的统计执法大检查的结论,瞒虚报的指标集中在几个与考核政府经济管理绩效有关的方面:工业产值特别是乡镇工业产值,主要是虚报浮夸;出生人口和基建投资,主要是隐匿瞒报;粮食储备,存在着有账无粮的情况。存在瞒报工资总额、虚报粮棉播种面积等。[①]以后历次统计执法大检查发现的情况基本也是这些。因此,需要从如下的基本途径着手来解决这个行为不规范问题:

---

① 孟一鸣、邵文杰:《让晴雨表准确无误》,载于《光明日报》1995年3月27日。

第一，弱化以指标为主的管理方式。在传统的计划经济体制时期，以指令性指标为主的政府经济管理方法是造成"压力—瞒虚报"行为的一个十分重要原因。但是，到20世纪80年代改革开放时代后，尽管指令性的指标管理已经大大弱化，这种不规范现象仍然继续大量存在，并在有些年份里有愈演愈烈的势头。究其缘由，还是指标管理的方式在作祟。在各级政府的直接要求下，各地方都纷纷为"达标"而奔波。指令性的指标管理变成了对各种"达标"竞赛以及进入"多少强"的评比。另外，在若干重要问题如物价、计划生育、环境保护、社会维稳等方面实行的"一票否决"政府主管领导政绩的办法，也对行为的不规范推波助澜。个别地方把完成上面下达的指标作为干部提拔的必要条件。在政府经济管理工作中，引入了被以往实践证明是有效的目标管理法（MBO），并与个人责任制相联系。这对增强政府经济管理者的责任感，提高政府经济管理绩效，确实起到了推动作用。但是因为过分以指标评价为准，这种管理方法也是形成不规范行为的一个条件。笔者无意否定这些做法在实现政府经济管理特定目标方面的有效性，而是不赞成用少数的几个指标就可以判定一个政府经济管理者或一届政府在几年之中所付出的努力和心血。何况，在市场经济体制发挥作用的条件下，社会经济运行的结果，并不主要取决于政府经济管理者的努力，而是主要取决于社会经济主体自身的活动成效。如果把必不可少的指标评价放在合理位置上，更多地运用新的管理方法，开展定期考核、随机抽样调查、社会舆论评估、重大问题处理态度和方式等多种办法，可能会做到既对政府经济管理者政绩进行了必要的考核，同时又避免了"压力—瞒虚报"行为的大量出现。

第二，开辟更多的信息来源渠道和监测网络。实践表明，瞒虚报的情况或数字往往具有垄断性质，即瞒虚报者对这种情况与数字拥有一定垄断处置权。这才会使他或她敢于用不真实的情况和数据糊弄上级。一般而言，也正是由于下面对情况和数字的这种垄断性，才促使上级政府一方面不得不有求于下面，另一方面又要采取措施对付下面的弄虚作假。如果通过一定措施打破下面对情况及数字的垄断，使得瞒虚报失去保护屏障，这就自然而然会使下级政府经济管理者或部门打消瞒虚报的念头，老老实实提供真实的情况和数字。目前，收集综合情况和数字的主要政府经济管理部门是各级政府的统计、计划、信息中心，收集专门情况和数字依靠各个政府经济管理职能部门。如果在已有的政府信息部门上，发挥各个信息部门的交叉交流作用，使一个情况一个数据同时由几个信息部门提供和分享，那么这就在一定程度上打破了某个部门对情况和数字的垄断。同时，在政府信息系统之外，发展一定的非政府信息网络，也可以进一步减少有关情况和数字被政府垄断的程度。这些改变措施都要求在政府经济管理信息体制上作出较大的调整。值得肯定的是，21世纪以来，以互联网、大数据、人工智能为标志的信息技术发展，极大地推进了信息普及化和民主化。尤其是区块链技术的运用，使得上网数据不可删除和数据共享。这就使得任何组织、任何个人试图利用信息不对称性来垄断信息、操控信息、选择性利用信息变得越来越难了。利用信息技术进步来消除"压力—满虚报"行为是一个有效途径。

当然，任何技术都是有条件的，因而作用也有限。例如，数据上网之后固然不被删除，但是数据源可以被控制和被覆盖；数据上网的决定权掌握在人的手中，因此数据上网就有了选择性。所以要减少不规范行为，还需要从产生这种不规范行为的主观原因入手。

第三，在各级政府经济管理内部倡导诚实、任劳任怨等品德作风，同时建立健全正常的政府经济管理者考核升迁制度。无论瞒虚报者究竟出于何种动机，为着什么人的利益，起码在个人品德作风上不能做到诚实，这是一个污点。因此，还需要在政府经济管理内部大力倡导说老实话、办老实事、当老实人的传统作风。"三老"作风形成于计划经济时代，但是它秉承了中华民族的优秀文化和传统美德，因而即使进入市场经济,也不应该放弃"三老"作风。同时,上下都需要为实行"三老"作风创造体制环境,让老实人不吃亏,要因为说真话而得到必要的奖励以及提拔,对说大话、吹牛皮人要给予必要的惩罚,不得重用。一般来说,下级对上级汇报真实情况的老实程度,一方面取决于下级自己有无诚实作风和实事求是态度,另一方面也取决于上级对待下级的正确使用方式及其态度。只有相互努力,才能建立起没有压力与瞒虚报互动的良好关系。因此,上下级政府人员的共同努力和践行是缺一不可的。

第四,加大法律的约束力。法律是一种制度化约束手段,利用制度手段来规范行为,使其瞒虚报不可为,不能为,为者必然受到法律的严厉制裁。除了建立健全必要的法律法规外,更为重要的是要加大执法力度。迄今为止,鲜有因为压力—瞒虚报而被起诉的案例。一旦瞒虚报事实被查出,顶多只是行政处理。这样势必对瞒虚报行为没有法律威慑力,必须借助已经出台的行政法规来改变这种局面,杀一儆百。

第五,加强社会舆论的监督和举报。在上级部门出现官僚主义的条件下,瞒虚报的下级负责人可能瞒天过海,一时得逞。但是具体办事的普通工作人员是明白的,因此通过鼓励举报,可以减少瞒虚报的得逞概率。从一般意义上看,党委的纪检系统、国家的督查系统、政府的审计系统、社会新闻媒体和互联网自媒体都是能够发挥监督的重要工具。规范化解"压力—瞒虚报"行为需要很好地发挥这些工具的作用。

第三节 "一刀切"现象

在政府经济管理的决策方面,常常会见到,当面临来自各个方面需求的巨大压力，或者面对复杂的社会经济危机的时候，高层决策者或领导机关作出统一的、不加区别的决定，以此试图摆脱困境或者解决问题。这种现象就是俗称"一刀切"。"一刀切"的特点是不考虑各种复杂的管理环境因素，而是依靠一种制度本身所赋予的行政强制力，按照一种方案（有时也有几种方案，但只是数量上的差异，而无明显的质的区别）推行决策者的意图。它与"多刀切"相对立。一个十分典型的做法就是当国民经济的增长速度过热时，中央政府突然紧急刹车，全面紧缩财政与货币政策，全国统一按一个比率"砍掉"投资项目，而不管下面各地经济是否都已经过热。

从浅显的道理上说，这种做法是不合理的，有违常理。因为各地各部门的情况千差万别，不可能都是一个样子。因此，每一次的"一刀切"决策和行动，都会招致下面的强烈不满，而且在"一刀切"之后，伤及无辜，总会留下某些不易愈合的"硬伤口"。但是在管理实践中，此种行为并非个别，而且在一定时期客观上起到了一定的积极效果。通过笔者的问卷调查发现，对"一刀切"持否定态度的政府经济管理者比例并不显著，而有56.8%的人对此是持肯定态度的（见表5-2）。无论在传统的计划经济体制下，还是在今天的混合体制下，"一刀切"都不乏实际的宏观经济管理价值。因而，这种不规范的政府经济管理行为值得认真研究。

表5-2　　　　　　　　一刀切现象调查数据分析表

评价	第一次调查（1990年）	比例（%）	第二次调查（1992年）	比例（%）	第三次调查（1995年）	比例（%）	总数	三次调查总比例（%）
持肯定态度	123	59.1	13	41.9	11	55.0	147	56.8

续表

	第一次调查（1990年）	比例（%）	第二次调查（1992年）	比例（%）	第三次调查（1995年）	比例（%）	总数	三次调查总比例（%）
持否定态度	69	33.2	18	58.1	9	45.0	96	37.1
其他	16	7.7		0.0		0.0	16	6.2
总数	208	100.0	31	100.0	20	100.0	259	100.0

注：1990 年、1992 年、1995 年三个年份分别代表三次问卷调查。除个别问题有所出入外，三次调查的大多数问题都是一样的。因此，三次调查具有可比性。同时，此表是在对问卷数据作了进一步加工之后产生的。有关问卷的详细内容见附件 5-1。

一、产生的条件及其原因

一般来说，"一刀切"行为依靠制度的强力，这是产生行为的基本条件。进一步说，在中央集权的政府经济管理体制条件下，这种行为发生得比较频繁一些。在中央分权的政府经济管理体制条件下，这种行为就比较少见。但是，只要存在一种为令行禁止提供保障的管理制度条件，"一刀切"从理论上讲就不可完全避免。

我们肯定制度对"一刀切"行为的条件性，并不是说由此就陷入一种无法避免、难以有所作为的境地。事实上，在集权的政府经济管理体制中，有些时候就没有出现"一刀切"行为。例如，在发展农村家庭联产承包责任制的决策上，就允许在部分地区保留了过去形成的人民公社制、农场制。在改革开放初期十几年中，农村政策一直比较成功，与坚持"多刀切"的决策，避免过去各种各样的"大学""大办"的千篇一律做法是有联系的。因而，即使行为发生的条件具备，也不一定发生这种行为。这说明事在人为。改革开放四十年一个重要的政府行为改进，就是先做改革试点，试点取得经验教训之后再做政策调整与推广。这样就避免了"一刀切"带来的消极后果。

由分析观察可知，促成"一刀切"的具体原因有：

第一，缺乏作出完整的管理决策的条件。首先，管理信息不足。因为要作出多种方案的选择，必须有能满足方案的充足信息。一般情况下，决策信息收集是不完整的，在此条件下，选择多种方案的难度大大超过选择一种方案的难度。其次，实施方案的手段不足。即使获得了作出多种方案选择的信息，然而由于缺乏足以正确的实施多种方案的手段，还是无法实施多种方案。遗憾的是，除了少数情况外，多数时候政府经济管理决策都面临着缺乏完整的管理决策条件的局面。

第二，政府经济管理者本身的缺陷。理想素质的政府经济管理者在现实中不存在。前面对政府经济管理者的管理决策风格测定与分析表明，我国政府经济管理者以分析型管理风格为主，以指示型管理风格为辅。这种风格的优点是务实，办事认真，注重效率和速度；但缺点是对多种备选方案兴趣不高，当出现较为复杂的管理局面时，倾向于当机立断，以完成任务，实现主要目标为目的。在实际管理中表现为点子少、图省事、凭经验办事、习惯于命令和指示等。从理论上讲，分析型管理风格与指示型管理风格具有一定的互补性，就是前者的思维特性与后者的行动特性可以相互结合。如果经过比较充分的讨论和思考，可以产生出两种管理风格的最佳结合的方案来。在情况不是特别紧急时候，我们发现政府经济管理者的决策方案一般还是比较合理的，是"多刀切"的。"一刀切"往往出现在两种情况下：一种是情况万分紧急，非采取某种特殊措施不可；另一种是从未遇到的新情况发生，政府经济管理者习惯以务实的风格和连续型的思维模式应对新情况和新问题。这两种情况的出现，是对政府经济管理者已经形成的管理风格与素质的严峻挑战。

第三，决策所面临的对象或问题数量过多、过杂。相对来说，决策所针对的管理对象和问题数量比较少，不仅要求的管理信息和手段容易获得,而且所提出的方案、意见也容易协商和协调,从而求得上下共识。但是当对象和问题过多、过杂时,管理难度也就以几何级数增加。我国特殊的国情,尤其突出了这个原因。地区发展如此不平衡,下面的情况如此复杂,使得上面每作出一次牵涉全局的决策时,都是一次走钢丝的过程。即使是在经过了最充分准备后作出的决策方案,仍然在实施过程中难免有局部性的失误。如果进行上级对下级的一对一的谈判,由此产生出"多刀切",在理论上说得通,而在实践中难做到。这样,所谓快刀斩乱麻的"一刀切"就是一种具有实际管理意义的做法了。

二、行为的因势利导

归根结底,"一刀切"不规范行为与管理活动本身的不确定性有重大关系,尽管集中的政府经济管理体制为这种行为提供了可能性条件。它对解决一些难以决断的、棘手的经济问题,具有相对比较满意的管理优势,这也是一半以上的政府经济管理者对其行为持肯定态度、无论过去还是现在或许还有将来都会继续存在这种不规范行为的重要理由。

但是,允许"一刀切"行为存在是有一定具体条件的,这些条件诚如上述。归结起来,当宏观管理的不确定性增大时,"一刀切"是一种退而求其次的决策方法;但当宏观管理的不确定性减少后,这种方法就不宜继续采用。这种行为只能作为管理的一种特例,不能成为管理的常例。常例的政府经济管理行为应当是具体情况具体分析和解决,即"多刀切"。为此,要在创造避免经常性的"一刀切"行为的条件方面努力:

其一,建立富有弹性的中央集权政府经济管理制度,将集权与分权有机结合起来。该集中的要集中,该分权的就一定要分权。一般而言,在分权增加的情况下,来自中央集权的"一刀切"做法会大大减少。集权带来"一刀切"行为概率增加,分权减少"一刀切"行为概率发生。然而在单一制国家管理架构之下,上下级政府的管理很难避免令行禁止的"一刀切"行为。因而,对上下级政府职能加以适当分工和合理授权,改变事无巨细都要由上面决断的习惯,让地方各级政府各付其责,也是可以减少"一刀切"行为的途径之一。

其二,扩大、充实和完善政府经济管理所需的管理信息网络与手段体系。通过大量信息的采集和处理,减少信息不对称性,有助于上级决策者因地制宜,因果施策,政府管理工作越做越细,从而大大减少"一刀切"的可能性。

其三,培养和提高政府经济管理者素质。"一刀切"行为在很大程度上取决于政府决策者的个人素养和风格。每当面临重大事件发生或重大危机出现时,是否快刀斩乱麻还是见招拆招,是对负有重大责任的政府管理者的综合素质考验。政府经济管理者尤其是作风简单粗暴的决策者往往只能用"一刀切"去对付错综复杂的现实问题,而思维缜密和作风细致的决策者往往会提出更加有针对性的建议和措施。显然,从完成管理任务角度看,这两种素质的管理者均能不辱使命。但是从决策的质量和留下的后患看,后者明显要好得多。因此,避免"一刀切"的行为一定要从提高政府管理者尤其是决策者的素质开始做起。

第四节 政府管理行为的规范化

政府行为的不规范现象已经引起了各方的重视。人们开始探讨如何将政府权力"关进笼子",使其合规合法。这当然首先需要加强依法治国,推进政府制度改革和完善。然而正如前面反复分析指出的,政府行为在合法与合理之间存在许多灰色地带,从而伴生出运行上不规范但是价值判断模棱两可的灰色行为。而完全依靠法律法规来解决是有很大难度的。因此,可以从管理和治理角度来完善政府行为,从而大大减少政府行为中的不规范现象。这里引入了管理学中的规范化管理概念和思路。

一、规范化管理的理论与实践

规范化管理属于管理学中质量管理的一种范畴,从历史上可以追溯到 20 世纪 50~60 年代的零缺陷管理和全面质量管理[①],以及后来出现的 ISO 9000 质量认证体系。

零缺陷管理(zero defect,ZD)源于 20 世纪 60 年代美国军方制造北极星潜艇的订货任务。1962 年,佛罗里达州奥兰多的马丁公司与美军导弹司令部签订了生产潘兴式导弹部件的合同。由于交货时间紧产品质量要求高,该公司打破常规,制订了所谓"零缺陷"方案来组织生产。该计划的中心内容是调动全体雇员的主动负责精神,使每道工艺的每个生产者同时又是质检员,将产品质量问题消灭在生产过程之中而不是在检验出来之后。推行这个管理方案后,果然在合同期限到来之时,该公司向美军提供了百分之百的合格产品。这个管理经验立即引起美国军方的重视,1964 年美国防装备与后勤局助理局长将该管

---

① 在此之前有管理学创始人泰勒提出的科学管理理论,规范化管理的许多核心思想如标准化原则、通用化原则来源于此,但科学管理将人当作机械动物的管理理念在后来遭到了批评。

理组织方案在国防部内全面推行。① 与此同时，马丁公司的经验也传播到民用产业领域，先后被通用电器公司、利通产业公司、北美航空公司、西屋公司等采用。到 1966 年，在美国约有规模大小不等、行业不同的 7500 个工厂采用了类似零缺陷方案的管理方式。其中北美航空公司将其方案称作是"以在日常努力中的个人负责而自豪"（pride for personal responsibility in daily effort），而西屋公司称其方案为"无缺陷绩效"（zerror free performance，ZFP）。由此，"零缺陷管理"也可称为"无缺陷管理"。

零缺陷管理的基本要素有 5 个：公开、目标、界定缺陷、测量缺陷、奖励。所谓公开，即每个职工都要用书面或口头形式公开做出自己对致力于无缺陷工作的承诺。所谓目标，即公司为每项工作和个人确定现实的可操作的工作目标。在界定缺陷时，考虑到每个公司情况以及每项订货要求不同，对缺陷的理解也是多种多样的。如西屋公司界定的缺陷有 12 个：（1）没有按照计划工作；（2）在送货之前重复性工作；（3）从事了本来完全可以减少费用的工作；（4）低于用户或公司质量标准的工作；（5）高于用户已经确定为合理实用的质量标准的工作；（6）没有完成规定的具体任务；（7）没有事先具体计划、指导工人实行这些具体计划，并事先采取必要的纠错行动；（8）没有有效管理成本；（9）从事了虽然能被接受但以某种方式导致其他高成本或延误送货结果的工作；（10）设立比实际报价要高的预计成本项目；（11）对预计成本项目的忽略；（12）没有满足预算要求。

测量缺陷也有各种方式。有的通过目标完成情况来确定缺陷数量。西屋公司的无缺陷测量公式为：绩效 = 100 - 有缺陷项目数/无缺陷项目数 × 100。如果有缺陷项目数等于无缺陷项目数，绩效值为零；如果

---

① 从这里可以看出，美国政府是很善于将工商组织管理的好经验及时吸收引入政府组织管理中的。

有缺陷项目数多于或小于无缺陷项目数，绩效值就为负或为正。①

全面质量管理（total quality control，TQC）来自日本企业管理实践，20 世纪 80 年代大力引入我国。日本企业结合科学管理和零缺陷管理的理论，提出过程质量控制的理念，即将产品的质量缺陷消灭在产品的制造过程中，这样最终产品必然是符合质量要求的。为了做到这一点，生产过程的每个环节都是一个质量控制点，每个环节的操作员工都是质量控制人员。为了保障每个质量控制点不出废品，每个质量控制点都设立了严格的质量控制标准和客观检测手段。按照这种控制要求操作，最终生产出来的产品不用检测都是合格产品。

个别工商组织推行的零缺陷管理或全面质量管理在经济全球化过程中已经显得不够通用和规范，适应全球经济一体化进程的需要，1988 年由国际标准组织推行的 ISO 9000 系列的质量认证体系，融合零缺陷管理和全面质量管理的管理理念，成为保障质量管理更加规范的国际化标准。② ISO 9000 实施的是已经具有的制造业和服务业质量国家标准，它适用于整个生产过程，而不是某一具体产品。该体系认证在市场上标志着质量，国际购买者往往会坚持要求其固定供应商获得这种认证。ISO 9000 质量体系认证有严格的程序及考核要求，按照系列分为 ISO 9001、ISO 9002、ISO 9003、ISO 9004 和 ISO 9000：2000 等，依照不同行业设立，但制定质量管理手册、程序文件和作业指导书等三个通用文件是其核心。其中 ISO 9001 标准的用途是：当合同要求进行设计，并对产品性能要求有原则规定或有待制定，只有当供货方充分证实了其设计、开发、安装和服务的能力时，才能相信产品符

---

① Car Heyel edited：The Encyclopedia Of Management. Van Nostrand Erinhold Company, New York, Cincinnati, Toronto, London, Melbourne, 1982, pp. 1335 – 1337.

② 世界银行：《1998 ~ 1999 年世界发展报告：知识与发展》，中国财政经济出版社 1999 年版，第 28 页。在该报告中，首次将 ISO 9000 系列归为全球知识体系的一种。这种知识体系是质量标志，目的在于提高生产率。

合规定的要求时，应要求供货方按 ISO 9001 提供质量保障。该质量体系得到国际社会的普遍承认与尊重。因而，只要企业通过考核达到 ISO 9000 质量体系并严格按照这一体系的要求去做，其产品质量就是可靠的，其服务就是值得信赖的。进入 21 世纪，ISO 9000 出了新版 ISO 9001：2000。新版将老版的问题进行了较大程度的改进，标准结构由"要素模式"转化为"过程模式"，增加了有关顾客满意的要求，进一步消除制造业特色而适应服务业需要，大大减少程序文件数量，鼓励组织运用过程方法建立和实施质量管理体系，兼容 ISO 9000 各版内容，确立八项质量管理原则以便统一管理理念等。[①]

ISO 9000 质量体系认证代表着规范化管理的方向，迅速从工商业领域推广到其他领域。在用企业精神、市场原则改革政府组织的新公共管理理念影响下，规范化管理的思想以及成功经验也开始推广到公共管理领域，国外许多公共机构如医院、学校、非营利组织和政府组织也开始推行规范化管理。在我国，2000 年 9 月深圳市国税局蛇口分局通过了 ISO 9001：2000 税收质量管理体系认证。以后河北省地税局也开始学习深圳的经验，在基层机构进行 ISO 9001 体系试点建设。

综合起来，规范化管理的特点就是程序性管理、标准化管理、质量控制，其根本目的就是提高管理效率。

二、政府组织规范化管理含义

应当说，在政府组织内部推行规范化管理还是一件新鲜事物。尽管在实践中已经取得一些好的经验，但是理论上的探讨还不够充分。

[①] 刘宗斌编著：《国际认证标准管理体系文件简约化——ISO 9001：2000 过程模式质量管理体系，质量/环境/职业健康安全一体化管理体系》，清华大学出版社 2003 年版，第 9 页。

因此有必要对政府组织推行规范化管理的含义及其相关理论问题进行深入讨论。

规范化管理是对政府行为的一种约束或自律。政府作为一种社会组织的显著特质，诚如美国学者斯蒂格利茨所说："第一，政府是一对全体社会成员具有普遍性的组织；第二，政府拥有其他经济组织所不具备的强制力。"[①] 这两个特性，决定政府行动必须受到约束。约束的形式多种多样，法律和社会舆论是对政府的外在约束，或政府他律，而规范化管理则是政府的自身约束，或政府自律。推行政府规范化管理能够有助于消除政府失灵。

20世纪90年代，西方国家开始将工商组织的质量管理理念引入公共机构，提出企业化政府模式概念，借以推动政府治理方式的转变。[②] 政府作为公共服务的提供方，要按照工商管理的原则和理念，向作为公共服务的需求方社会公众提供高质量的服务。于是依据市场标准而不是行政标准的政府规范化管理应运而生。在20世纪80年代，我国曾经在政府管理中大力推行过目标管理（management by objective, MBO），即由上级部门按照管理任务完成情况来考核下级部门，下级部门以是否完成目标和任务为结果，而不关心管理效果和效率。实践证明，目标管理比起规范化管理有许多不足。由于目标管理强调终极结果，增加了政府自由裁量权，容易导致政府行为许多弊端，如行为短期化倾向，政府行为失范机会增加。而规范化管理强调的是过程结果，能够促使政府持续不断地改进管理质量与效率，因此规范化管理更符合政府组织的特性。目标管理不是最好的管理方式。

政府规范化管理就是办事要走程序。所谓规范化，就是政府按照事先的规定行动，这种规定实际上就是程序。简言之，政府办事走程

---

① 斯蒂格利茨：《政府为什么干预经济》，中国物资出版社1998年版，第45页。
② 戴维·奥斯本、特德·盖布勒著，上海市政协编译组、东方编译所编译：《改革政府：企业精神如何改革着公营部门》，上海译文出版社1996年版。

序，就是规范化管理。政府组织本身就是依照程序建立和运行的，但是由于法制不健全和信息不对称，政府组织并没有完全按照程序办事，主观随意性、长官意志以及以职谋私等现象大量存在，以致出现许多不规范行为，严重的还走向犯罪行为。严格按照程序办事，就可以大量减少这种不规范行为和犯罪行为，最终提高政府服务社会公众的质量与效率。推行政府规范化管理的目的，就是要增强政府的管理效率和提高管理质量。应当将这个目的作为统帅政府规范化管理工作的最终目的，不能为规范而规范，以致走向规范化管理的消极面，搞形式主义。

规范化管理要有制度和考核标准。规范化是一个制度建立和强化考核标准的过程。一般来说，制度建立的依据是法规和惯例。法规比较明确，也容易执行。在建立具体的规章制度过程中，要特别注意不要与现行党和国家的有关法规条文相冲突。而惯例是一个只可意会，不可言传的东西，而且从行为结果上看具有利弊双重性特点。过去在没有规范化管理要求的时候，实际工作也按照许多工作惯例来运作，并取得成效。因此，政府规范化管理应力求将惯例趋利避害，将好的惯例转化成制度安排，将不好的惯例通过制度安排革除。有了制度，还需要对制度执行的情况进行考核，为此就需要设立独立的考核标准以及考核机构。首先，标准应是指标化、量化和可操作。而且标准起着导向的作用，需要花大力气来设计一套标准体系。ISO 9000 引入公共组织，就是一种标准体系的建立。除 ISO 9000 以外，还可以根据各个机构的实际情况设立其他标准化体系。其后，对运行情况需要有外在的独立机构对政府组织进行考核。政府同级组织或上下级组织之间由于形成了一定的利益共同体，比较难以做到考核的客观性和公正性，考核容易流于形式。目前在这方面的工作尚未真正制度化，任重道远。

三、政府组织规范化管理的难点及解决

全面推行政府组织的规范化管理也有一定难度。这与政府组织的自身特性和承担功能有关。政府是非生产性组织,非营利组织,因此在理解政府管理质量、管理效率方面与工商组织有许多不同,这直接影响政府规范化管理考核标准的设立。政府的行为绩效应当不同于工商组织绩效,不能以政府机构取得的收益当作考核标准,或则政府基层组织不能只是以完成上级交办的任务作为考核标准,而应以社会公众对政府服务的数量及质量的满意程度作为绩效考核标准。进一步说,由于政府面对的社会经济事务错综复杂,瞬息万变,因此不是所有的政府行为都能够走程序,实行规范化管理。实事求是地说,政府规范化管理不是万能的。

推行规范化管理在实践中会遇到两个突出的矛盾:第一,政府行为合法与合理悖论问题。要么政府行为合法但不合理,如事事都要按照程序办结果导致不合理行为的发生;要么政府行为合理但不合法,如为了便利服务对象的需求,省去烦琐的办事程序,结果违反了国家的有关法规。到底以哪种标尺来规范政府行为,没有统一意见,要通过实践来检验。一是依据现行法规来规范政府行为,如火车站内厕所收费,二是以改革精神来合理规范政府行为,如对娱乐、休闲场所服务人员征收个税。第二,工作讲求实际效率和办事遵从程序形式的矛盾。应当说,一个好的制度安排可以将效率与形式有机结合起来,有效的制度形式有助于管理效率的提高,但是在政府组织规范化管理过程中,由于不可能事事都予以提前考虑,特殊情况时时出现,需要具体情况灵活处理才能得到合理的结果。因此,刻板地遵循已有的制度规定,也不利于管理效率的提高。进一步说,制度是由人创造的,并

由人去遵守。而人是具有创新能力的，在规范化管理中也要给发挥人的主观能动性留出空间。21世纪的最新管理理念是以人为本，由于这种理念的传播，使得许多具有创新特性的工商企业开始推行弹性工作制以及创立学习型管理组织。作为侧重程序性管理的政府组织，当然不可能照搬这种弹性工作制，必须推行规范化管理。但是政府组织也会遇到如何处理效率与形式的矛盾，为此，需要上级关注来自基层的创新思维与创新做法，及时地将这些不符合惯例或已有规定的做法纳入制度创新中来。不能忘记，规范化管理的终极目的，还是提高政府组织的管理质量和服务效率。

建立政府组织的规范化管理，可以考虑有以下做法：

其一，建立具有可操作性和可检验性的制度。ISO 9000 是一个可供选择的制度，但是需要有相关条件的具备和落实。毕竟，按照ISO 9000 的要求，需要制定比较烦琐的质量管理手册、程序文件和作业指导书三个通用文件，许多政府机构还不具备制定这三类文件的条件。美国学者詹姆斯·Q. 威尔逊将政府组织机构分成四种类型：付出和成果二者都能观察得到的生产型机构；可以观察到付出但观察不到成果的程序型机构；可以观察到成果但观察不到付出的工艺型机构；付出和成果二者都观察不到的应付型机构。[①] 这实际上是以投入产出为标准来衡量的四种政府组织类型。我们把这个类型展开成表5-3。

显然，只有生产型和程序型的政府组织才具备条件实行规范化管理，对于其他类型的政府组织实施有效管理就需要寻找新的解决方案。一般来说，在我国，窗口服务性的政府机构可以参照服务业的ISO 9000体系进行规范化管理制度建设，政策制定和调控性的政府机构主要围绕决策的科学化和民主化建立相应的规范化管理制度。

---

① 詹姆斯·Q. 威尔逊著，孙艳等译：《美国官僚政治：政府机构的行为及其动因》，中国社会科学出版社1995年版，第195页。

表 5-3　　　　　　　政府组织投入产出的四种类型

类型标准		产出成果	
		可计量可见	不可计量不可见
投入付出	可计量可见	生产型组织：例如税务、海关	程序性组织：例如城市公交
	不可计量不可见	工艺性组织：例如政策咨询机构	应付性组织：例如协调机构

其二，细化制度，责任量化到人。政府组织都多多少少建立了管理制度，但是缺乏实施细则，就使得既有制度不能落实。实际部门的经验比较看重领导的重视，以为抓落实就是领导重视，组织到位，实际上制度细化和责任量化到人也能起到落实的作用。为了将制度细化和责任量化到人，需要有一套关于考核政府组织管理绩效的指标体系。但目前国内对政府组织的管理绩效及相关指标体系的研究还比较粗糙和不具体，今后这应是政府组织理论研究需要突破的难题。

其三，尽快建立独立的政府业绩考核机构。对政府组织行为是否规范，从根本上讲不能由政府组织自身说了算，而应当由政府提供服务的受益方社会各界来评价。目前我国政府组织规范化管理及其考评主要是来自政府自身的努力，这是适应新的社会经济环境政府作出的积极努力，值得高度评价。但是从长远看，对政府行为的规范化约束应当是两个方面的共同努力：政府自律和社会他律。实现社会他律的一个重要途径就是建立相对独立的政府业绩考核机构

其四，强化政府信息的透明度。政府规范化管理固然是政府内部的事情，但是由于与服务的对象社会公众有直接联系，因此需要将政府规范化管理的相关信息向社会公众公开，让社会公众了解政府相关服务的质量要求和标准，这样从外部增加了一条对政府规范化管理的督促和检查渠道。实际上，政府规范化管理的最终受益者是社会公众，让这些受益者了解政府规范化管理制定规定，会更加有利于政府行为的规范化。

其五，提高政府管理人员的个人修养与管理素质。制度再好，也需要人去执行。因此，政府管理人员的个人修养和管理素质对完成规范化管理有重要意义。搞 ISO 9000，首先需要人人掌握相关规定和知识，通过学习而获得更多的知识，提高管理的自觉性。

其六，加快电子政务的建设。利用计算机网络技术来推进政府规范化管理，是适应社会经济发展的潮流。未来我国经济社会将加快信息化进程，信息化本身就需要有规范化的信息输入与输出，同时基于互联网平台构建的电子政府可以满足政府改革的多种目的和要求。因此，把电子政务纳入政府组织规范化管理的构成要素是顺理成章的事情，应当从这个角度审视政府组织规范化管理工作，对电子政务给予充分的重视，加快建设进程。

附件：

政府经济管理者素质与行为调查问卷（1995 年）

为深入了解我国政府经济管理行为，特制定本问卷。问卷共分二部分，每部分的问题形式及内容均有所不同，请按照要求如实回答。如果您对本次调查的结果感兴趣，我们将根据您提供的通信地址将调查分析报告寄给您。谢谢合作！

姓名_____通信地址_____邮编_____。

第一部分：请在适合您的情况前面括号内画"√"或按要求填写有关数字。

101　您的性别是（　　）男；（　　）女。

102　您的年龄是（　　）岁。

103　您所在单位属（　　）中央级；（　　）省市区级；

（　　）地市级；（　　）区县级。

104　您的学历是（　　）大专以下；（　　）大专；（　　）大学本科；（　　）研究生。

105　您所获得的最后学历文凭属于（　　）理科类；（　　）财经类；（　　）工科类；（　　）文史类；（　　）其他。（大专以下者可不回答）

106　您现在的职务是（　　）科级以下；（　　）科级；（　　）处级；（　　）处级以上。

107　您直接办公的部门属于（　　）全面综合；（　　）基建投资；（　　）财金；（　　）劳动工资；（　　）物价；（　　）商贸；（　　）工交；（　　）农业；（　　）文教；（　　）其他（请注明）。

108　您的全部工龄已经满（　　）年。

109　您在直接办公的部门的时间已经有（　　）年。

第二部分：请在您认为对的答案后括号内画"√"，除专门注明外，每题只能有一个选择。

201　您是否知道单位里存在领导或熟人要求帮助安排计划外项目，并且安排成了的事情？

不知道（　　）；知道，但是听别人讲的（　　）；知道，并且是亲身经历的（　　）。

202　您觉得这类事情

不合理，应当消除（　　）；不合理，但消除不了（　　）；合理，没必要消除（　　）。

203　您认为发生这类事情的原因是（可以多选，可以写上自己的看法）

管理制度不健全（　　）；政策上没有规定不让做（　　）；权大于法，人情难违（　　）；其他（自填）＿＿＿＿＿＿

204 如果您遇到这类事情,就会

拒绝( );找个理由拖下来再说( );根据条件予以满足( );立即照要求办( )。

205 您认为向上瞒报或虚报材料和数字这种现象

非常普遍( );普遍( );有一些,但不普遍( );是极个别的( )。

206 您认为产生这类现象的主要原因是

下面利益自我保护动机( );上面向下施加压力,迫使下面迎和上面的意图( );干部业务素质低( );其他(自填)_____。

207 您认为上面向下布置各种达标任务与瞒报和虚报的现象

没有因果关系( );有因果关系( );说不清楚( )。

208 如果要求您向上汇报材料和数字,您一定会

完全如实汇报( );汇报上面感兴趣的东西,多余的不汇报( );其他(自填)_____。

209 如果上面对下面的要求一律采取"一刀切"的做法,您认为

合理( );不合理,但避免不了( );不合理,可以避免( )。

210 如何避免工作中"一刀切"的做法(自填)_____。

第六章 政府经济管理的绩效

无论是政府经济管理者个人的行为，还是政府经济管理组织的行为，其合理性与否，最终要通过政府经济管理的绩效来体现。从一般意义上说，判断一个人或一个组织的行为好坏，不能只看其行为的主观意图，更要考虑行为所产生的结果。只有通过对其行为表现即绩效的考评，才能得出最后的结论。为此，许多学科都在积极探索如何评价政府行为绩效的理论与方法，并在近20年内取得了一些成果。尤其是在评估具体的政府项目上，都开发了具体的绩效评估办法。然而这些成果多数停留在政府微观行为绩效层面，具体到对一个机构和岗位的绩效考评。至于对政府宏观行为的绩效考评，进展并不太大。20年前笔者就提出了对政府经济管理行为的绩效评价问题，过去20年，这个问题依然值得研究。这样，本章的命题依然具有探索性质。实际上，政府经济管理行为的绩效评估研究永远不会过时，会随时产生出新的问题，需要理论进行跟踪研究。

需要说明的是，在具体使用资料对政府经济管理行为绩效进行定量实证分析时，政府概念的外延有所扩大，与前面各章的口径略有差异。这主要是由于现有的统计资料只能笼统地提供了有关政府的信息。但是经过分析，笔者相信，在总体上本章还是可以说明有关政府经济管理行为问题的。

第六章 政府经济管理的绩效

第一节 政府经济管理绩效概念

绩效一词,源于英文的 performance,意思是"完成,行为,功绩"等。[①] 该词用在社会经济管理活动方面,其意是指社会经济管理活动的结果及其成效。一般来说,活动绩效包括两方面的内容:第一,本身管理经营的效益;第二,管理目标的实现状况。

所谓政府经济管理的绩效,就是指政府在经济管理活动中的结果及其成效。显然,研究政府经济管理的绩效有着非常重要的意义:第一,通过研究政府管理绩效,可以客观地判断政府经济管理是否成功。第二,提供政府今后行动努力的方向。绩效有多个方面,每个方面的重要性取决于社会的价值取向以及公众的社会偏好。如果限定了某一个或某几个方面的绩效,事实上也就规定着今后政府经济管理的行为目标。第三,通过政府经济管理绩效的研究,还要解决政府自我运行的成本效益问题。作为商品经济中的一个社会特殊组织,政府在一定程度上也遵循商品经济的一般法则即价值规律,形成政府行为的投入产出比率效果。通过对政府行为投入产出比分析,可以进一步解释政府作为公共服务性的社会组织所具有的区别于一般经济组织的特殊性。

一般来说,政府经济管理行为的绩效要考虑三方面的内容:

第一,政府经济管理按照社会所要求的管理目标实现状况。

社会公众之所以需要政府这样的社会组织,是因为通过有组织的政府行动认真而有效地履行社会义务和责任,保护社会成员的共同利益,实现社会经济目标。在一个国家之中存在的组织很多,但只有政

[①] 《大英汉词典》,外语教学与研究出版社 1992 年版,第 1156 页。

府组织具有承担社会义务与责任的可能性与现实性，同时也易于为各方面的利益组织或集团所接受。斯蒂格利茨就把政府视作为具有强制性和普遍性的社会组织。当然，要成为这样的社会组织，前提必须是：政府组织是合法产生出来的，政府组织的成员是合乎角色要求的。政府组织完成社会所给予的责任、义务和使命究竟如何，集中体现在政府实现社会经济的目标状况方面。这首先是判断一个政府行为绩效的重要尺度。

在政府的经济管理方面，衡量其行为的绩效，首先也是政府是否履行了社会所给予它的经济使命和经济义务。具体来说，就是在一定时期内，政府经济管理行为是否实现了由社会要求它实现的经济管理目标。

第二，政府经济管理部门为社会经济活动提供的服务数量和质量。

这一点与上一点有密切关系。因为政府经济管理对社会承担的责任与义务，不能仅仅停留在道义上，尽管首先必须要有道义上的承诺，即公开宣布它所要实现并为之奋斗的经济发展和管理目标，并且在有些方面按照政府经济管理的现有能力暂时还只能是注重道义上的承诺。要履行政府经济管理在可能范围内的责任与义务，实现社会所给予的经济目标，必须有赖于政府经济管理部门采取的具体行动。没有这些具体行动，政府对社会所承诺的经济责任和经济义务就会落空。这些具体行动，如由政府投资部门直接投资兴建工厂和公共设施，由政府财政和金融部门向社会经济活动提供法定工具（货币、债券、担保）和服务，根据社会多数人的愿望和要求，由政府经济管理部门颁布和实施的维护经济秩序的法令法规等，都有数量与质量的含义。在数量上，要尽量满足社会对政府经济管理服务规模的需要，在质量上，要尽可能提供优质服务水平，具有高效率的办事能力。

作为社会主义经济制度中的政府，它所提供的全部经济管理服务可以分为三个方面：第一，政府作为经济活动的直接参与者，直接向社会提供一部分与社会其他组织在形式上相似的经济服务，比如由政府直接投资兴建的工厂，与私人组织投资兴建的工厂，在形式上是一样或相似的，其区别只在于投资目的或经营方式不同。前者的目的不纯粹是为了盈利，而后者的主要目的是盈利。第二，政府作为经济活动的秩序维护者，向社会上所有参与经济活动的个人和组织确立竞赛规则。这种规则建立在多数人和组织同意并愿意遵守的基础上，如果其中个别人或组织不遵守，将由政府经济管理部门或政府经济管理者进行行政的或司法的制裁。第三，对大中型国有骨干企业进行直接管理。尽管理论上仍有争议，但是依据国家所有权利，国有企业不可能像非国有企业那样完全脱离国家的管理，国家总是要通过一定的组织形式体现所有权利。目前只能是通过政府对国有企业履行具体的国家管理职责。因此，政府仍旧具有管理国有企业尤其是大中型国有企业的职责。管理也是服务，这种以服务为主的政府经济管理是不同于计划经济时代的以命令为主的管理方式的。从理论上说，政府所提供的经济服务管理，统一于政府对社会所承诺的责任、使命与义务，二者根本不对立、不矛盾。

第三，政府经济管理行为所占用和耗费的资源及其程度。

在商品经济条件下，政府作为社会当中的一个组织成员，其活动也要占用和消耗各种社会经济资源。只有占用和消耗这些社会经济资源，政府才能正常运转，才能向社会提供所需的各种管理服务，政府经济管理组织中的个人才能有物质条件和经济基础扮演好公仆角色。实际上，从经济学角度看，这就是政府行为的成本问题。

需要强调的是，在政府经济管理行为中，政府组织是否盈利不应当是衡量政府经济管理绩效的标准。因为政府部门不同于企业，政府不是生产性的，因此不以营利为目的。即使在政府经济管理过程中存在必要的收费项目，某些政府部门具有创收的条件，但所得收入也是为着维持正常的政府经济管理日常开支，以保本为原则。因此，衡量这类政府行为的管理成效应当是：是否以有效的管理方式管理和利用了所掌握的资源，如政府税费管理部门的征收是否有利于经济增长，税费的使用是否合理，没有浪费。

限于资料和技术难度，我们对上述三方面的政府经济管理绩效分析只能是初步的。尤其是第二方面的政府经济管理绩效问题，必须建立在对具体的政府经济管理项目和服务项目的详尽调查和分析上。为了深入分析，我们将政府经济管理的目标实现问题和成本问题作为主要分析的对象。而不再专门分析政府经济管理的服务问题。

第二节 政府经济管理的目标及其实现

一、政府经济管理目标的选择

从现实角度出发观察，政府经济管理的目标产生自两个方面：其一，产生自政府组织外部，即社会各个利益集团或有组织的社会成员对政府组织提出的要求或期望。这些要求与期望集中起来，通过国家权力机构或者通过有影响的民意代表机构传递给政府组织。这种目标可以叫作制度性目标。其二，产生在政府组织内部，政府为了完成自己确立的任务而给自己规定的目标。这种目标可以叫作管理性目标。

正如在第二章所指出的，由国家最高权力机关给政府组织所确立的目标，是制度目标，是通过法律形式加以确认的目标，政府经济管理行为以此为前提。换言之，这种目标是政府组织自身无法做出选择的。在中国社会主义制度下，制度目标体现在：保持社会经济稳定；

保护公有制经济以及其他合法经济的利益；维护社会公平和正义；发展社会生产力；改善和提高全体人民的物质文化生活水平，如此等。或如中共十八大以来所说的八项政府职能是："保持宏观经济稳定，加强和优化公共服务，保障公平竞争，加强市场监督，维护市场秩序，推动可持续发展，促进共同富裕，弥补市场失灵。"[①] 尽管对这些制度目标还有各种表述，但基本的内容都在其中。总之，政府经济管理的根本目标是由制度及其性质决定的，政府组织无任何权力更改，更不能不执行。不执行制度目标的政府，从理论上说已经属于违法政府，最终将会被制度矫正。从这里可以看到，决定一届政府性质的关键因素，是制度目标及其决定它的政治机制。

政府组织能够选择的经济管理目标，是为完成政府组织自己确立的任务而规定的管理目标。如政府财政目标、货币管理目标、物价控制目标，以及属于政府组织管辖范围内的有关问题目标。政府组织如何选择和实现它自己规定的经济管理目标，正是政府经济管理行为的表现。其目标选择的恰当与否，其目标实现的程度如何，正说明了政府经济管理的绩效。因此，反映政府经济管理绩效的第一个方面，也是十分重要的方面，就是政府经济管理目标的选择与实现问题。

尽管政府组织对其内部的经济管理目标具有较大的选择自由度，但是由于有第一层次目标的存在，使得这种选择自由度依然是有限的。政府组织的管理目标选择，受到制度目标的根本制约。政府经济管理行为不得不有所限制。因此，在世界范围内的实践中，可以看到这样的情况：尽管一届政府是由社会最优秀的管理人才组成的，但是并没有太大的作为；相反，尽管一届政府不是由社会最优秀的管理人才组成的，但反而有所作为。除了历史给予这些政府组织以不同的机遇条件外，就是制度目标的影响了。同时，制度目标与管理目标不是完全

---

① 中共中央文献研究室编：《习近平关于社会主义经济建设论述摘编》，中央文献出版社2017年版，第53页。

对立的目标，制度目标要通过管理目标去实现，管理目标是制度目标的具体化。

在中国这样的国情下，政府经济管理目标通常包括这样的内容：经济增长、物价稳定、推动科技进步、改善人民生活水平、保持国民经济重大比例平衡、实现充分就业、保持国际收支平衡，等等。此外，根据具体情况，还可以增减一些目标。

衡量政府经济管理目标实现与否的简单方法，是把政府组织宣布的管理目标计划值与实际值进行比较，并由此就可以得出基本结论和看法。但是，事情的复杂性在于：从选定某个政府经济管理目标到实现这个政府经济管理目标，是一个非常复杂的集体行为过程。在这个过程之中，存在许多不确定性因素。管理目标选定时的初始条件也与管理目标实施后的终极条件不完全相等。总结起来，就是影响或干扰政府经济管理目标实现的因素太多。人们根据各种情况可以给出一份排列有序的众多因素清单。但是按照政府经济管理行为过程，我们强调决策和实施两个阶段上的主要影响因素。

二、决策对目标有效性的影响

在决策阶段，影响政府经济管理目标的主要因素有：

1. 对实现目标所需信息的收集程度

这个因素的意义在于，信息量拥有的多少，决定着目标选择的明确程度。在信息量较小时，所选择的目标往往会简单而笼统，实现目标的方案也比较犹豫；反之，目标才比较详细和具体，实现目标的方案才比较坚定。用政府经济管理者自己的话说，就是只有情况明，才能决心大。

2. 关键性决策者的管理素质与风格

这对目标的选择是一个关键。因为目标本身是主观产物，是在经过了政府经济管理者对经济形势的感知、认知与判断之后，最后由关键性的决策人物作出的一个主观选择。在作出目标选择的前期阶段，由于众多政府经济管理者（包括非政府组织成员）的共同参与，其决策素质和风格可以互补。但是越到决策的最后阶段，决策参与者的个数在递减，剩下来的决策者成为目标选择的关键性人物。这些关键性人物或政府经济管理主要决策者的素质及其管理风格，就成为目标选择的关键性因素。

迄今为止，对政府经济管理目标选择的最后过程的研究，仍然是分析专家们涉猎不多的迷宫。在实行民主集中制管理原则的社会主义政府组织内部，尽管强调了重大决策的社会广泛参与性，但是最终还得有人来对决策负责，这就是通常所说的"拍板"。在决策技术日益科学化和标准化的条件下，上下决策的民主性和透明度有所增强。但是像政府经济管理这样高层次的决策，仍然不可能达到完全的民主化和透明。于是，这些关键性政府经济管理者的素质以及风格就对目标的选定带来影响。

3. 选择目标方法的科学性

目标的产生过程有一个方法问题。从管理技术上说，政府经济管理目标既可以凭高层领导人的个人智慧也可以利用专家调查法（德尔菲法）而选定；既可以采用传统决策工具也可以采用现代决策手段来选定。无论何种方法，都要同实际管理条件结合起来。科学的选择方法首先是与管理的任务与条件相适应的。在既定的条件之下，目标选择方法越科学，政府经济管理行为就越有效，越先进。

4. 所选目标的现实性

政府组织所确立的管理目标，必须是政府经济管理能够做到的。如果政府没有可能去影响目标所指明的社会经济活动，那么即使公开承诺了目标，事实上也是做不到的。一般情况下，具有健全理智的政府经济管理者会力图避免出现这种局面。但是这种局面的出现也不是不可能的。在西方社会，受全力争取政治竞选胜利动机的支配，新一届政府上台之前或之初，对社会都要作出各种公开正式承诺。由于承诺过多，兑现得少，因此政府在民众中的威信很快就降低了。美国总统选举就是一个比较典型的例子，通常竞选人在竞选期间要拼命投其选民所好，做出各种吸引人的竞选承诺。但是一旦选上总统，许多竞选承诺都因为各种因素牵制而无法履行。

作为社会主义制度下负责任的人民政府，不应当像西方某些政客那样，要谨慎对待目标的承诺。对办不到的事情，或勉强能办到的事情，轻易不能公开承诺。否则就会出现十分尴尬的局面，最终于己于社会都不利。

在传统计划经济体制中，社会主义国家的政府也同样存在着目标承诺过多过高的问题。从政府经济管理行为角度看，这是由于存在着政府经济管理者的自我管理角色过度强化的倾向。在缺乏足够的约束条件下，这种集体角色的过度强化会表现在政府组织追求雄心勃勃的发展目标上。高指标高速度成为那个时期政府经济计划的一个特色。其结果是众所周知的。在 20 世纪 50 年代"大跃进"时期，政府最高决策层十分轻率地把 1958 年产钢 1070 万吨目标对全世界宣布出来。就是按当时的生产能力和管理信息看，这也是一个相当高的指标。到 1957 年，我国的实际钢产量也只有 535 万吨。但既然已经对外宣布，就不得不去干这件十分勉强的事情，进行全民总动员，大炼钢铁。结果是劳民伤财，虽然完成了任务，但实际上有用的合格钢材只有 800

万吨。① 这是一个值得深刻汲取的历史教训。与此相对比，在中国开始第一个五年计划时期的时候，苏联政府经济管理部门建议计划不要打得太满，从政治上、舆论上、人民情绪上考虑，五年计划不仅要保证完成，而且一定要超额完成。当时中国政府经济管理部门提出计划期间工业年均增长速度为20%，而苏联方面提出14%～15%比较合适。② 从历史角度看，苏联政府的意见是有道理的。这是对政府经济管理具有长期指导意义的中肯意见，同样值得珍惜。为了克服政府经济管理者角色过度强化问题，有必要对政府组织产生的各项管理目标值经常有意识地压低。

三、实施对目标有效性的影响

在实施阶段，对政府经济管理目标有效性的影响来自以下方面：

1. 目标实现的手段数量

政府组织拥有多少实现目标的手段和工具，代表着政府组织对社会经济领域发生实际影响能力的大小。具体而言，政府组织有多种手段和工具可供选择与操作。按照通常的理解，实现目标的手段和工具分为行政性、经济性、法律性，或指令性、指导性，或计划性、政策性、道义性等。其中，对于政府经济管理行为来说，最具争议的是如何看待和使用行政手段问题。

一般来说，由政府组织采取的措施，都具有行政意义。因为，这

---

① 薄一波：《若干重大决策与事件的回顾》下卷，中共中央党校出版社1993年版，第691～709页。
② 薄一波：《若干重大决策与事件的回顾》上卷，中共中央党校出版社1993年版，第286～287页。

些措施都是通过政府的行政组织发出并操作的。即使是政府的货币当局所采用的地道经济手段和工具，也是行政性的。因此，主张缩小以致放弃政府经济管理的行政手段的论点，是一种十足地对政府组织运作的无知表现。在像中国这样的社会主义国家中，行政管理手段的必要性表现在：第一，没有行政控制的加强，就不能使头脑发热的经济行为主体约束自我行为。经验表明，在经济过热时，经济主体是最缺乏自我约束力的。要使经济主体行为恢复正常，就需要外在力量的强制干预。在过去体制下，国有企业经理的眼睛紧盯着主管部门。在今天体制下，即使经理的目光已经从主管部门移动到市场身上，但依然要遵从政府某种形式的行政干预。第二，没有行政控制，经济运行中出现的紧急情况就不可能被迅速处理。经济运行过程中出现某些危机，通常与通货膨胀、经济增长率过高、市场供求失衡、产业结构失调等有关。解决这些问题有多种手段选择，但是与大多数人们所想的事实相反，解决问题的首选方案应当是行政控制。与其他应付经济突发事件的手段相比，行政方案的优势是比较明显的：及时、迅速，见效显著，节省许多中间传递环节，应付突发事件的效率尤其不错。有一点是容易被人们忽略的：当经济运行秩序开始混乱时，首先需要的是通过强制性措施"净化"社会经济环境，使经济秩序基本上恢复正常。

当然，行政控制、干预或行政手段也存在着不足：官僚主义会导致适得其反的结果；"一刀切"的做法会殃及无辜。此外，深层次的、结构性的经济问题也无法通过行政手段妥善解决。因此，随着政府经济管理职能的逐步转换，行政手段的控制力度应当递减，更多地利用间接控制手段。但这些都不意味着放弃必要的行政控制手段。

在论及政府经济管理手段对实现目标的影响作用时，不得不提及西方宏经济政策理论中的所谓米德—丁伯根法则，也称固定目标法则（fixed target rule）。这个法则是从建立一个抽象的福利函数而引申来的。设一个国家的社会福利函数为 W，效用为 U，福利函数是有关效用的函数，模式为：

$$W = f(U_i), \ i = 1, 2, 3, \cdots, n$$

又设效用 U 是关于实现效用的手段 X 的极大值函数，模式为：

$$MaxU(X_j), \ j = 1, 2, 3, \cdots, n$$

因此，社会福利函数 W 实际是有关效用函数 U 与政策手段工具的最大化函数：

$$MaxW(U_i, X_j), \ i, j = 1, 2, 3, \cdots, n$$

因而，从数学角度看，W 是否有解，或者解是否唯一，就取决于效用目标和政策手段之间的数量依存关系。假定数学模式的边界条件一定，可以做如下解释：

设：N = 目标个数，R = 手段个数。

当 N = R 时，在最优的经济政策数学模式中只有唯一解。

当 N > R 时，在手段个数不变的条件下，目标解不能获得满足。因此，要么减少目标个数才能求解，要么引入更多的政策手段使其个数等于目标个数以获得唯一解，或者两者同时进行。

当 N < R 时，最优政策模式有无数个解。按照丁伯根的意见，只能选择一个可能使福利函数最大化的解。因此，要么假定手段个数不变，增加更多的目标个数；要么假定目标个数不变，通过手段的替代或挑选一组特定的手段来减少其他手段个数，从而达到使模式只有唯一最优解的目的。

据此，形成了米德—丁伯根固定目标法则：政策手段的个数至少不少于固定的政策目标的个数。[①] 对此，西方经济理论界提出了各种不同的意见，例如，有的对固定法则的假设作了修正，分别从变动的手段与固定的目标、变动的手段与变动的目标角度进行静态和动态的

---

① J. 丁伯根著，张幼文译：《经济政策：原理和设计》，商务印书馆 1988 年版，第 82~83 页。又参见 Wilfred L. David. "Political Economy of Economic Policy: The Quest for Human Betterment". Praeger, 1988, p. 29, pp. 62–63.

分析①。还有的对这个法则持根本否定的态度。②

一般来说，固定目标法则仅仅从数学的角度引申出目标与手段的形式化关系，而没有从实际经济管理的操作实践做出实证分析，因此是靠不住的。现实经济生活中，政府经济管理的目标与手段关系绝不拘泥于二者的数量对等，往往须视具体情况定夺。因此，固定目标法则不足为训。国内有的政策研究者盲目接受这个法则，认为我国宏观经济管理科学要选择这个法则作为理论基础，显然是十分荒谬的。但是，固定目标法则也说明：客观上，政府经济管理目标必须要有手段作支持，否则目标就不能实现，或不能全部实现。事实上，如果政府组织公开承诺了很多管理目标，但是手中却没有足够的手段去实施，这等于是政府向社会开了一张无法兑现的空头支票。

2. 目标与手段的层次划分

在政府经济管理实践中，除了目标与手段或工具在数量上需要配合而外，还需要在目标与手段之间划分一定的层次。用不同层次的手段去实现某一层次的目标，或者用某一层次的手段去实现不同层次的目标，与用同一层次手段去实现同一层次的目标，由此得到的绩效及其评价结论是大不相同的。这是由于，手段总是有局限的，而不是无条件或万能的，它只能在特定的范围之内实现特定的目标。对于超越了手段自身条件及其能力的目标，手段或工具是无能为力的。这点可以通过财政政策手段和货币政策手段对它们所要实现的目标关系来说明，可由图6–1展示。

---

① A. J. Preston and A. R. Pagan. "The Theory of Economic Policy: Statistics and Dynamics". Cambridge University Press, 1982.

② Wilfred L. David. "Political Economy of Economic Policy: The Quest for Human Betterment". Praeger, 1988, pp. 63–65.

```
第一层次： 目标  ┌→ 经济增长        物价稳定
                │                      ↑
         手段  │                      │
第二层次： 目标  └→ 财政平衡        货币发行
                   ↑    ↑              ↑
         手段      │    │              │
第三层次： 目标  ┌→ 支出  税收         利率
         手段  └ ─ ─ ─ ─ ─ ─ ─    ─ ─ ─ ─ ─
```

图 6-1 目标与手段关系的层次性

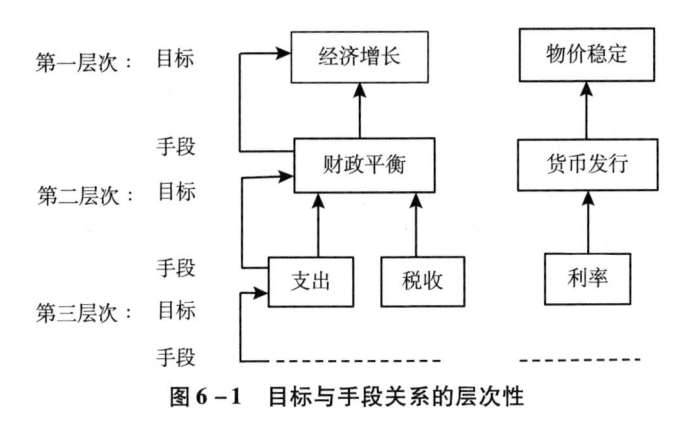

对于经济增长目标而言，财政只是一种手段；而财政本身的目标是保持收支平衡，于是预算支出和财政税收是实现财政平衡的重要手段；再往下，预算支出或者税收还会成为别的更加具体的管理工具所追求的目标。因此，就财政手段或工具而言，促进经济增长是首要目标，控制财政赤字是次要目标；在需要扩张型财政政策刺激经济增长情况下，财政赤字就成为工具。同样，对于物价稳定目标而言，控制货币发行和信贷总量毫无疑问是一种重要手段；而如何控制货币发行和信贷总量，又成为银行利率要达到的目标；再往下，如何调整利率又是别的更加具体的管理工具要实现的目标。

由此可以看出：高一层次的目标引导低一层次的目标，低一层次的目标同时又是高一层次目标实现的手段。二者的关系是：在不同层次上，目标与手段的关系可以是相互转换的；但是在同一层次上，目标与手段的关系是互斥的，既定的，绝不允许转换。如果企图将低一层次的目标升格，与高一层次目标并列，这势必会打乱层次关系，从而使整个政府经济管理秩序出现混乱。

改革开放以来，总体上我国宏观调控行动没有发生严重失误，从而保持了国民经济平稳和快速增长。但是在有关调控目标与手段关系处理上，也有一些历史教训值得吸取。例如，1989~1992年进行的第三次宏观调控，把实现经济增长、物价稳定同实现财政收支平衡和控制货币发行放在同一调整目标层次上，就犯了这种混淆调整目标与手段的层次关系的错误。调整开始时明确的经济调整目标有6个：降低通货膨胀率，扭转货币超经济发行，实现财政收支平衡，保持适度经济增长率，改善产业结构不合理状况，逐步建立合理的宏观调控体系。① 然而到调整中期，这种混淆目标与手段层次所导致结果就显得比较明显了：第一，为了实现高层次的目标，不得不牺牲低层次目标，即为了实现适度的经济增长目标，不得不放弃财政收支平衡，以至消灭不了财政赤字。第二，引起对调整效应的错误判断。因为把不同层次的目标放在同一层次上，而实际调整的结果又不能两者兼得，于是到底是以其中哪一个目标的实现作为评价调整效应的依据，就产生了认识上的不一致，引起不同的结论。各个政府经济管理部门采用对己有利的标准，来判断调整是否取得了成效。第三，目标与手段的关系没有理顺，也直接影响到正确地使用手段去实现目标。因为顾及不同层次的目标，本来可以采取大胆措施的调整行动，也不得不缩头缩脑，瞻前顾后。想兼顾上下关系本来也是一种符合实际的考虑，但是最终还是无法兼顾，这的确是一件管理中左右为难的事情。

3. 社会对实现目标与政府达成的共识以及协同

政府经济管理目标能否实现，仅仅依靠政府组织自身的努力是远远不够的，这还需要全体社会成员的共同努力。政府经济管理的目标与每个社会成员切身利益有或多或少、直接或间接的联系。并不是所有的社会组织和社会成员都理解并赞成政府经济管理的目标。因此，尽可能地与社会组织和成员取得谅解，达成共识，便是一个

---

① 刘瑞：《中国特色的宏观调控体系研究》，中国人民大学出版社2016年版，第13页。

不可忽视的因素。作为替代，政府组织也可以用法律赋予的权利和手段，在社会阻力比较大的时候，去强制推行它认为是正确的经济政策和实现它所选定的管理目标。但是，这样强制做的结果容易引发社会冲突，而社会冲突往往又是政府所不愿意看到的。因此，能否实现目标的关键是争取社会对政府选定的目标及其实现目标的手段的认可共识。必要时，政府组织方面作出妥协和让步，修正社会强烈不同意或反对的那部分目标。在多党制下，往往通过议会表决的形式认可政府经济管理目标；在一党制下，则是依靠党内民主和党外民主协商来化解目标冲突。总之，取得社会对政府经济管理目标的共识和协同是不能忽略的重要因素，尤其是在市场经济的条件下进行政府经济管理。

4. 目标实现的时滞

最后，对于政府经济管理目标的实现问题，还要考虑到：从管理手段、工具的操作到最终实现管理目标，需要经过若干个中间环节，这样必然会产生管理时滞问题，在制订政策和评价绩效时必须充分估计到这一点。至于具体的手段、工具与目标之间的时滞是多少，理论上不易回答，只能由经验来回答，即通过大量的实际观察与实际经济运行数据的计算分析，才能得出有关结论。同样的手段，在不同的时期、不同的体制约束条件以及针对不同的问题时使用，都会有不同的时滞表现。对政府经济管理绩效的评价要将此估计到，为此，不妨把宏观性的管理手段发挥效力的时间推算得相对长一些，而把微观性的管理手段发挥效力的时间推算得短一些，以避免犯常识性和判断性错误。

第三节　政府经济管理的资源占用与使用

一、方法论问题

前面已经指出，政府组织的经济管理绩效不能以政府组织活动是否盈利来衡量。社会需要政府组织，不是基于多一个与之竞争的商业对手或伙伴的想法，而是基于维护社会经济发展环境、条件及其公众的利益的愿望，在社会主义国家表现为维护公有经济根本利益的需要。由此，在传统计划经济时代，政府经济管理没有以营利为目的，进入社会主义市场经济时代，也不能以营利为目的。由根本制度以及制度目标对政府经济管理行为的约束，决定了政府经济管理的非营利性质。一句话，政府经济管理的目的，是使社会盈利，而不是使自己盈利。

然而，政府经济管理行为需要有资源为条件，需要借助物质手段开展管理活动，这必然需要占用和消耗社会经济的一部分资源。因此，对政府经济管理行为也要有类似成本核算的概念及其分析，目的是检验政府组织在实现经济管理目标和向社会提供必要服务的过程中，占用与消耗了多少社会经济资源。社会不仅需要一个有管理能力和效率的政府组织，同时也需要一个廉洁的政府组织。核算政府经济管理的资源占用与耗费，还可以帮助确定政府的效率与社会效益。

同时，政府组织作为非生产性组织，其经济管理行为是不增加经济价值及其社会物质财富的。因此，对政府经济管理活动的成本核算，又不宜完全采用传统的经济分析方法或衡量企业组织的成本与收益方法。因为：第一，政府经济管理的活动结果是社会受益，如果政府组织本身有所受益，也不能作为依据。第二，大量的政府经济管理活动绩效是非货币化的，而不能借助货币形式，核算政府经济管理活动成本并与政府绩效做比较就没有可比性。虽然国外学者已经发展起一些核算政府组织行为绩效的计量方法，[①] 但是目前还是有许多问题值得进一步研究。

假定政府通过耗费了一定的人、财、物实现了管理目标和提供了良好的管理服务，表现为通货膨胀得到了有效控制，国内生产总值有了更多的增加，人民生活水平得到了显著改善，国有企业的活力增强，等等，于是就认定政府的经济管理是生产性的，政府的资源耗费是有价值的。这种推论是不正确的。依据马克思主义的政治经济学说，政府是非生产性组织，政府成员的劳动具有非生产性特征，并不直接创造国民财富。因此，对于整个社会而言，政府占用和消费资源具有非生产性特点，它占用多少社会经济资源，也就意味着全社会将少用了多少社会经济资源。于是，就需要在社会生产活动与政府活动之间对社会经济资源的运用作出一定的选择和安排。总的原则是必须把政府所用社会经济资源尽量控制在合理的规模以内。所谓合理的规模，是指政府完成社会所给予它的责任和义务所必需的社会经济资源数量及其质量。一个腐败的政府固然不好，但如果一个十分廉洁的政府同时没能完成社会所给予它的责任与义务，它也并不是好的政府，因为这个政府并没有把应该发挥的职能和作用积极发挥出来。为了发挥政府职能，必要的资源占用和耗费总是应该的。这里可以给出一个均衡图解（见图 6-2）。

[①] 参见 R. E. 布朗、T. 加勒、C. 威廉斯：《政府绩效审计》，中国财政经济出版社 1992 年版。

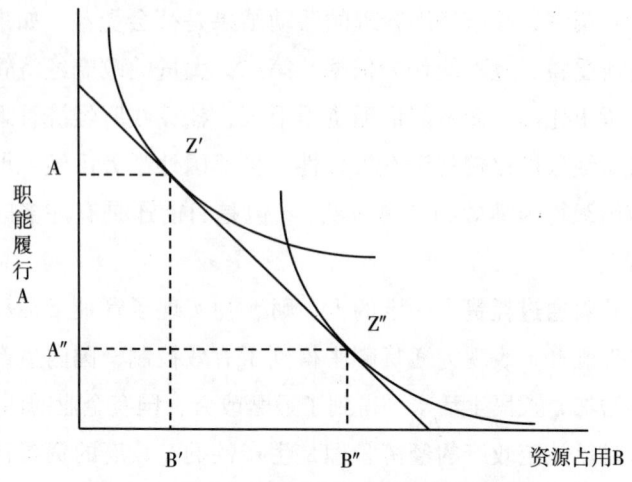

图 6-2　政府行为的资源占用和职能履行关系

在政府履行职责与占用资源之间，存在两种取向：以相对低的资源占用而较多地履行了职责，这种行为可以定义为高效的政府行为 Z'；而以相对高的资源占用而较少的履行了职责，这种行为可定义为低效的政府行为 Z''。社会自然趋向于 Z' 而不赞成 Z''，然而事实上政府行为是在两个极端中寻求平衡。不能既要马儿跑得快，又要马儿不吃草，世间上这样的政府还找不到。所以就政府在占用资源与履行职能方面而言，极有可能存在一个倒 U 曲线状态下的平衡点 Z，即最佳绩效的政府行为。在这个 Z 点状态下，占用资源过少则无法切实履行政府职能，占用资源过多则形成政府奢靡浪费，助长政府行为的贪腐现象发生。只是目前的研究还没有找到这个最佳绩效点。最佳绩效的政府行为假设见图 6-3。

因此，为了保持政府经济管理的正常运行，必要的资源占用与消耗是需要的，但必须是在完成任务的前提下尽量少的占用。具体来说，维持政府自身运转的经费开支，在政府部门就业的劳动力人数，政府活动所占用的土地和设备设施，都要在社会所能承受的限度内。

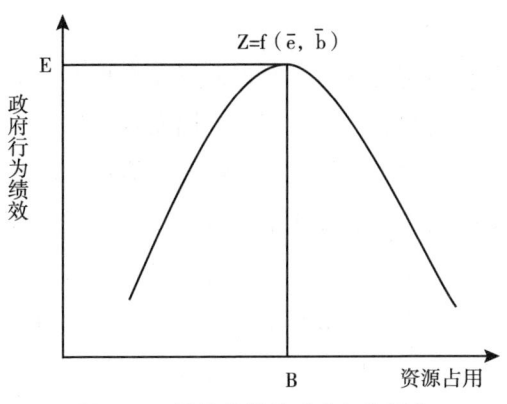

图 6-3 最佳绩效的政府行为假定

按照政府经济管理的不同层次，分析政府经济管理资源占用和使用绩效可以有两个思路：

其一，对于具体的政府微观活动，可以借鉴成本收益核算方法，对实行相对独立核算的政府基层组织和以商业形式进行管理的政府投资项目进行内部的成本核算。由于这类基层组织和项目管理直接发生与社会其他组织或成员的交换关系，有取得正当收益的条件与途径，因此具有进行成本核算的可能性。这类组织如商品检验、道路公路管理与养护、由政府独资兴办的工程、具有经营性质的政府福利、养老残疾基金，等等。这种分析可以叫作政府微观经济管理行为的成本收益分析。此种核算方法可以在已有的微观政府组织财务会计和统计基础上进行。如某个政府组织的内部日常经费收入和开支状况，人员数，平均人员工作工时，平均工资以及事项交办率，某个公共项目的直接投资与直接收益等，都可以在一定程度上反映出该组织的管理效率。由于我国长期以来普遍实行政企不分的体制，使得进入市场经济后仍有相当一批挂着政府组织招牌的经营性组织，所以更有必要对其进行成本核算。要逐步理顺体制关系，对假政府真企业，假事业单位真企业组织进行清理，使其复位。然后按照不同的管理要求，进行资源占用与使用的核算和分析。

其二，对于政府宏观活动，不宜采用成本收益分析方法，最好是采用有关经济指标对政府行为的资源占用及其使用情况加以分析。这是因为，一方面，政府经济管理的宏观行为绩效，难以用准确的成本概念去评价；另一方面，正如前面指出的，由于存在管理时滞现象，其宏观行为的绩效，在短时期内不宜看清楚。我们在此虽然使用了管理成本的概念，但并不坚持用财务计算的方式来精确计算这种管理成本。因为在实质上说，政府经济管理的宏观行为绩效，与社会效益相类似，主要是一个分析工具或分析范畴，用它说明一种基本事实。可惜，在中国经济改革过程中，成本的概念被发挥到无边际的程度。谈到什么改革措施，都会被人提到一个改革成本问题。如果说政府行为也有成本问题的话，那除了从一个具体的政府组织的投入产出角度观察与核算外，主要还是从定性角度去理解，因此不宜乱加引申。合理的做法是通过对其行为目标的实现情况，加上必要的数量分析，来得出有关政府经济管理成本以及宏观行为绩效评价结论。

二、指标选择问题

从宏观角度探讨政府行为的资源占用及消耗问题，首先涉及评价的指标问题。由于政府经济管理行为研究成果的不足，使得评价政府行为绩效的指标研究一直是探讨性的。本章所提出的概念和指标也具有探索性质。在建立衡量政府经济管理行为绩效指标体系之前，有一点要说明：由于技术资料方面的原因，完全属于政府经济管理的统计数据和资料实际上还没有专门列出。这就被迫使得分析迁就资料数据，在计算和解释有关数据时，实际上把政府的经济管理方面与非经济管理方面不加区分。

从宏观角度考察政府组织占用和消耗社会经济的资源，无非是这样几个方面：

第一，人才占用。通过各种人才选拔机制，政府组织集中了社会中比较优秀的人才。与社会的平均水平相比较而言，在政府组织中担负工作的人员，无论职务高低，其素质都是较高的。前面第三章的分析对此已有说明。政府官员是社会中的佼佼者，这同时又意味着，在人才总量结构不变的前提下，社会其他组织部门相对地缺少了这批优秀人才。在特定时间内，对于社会优秀人才资源，政府组织与非政府组织处于竞争状态。一方面，政府组织需要保持一定数量和质量的人力资源，尤其是在政府行为对社会经济发展起主导作用的条件下，这样做对社会有利。但是另一方面，非政府组织同样也需要高素质的人力资源。尤其是，政府组织行为终究是一种非生产性的，如果社会的优秀人才都被政府组织占用，这对于大力发展生产性企业组织是极为不利的。从根本上说，对未来的国民经济财富增加也是不利的。因此，政府组织不能过多地占用人力资源，必须使其人员数量保持在社会承受得了的范围之内。

我们可以用一定时间下的官民比例来表示这种数量对比关系。设政府官员人数为 G，人口总数为 P，减去官员人数即为平民数。官民比例公式为：

$$r = G \div P \times 1000 \qquad (6-1)$$

限于我国统计中没有专门的官员人数数据，只能用近似的官方统计指标国家机关、党政机关和社会团体人数来代替。这个指标在中国具有广义性质。我国国家机关包括各级国家权力机关、行政机关、司法机关以及军事机关，是广义的政府组织。社会团体是除了企业组织和事业组织之外的组织，属于狭义的非政府组织，其中既有依靠政府财政预算维持运作的，也有依靠自我创收和社会捐赠维持运作的组织。此外作为执政党组织中国共产党的领导机关专职人员也属于国家机关工作人员。国外公务员中包含了用国家财政经费支持的公立教育机构的教师，但是我国所有的公立及民办教育机构均纳入事业单位编制，其教师的经费并不完全由政府承担，即使义务制教育机构的教师也有部分经费来源自社会。所以无法取得与国外一致口径的公务员数据。实质上，所谓官民比，是一个国家中，社会经济管理者与被管理者、服务者与被服务者、被供养者与供养者之间的复杂比较关系。认为凡是"吃皇粮"的均为官其实是一种片面的理解，军队是"吃皇粮"的，但并不是社会经济管理者，而是用来对外防御、保家卫国的。因此，关于官民比的定义仍然需要进一步讨论，需要分别从经济费用负担、社会功能定位等方面去定义和统计。

2016年国家人力资源和社会保障部首次公布了我国官方统计口径的公务员人数，2015年底总计716.7万。这与当年的国家机关、党政机关、社会团体统计数据1624.4万人相去甚远，官方认可的法定公务员只占服务于广义上的社会经济管理、服务、被供养人数的44%。为了分析的连续性和尽量靠拢官员的一般属性，我们的计算数据还是采用已经形成完整时间序列的指标。有关这个指标的解释在第八章对比中韩官民比例变化时再进行详细的技术讨论。

第二，物力和财力的占用。政府组织所占用的建筑物及设施、使用的物品、投资建设的项目等，都属于政府组织对社会经济资源的物力占用。但是由于这些物力都是按物理单位计量，无法汇总，所以把物力通过货币形式转化成财力，是进行核算的一般办法。只是要注意，从财力角度衡量的物力主要是物力的增量部分，物力的存量部分通过非生产固定资产表现。由于用绝对量往往不能表示出政府占用社会物力或财力资源的程度，因此需要用到相对量指标。可以用政府支配资源程度指标来表示，完整的指标应包括政府财政收入加上政府使用的非生产性固定资产量，与国家一年的财富增值总量（如国民收入、国民生产总值）加上社会固定资产总量相比较。由于缺少能够替代政府使用的固定资产量的统计数据,暂时只能用财政收入与经济总量相比来表示政府支配资源的程度。

设政府财政收入为 GR,国民收入为 NI,国内生产总值为 GDP,政府支配资源程度为:

$$z = GR \div NI (或 GDP) \times 100\% \qquad (6-2)$$

第三,政府组织维持运行的开支。政府组织通过各种形式占用了财力资源后,一般又分两个基本用途:一部分用于社会经济活动,用从社会中征集来的财力重新返还给社会;另一部分用于政府组织自身需要,给政府组织成员劳动报酬、添置办公用具等。返还社会的部分,实际是再分配资源,只是通过政府这个渠道多绕了一个弯,它在实质上是不属于政府组织自我消耗的。只有政府自用部分,才是真正归政府组织自我消耗的社会经济资源。显然,对于前者,不应当特别加以限制,对于后者,则需要加以限制,使其保持在一定范围之内。这样可以产生政府自用资源率指标:

设政府财政总支出为 GE,政府自我管理费用支出(用统计数据行政管理支出项代表)为 E,政府自用资源率公式为:

$$g = E \div GE \times 100\% \qquad (6-3)$$

第四,资源占用和使用的综合性问题。上述三类指标只是分别从人力资源占用、物力或财力资源占用,以及政府自用资源角度进行了设计。然而需要从总体上对政府占用和使用资源作出综合评价,进一步说,这种占用和使用究竟给国民经济带来什么结果。于是,需要设立这样的指标:

一是政府管理效率,即由于政府管理行为的发生带来的国民经济积极变化程度。我们用政府自我财政管理支出 E 代表政府管理行为发生量,用当年经济总量(国民收入或国内生产总值)代表国民经济积极变化,就得出政府管理效率公式:

$$x = NI (或 GDP) \div E \qquad (6-4)$$

x值的变化与国民经济总量成正比,与政府自我财政管理支出成反比。当政府自我财政管理支出一定时,国民经济总量的变大使得x值变大,或者国民经济总量的变小使得x值变小。这个指标含有一个假定,就是假定国民经济总量的变化与政府活动总量的变化是有关系的,政府管理行为对国民经济活动有影响。经验告诉人们,在社会主义国家以及部分资本主义国家中存在这种联系。因此,该指标对这些国家适用。

二是政府支配资源与自用资源的合理程度,假定政府支配资源和自用资源都需要在国民经济发展的基础上保持各自一定数量,那么可以通过设立一个综合评价指标,以这个指标来衡量政府支配资源与自用资源的合理性。设综合评价指数为j,根据公式(6-2)和公式(6-3),得到公式(6-5):

$$j = z \div g \quad (6-5)$$

上述指标只是对评价政府管理绩效的初步探索。其中最大的不足,是没有将非政府组织行为与政府组织行为对国民经济的数量影响分离开来计量,使用的数学工具也是简单的。这是需要今后进一步深入探讨的题目,同时也需要有符合要求的统计资料做配合。

三、实证分析及评价

1. 人力资源占用:与世界比较偏低,但是官民比例趋上升态势

我国从1952~2017年的官民比例图示(见图6-4)表明,从20世纪50年代的有升有降,通过20世纪60年代和70年代中期的稳中偏降,进入改革开放时代之后官民比持续上升。我国政府组织占用的人力资源比例已经逐步提高。尽管所用的指标中还包括一部分非政府官员，但官民比例上升的趋势已不容置疑。政府组织成员总数应该在 1000 万人以上，平均每千人中有 7~8 名官员。

同时，图 6-4 还表明：改革以前官民比例呈下降趋势，改革以后官民比例呈上升趋势。在没有进行对传统经济管理体制进行改革以前，官民比例是比较低的，并且从新中国成立到 20 世纪 70 年代中期，基本是呈下降趋势，只有在 20 世纪 60 年代初的几年中官民比例有比较明显的提升。这是略带讽刺意味的历史事实，因为正是在传统计划经济体制时期，即人们视为政府经济管理作用最大的时期，政府工作人员是相对较少的。推而论之，在这个时期，依靠了相对少的政府官员或政府经济管理者，保持了截至改革开放之前的所有成绩与问题。而在转向市场经济体制之后，即政府经济管理作用逐步淡化的时期，反而出现了官僚化有所强化的现象。

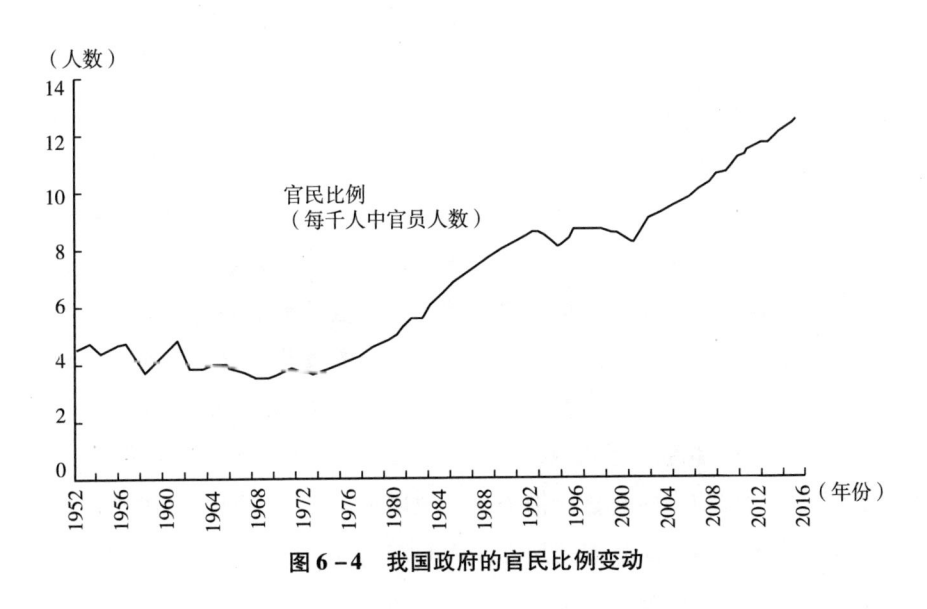

图 6-4 我国政府的官民比例变动

不过从国际角度比较看，我国的官民比例还是相当低的。根据一名日本专家的研究，到 1991 年，平均每千人中公务员人数，日本为 38 人，美国为 69 人，英国为 73 人，法国为 112 人。日本只是美国和英国的一半。"日本一直自诩为世界上最小的政府，如果同总人口相比，中国的公务员的数量更少，只是日本的 1/3。"① 根据这位日本专家的推算，中国大约是每千人中有 12 名政府官员。由于这位日本专家是采用 3500 万国家干部（包括了国有和集体所有的事业单位工作人员，如教师、运动员、教练等）的概念，所以剔出这部分人员之后，数字还会低。根据笔者的计算，我国官民比例在 20 世纪 90 年代是每千人有 8 名政府官员，到 21 世纪 10 年代上升到 12 人。相比之下，中国政府占用的人力资源相对说来是比较少的。

我国自改革开放以来官民比例的上升，既有合理的一面，也有不合理的一面。在计划经济时代，全社会基本上按照行政单位组织起来，政府经济管理主要通过直接下达命令给各级单位的形式实行。因此，尽管真正担任政府公务的人员不多，但各级社会组织单位的管理者事实上都在履行政府公务，承担政府授予的职责。中国实行的是举国体制，官民职能区分模糊。这是过去官民比例偏低而政府管理运行有效的主要解释理由，但这同时也带来政府与非政府之间、政府与企业之间边界模糊的弊端。向市场经济过渡后，政府人员数量增加的合理性主要表现在两个方面：一是政府管理功能复位而带来的人数增加。随着逐步推进政企分开、政社分开、政事分开的改革，政府与非政府的边界开始逐步明确化，许多应该由政府负责但长期由非政府组织承担的事情，现在都逐步还给政府组织，例如社会治安和社会保障工作。二是政府管理结构性调整而带来的人数增长。随着政府在维护市场秩序监督市场行为方面职能的加强，面对市场管理的政府经济管理者需求量急剧增加，这突出体现在商事、税务、统计、审计、海关、交通

---

① 《日刊评中国行政体制改革》，载于《参考消息》1995 年 6 月 14 日。

稽查、金融监管、通信服务、法律服务等机构和人数的膨胀。

但是，除了上述合理因素外，也有某些不合理因素助长了官民比例的上升。正如前面已经提到的，政府经济管理中的个人角色强化与组织对口原则相结合，促使非常设机构增加过多与政府经济管理者人数增加过多；在改革过程中对已不再适应新形势的政府部门迟迟不撤销或裁减，政府组织结构性调整严重滞后，等等。这些都使得官民比例降不下来，或者还有所提升。官多必扰民，这是人们从现实生活中容易感受到的事实。官多，必然增加工资开支和办公费用，也就意味着政府占用并自用社会经济资源的增加；官多，必然人浮于事，导致管理效率的降低；官多，必然无事生非，出去主动"找事情做"，滋扰民众。① 因此，尽管中国的官民比是世界上偏低的国家，但还是需要控制官员的人数，在优秀人才和数量够用的基础上，促使更多更优秀的人才进入社会经济领域，为社会经济发展与进步作出贡献。

2. 政府支配资源：支配能力持续降低，自用率略呈上升趋势

图 6-5 显示，在体制变革以前，政府支配资源的程度比较高，除个别年份外，政府支配资源的能力一直保持在 35% 上下。但是自 1979 年开始改革之后，政府支配的财力资源持续下降，一直持续到 20 世纪 90 年代中期得益于分税制改革，才将下降的趋势扭转过来。而与此同时，政府对资源的自我使用程度在改革开放之前一直比较稳定，但是在改革开放前 30 年呈上升趋势，到 21 世纪初政府自用资源比率才开始回归到改革开放时代之前的水平。

---

① 贝多：《官多比扰民》，载于《经济日报》1994 年 8 月 4 日。

(%)

图中:虚线 —— 政府自用资源比率　　实线 —— 政府支配资源比率

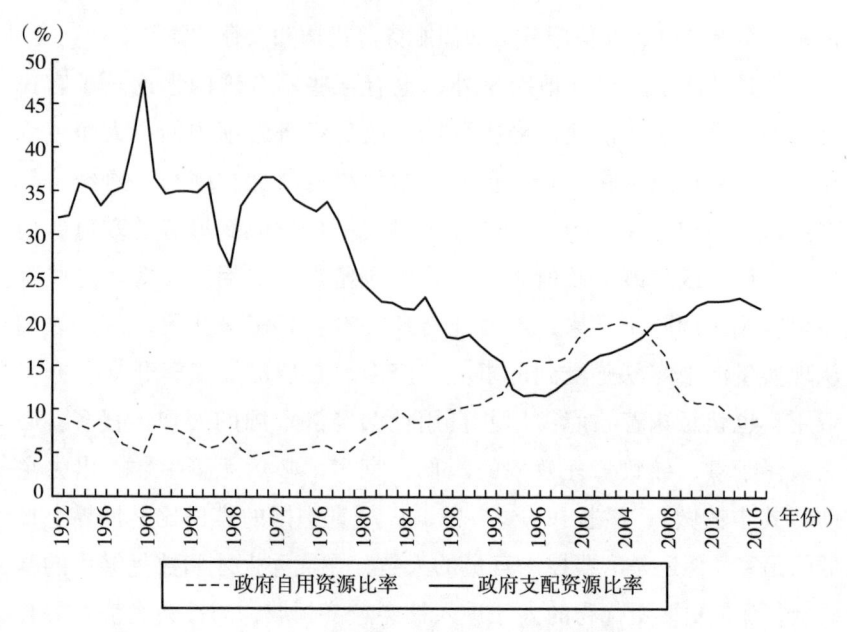

图6-5　我国政府支配资源和自用资源绩效

前面分析已经指出,政府组织属于非生产性社会组织,它应当尽可能地减少对社会有限资源的占用及其耗费。但是,为了正常发挥政府的作用,它占用与使用一部分可支配社会资源同样也是必要的,也是履行其职责的必要前提。于是,就需要在占用或使用的相对规模确立一个合理的界限。管理经验说明,不存在一个绝对合理的界限,合理界限只能来自不同时期与不同条件下的经验判断。例如,在我国计划经济时期,通常把政府财政收入占国民收入的35%视为合理标准。目前,对社会主义市场经济条件下政府可支配社会资源的相对数量应是多少还没有统一认识。如果参考国际社会的经验数据,也很难判断。因为各个市场经济国家的政府职能和作用范围有很大区别,其中在推行全面的社会福利政策的国家,如英国、西欧及斯堪的纳维亚半岛各国,其政府财政收入占经济总量的比例都比较高,通常在40%左右;

而在另一些不完全推行福利政策的国家，如美国、加拿大、日本等国，其政府财政收入占经济总量的比例都比较低，通常在20%上下。但是，有一点是可以肯定的：无论推行什么样的政府政策，政府可支配资源的相对数量应当长期稳定，稳定在适合目前政府职能发挥以及社会可承受的限度内。就此而论，政府可支配资源的相对比率持续上升固然不对，持续减少同样也有问题；政府在所支配的资源中自用部分比率持续上升固然不对，持续减少同样也不合理。结论应当是：政府支配资源的比率和政府自用资源的比率长期稳定在一个比率才是合理的。经验的数据显示：政府支配资源比率应在20%，政府自用资源比率应在8%。

3. 政府管理效率持续改进，但是大起大落不稳定

根据公式6-4计算了1952~2015年的中国政府管理效率，即政府行为的开展对国民经济总量产生的效率影响。计算结果见图6-6。从20世纪50年代的效率增长期，到20世纪60年代持续到90年代中

图6-6 中国政府的经济管理效率

期，中国政府的管理效率处于较高位置但不稳定阶段。这段历史告诉我们，即使在"文革"时期，中国政府依然保持了较高的管理效率。数据不能告诉隐藏在数据背后的原因，但是可以陈述基本的事实。但是进入20世纪90年代后期到21世纪初，中国政府的管理效率经历了一个下降、上升的U型，这表明这个阶段中国政府管理效率一度下滑得比较严重，在2008年国际金融危机之后，中国政府的管理效率才有所恢复和提升。

4. 综合评价：前高后低，大起大落，经历了一个U型变化，在向合理区间回归

根据设定，政府自我运行的结果能够带来整个国民经济的发展，这意味着政府宏观管理效率的提高。就综合评价指数而言，假定为了促进经济增长，政府支配资源与自用资源均保持一个合理的固定比例不变，这意味着政府从经济增长中获得等比例的资源量和自用资源量，综合评价指数应当稳定在某个数值上。如果允许支配资源与自用资源有一定的合理浮动数值区间，那么该数值也同样应当稳定在一个浮动区间内。该指标是一个无量纲指标，不说明绝对情况，只说明相对情况或比较情况。根据这个设定，对测算的实际结果就不能表示满意。

前面我们做了一个经验判断，政府支配资源的合理比率应在20%，而政府在所支配的资源中自用资源的合理比率应在8%，20%：8%，计算合理标准弹性系数为2.5，将各年度管理绩效弹性系数减去2.5为偏离系数。图6-7表明了从20世纪50年代到21世纪初中国政府总的绩效弹性变化以及围绕合理标准弹性系数2.5的上下波动。从中可以看出，（1）改革开放时代之前，中国政府的行为绩效大起大落，非常不稳定；行为绩效系数大大高于合理值，表明政府的强势行为。（2）改革开放之后，政府的综合绩效开始大大下降且一度低于合理标准值，到21世纪初之后才向合理标准值回归。这表明改革开放时代以来，政府的行为绩效调整也经历了一个大调整，先是朝着弱化方向发展且一度达到虚弱程度，以后才重新获得行为绩效改进和加强的调整，并倾向合理。(3) 总起来评价，中国政府行为绩效经历了一个从强势到弱化再倾向合理化的历史回归过程。

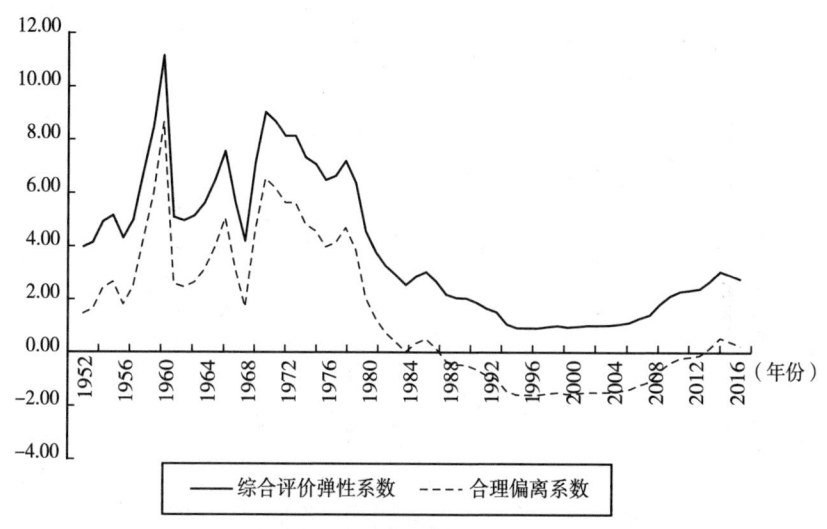

图 6-7 中国政府经济管理绩效的综合评价弹性系数

附录

中国政府占用与消耗资源情况汇总表

年份	人口总数（万人）(1) P	政府人数（万人）(2) G	官民比例（‰）(2)/(1) r	国民收入或GDP（亿元，当年价）(3) GDP	政府财政收入（亿元）(4) GR	政府财政支出（亿元）(5) GE	政府行政开支（亿元）(6) E	政府管理效率 (7) x	政府自用资源比率（%）(8) g	政府支配资源比率（%）(9) z	综合评价弹性系数 (10) j	合理偏离系数 (11)
1952	57482	258.5	4.5	589.0	183.7	176.0	14.5	40.51	8.3	31.2	3.78	1.275
1953	58796	274.4	4.7	709.0	222.9	220.1	17.5	40.44	8.0	31.4	3.95	1.447
1954	60266	261.6	4.3	748.0	262.4	246.3	18.3	40.96	7.4	35.1	4.73	2.232
1955	61465	283.6	4.6	788.0	272.0	269.3	18.7	42.07	7.0	34.5	4.96	2.463
1956	62828	294.3	4.7	882.0	287.4	305.7	24.2	36.51	7.9	32.6	4.12	1.623
1957	64653	278.9	4.3	908.0	310.2	304.2	21.7	41.88	7.1	34.2	4.79	2.294
1958	65994	246.7	3.7	1118.0	387.6	409.4	21.6	51.86	5.3	34.7	6.58	4.083
1959	67207	273.0	4.1	1222.0	487.1	552.9	26.6	45.91	4.8	39.9	8.28	5.779
1960	66207	295.4	4.5	1220.0	572.3	654.1	28.0	43.60	4.3	46.9	10.97	8.466
1961	65859	315.0	4.8	996.0	356.1	367.0	26.8	37.22	7.3	35.8	4.90	2.403
1962	67295	257.0	3.8	924.0	313.6	305.3	21.7	42.54	7.1	33.9	4.77	2.271

续表

年份	人口总数(万人)	政府人数(万人)	官民比例(‰)	国民收入或GDP(亿元,当年价)	政府财政收入(亿元)	政府财政支出(亿元)	政府行政开支(亿元)	政府管理效率	政府自用资源比率(%)	政府支配资源比率(%)	综合评价弹性系数	合理偏离系数
	(1)	(2)	(2)/(1)	(3)	(4)	(5)	(6)	(7)	(8)	(9)	(10)	(11)
	P	G	r	GDP	GR	GE	E	x	g	z	j	
1963	69172	267.7	3.9	1000.0	342.3	339.6	23.5	42.55	6.9	34.2	4.95	2.447
1964	70499	274.9	3.9	1166.0	399.5	399.0	25.2	46.32	6.3	34.3	5.43	2.931
1965	72538	287.0	4.0	1387.0	473.3	466.3	25.3	54.74	5.4	34.1	6.28	3.779
1966	74542	283.0	3.8	1586.0	558.7	541.6	25.9	61.24	4.8	35.2	7.37	4.866
1967	76368	278.0	3.6	1487.0	419.4	441.9	22.8	65.22	5.2	28.2	5.47	2.966
1968	78534	280.0	3.6	1415.0	361.3	359.8	22.9	61.76	6.4	25.5	4.01	1.510
1969	80571	291.0	3.6	1617.0	526.8	525.9	24.8	65.25	4.7	32.6	6.91	4.414
1970	82992	302.0	3.6	1926.0	662.9	649.4	25.3	76.22	3.9	34.4	8.85	6.345
1971	85229	326.9	3.8	2077.0	744.7	732.2	30.9	67.24	4.2	35.9	8.50	5.999
1972	87177	321.0	3.7	2136.0	766.6	766.4	34.6	61.68	4.5	35.9	7.94	5.443
1973	89211	323.8	3.6	2318.0	809.7	809.3	35.6	65.15	4.4	34.9	7.95	5.445
1974	90859	341.1	3.8	2348.0	783.1	790.8	36.9	63.60	4.7	33.4	7.14	4.644

续表

年份	人口总数（万人）(1) P	政府人数（万人）(2) G	官民比例（‰）(2)/(1) r	国民收入或GDP（亿元，当年价）(3) GDP	政府财政收入（亿元）(4) GR	政府财政支出（亿元）(5) GE	政府行政开支（亿元）(6) E	政府管理效率 (7) x	政府自用资源比率（%）(8) g	政府支配资源比率（%）(9) z	综合评价弹性系数 (10) j	合理偏离系数 (11)
1975	92420	357.6	3.9	2503.0	815.6	820.9	38.8	64.46	4.7	32.6	6.89	4.389
1976	93717	379.6	4.1	2427.0	776.6	806.2	41.0	59.18	5.1	32.0	6.29	3.790
1977	94974	395.4	4.2	2644.0	874.5	843.5	43.3	61.03	5.1	33.1	6.44	3.940
1978	96259	416.6	4.3	3624.1	1121.1	1111.0	49.1	73.83	4.4	30.9	7.00	4.501
1979	97542	451.0	4.6	3998.1	1103.3	1273.9	56.9	70.30	4.5	27.6	6.18	3.681
1980	98705	477.1	4.8	4517.8	1085.2	1212.7	66.8	67.64	5.5	24.0	4.36	1.861
1981	100072	506.7	5.1	4773.0	1089.5	1115.0	70.9	67.34	6.4	22.8	3.59	1.091
1982	101654	562.7	5.5	5193.0	1124.0	1153.3	81.6	63.64	7.1	21.6	3.06	0.559
1983	103008	576.0	5.6	5809.0	1249.0	1292.5	102.2	56.84	7.9	21.5	2.72	0.219
1984	104357	642.0	6.2	7204.8	1501.9	1546.4	137.3	52.48	8.9	20.8	2.35	−0.152
1985	105851	691.0	6.5	8994.6	1866.4	1844.8	143.6	62.65	7.8	20.8	2.67	0.166
1986	107507	742.0	6.9	10210.9	2260.3	2330.8	182.4	55.97	7.8	22.1	2.83	0.328

续表

年份	人口总数（万人）(1) P	政府人数（万人）(2) G	官民比例（‰）(2)/(1) r	国民收入或GDP（亿元，当年价）(3) GDP	政府财政收入（亿元）(4) GR	政府财政支出（亿元）(5) GE	政府行政开支（亿元）(6) E	政府管理效率 (7) x	政府自用资源比率（%）(8) g	政府支配资源比率（%）(9) z	综合评价弹性系数 (10) j	合理偏离系数 (11)
1987	109300	778.0	7.1	11956.4	2368.9	2448.5	195.5	61.16	8.0	19.8	2.48	-0.018
1988	111026	817.0	7.4	14922.3	2628.0	2706.6	239.4	62.35	8.8	17.6	1.99	-0.509
1989	112704	859.0	7.6	16904.9	2947.9	3040.2	284.8	59.36	9.4	17.4	1.86	-0.638
1990	114333	903.0	7.9	18544.7	3312.6	3452.2	333.5	55.61	9.7	17.9	1.85	-0.651
1991	115823	946.0	8.2	21665.8	3610.9	3813.6	375.8	57.65	9.9	16.7	1.69	-0.809
1992	117171	969.0	8.3	26651.4	4153.1	4389.7	463.4	57.51	10.6	15.6	1.48	-1.024
1993	118517	1014.0	8.6	34476.7	5088.2	5287.4	585.8	58.86	11.1	14.8	1.33	-1.168
1994	119850	1007.0	8.4	44918.0	5218.1	5792.6	764.6	58.74	13.2	11.6	0.88	-1.620
1995	121121	963.0	8.0	57494.9	6242.2	6823.7	996.5	57.69	14.6	10.9	0.74	-1.757
1996	122389	995.5	3.1	67559.7	7408.0	7937.6	1185.3	57.00	14.9	11.0	0.73	-1.766
1997	123626	1074.0	8.7	79715.0	8651.1	9233.6	1358.9	58.66	14.7	10.9	0.74	-1.763
1998	124761	1079.0	8.6	85195.5	9876.0	10798.2	1600.3	53.24	14.8	11.6	0.78	-1.718

续表

年份	人口总数 (万人) (1) P	政府人数 (万人) (2) G	官民比例 (‰) (2)/(1) r	国民收入 或GDP (亿元, 当年价) (3) GDP	政府财政 收入 (亿元) (4) GR	政府财政 支出 (亿元) (5) GE	政府行政 开支 (亿元) (6) E	政府管理 效率 (7) x	政府自用 资源比率 (%) (8) g	政府支配 资源比率 (%) (9) z	综合评价 弹性系数 (10) j	合理偏离 系数 (11)
1999	125786	1084.0	8.6	90564.4	11444.1	13187.7	2020.6	44.82	15.3	12.6	0.82	−1.675
2000	126743	1086.0	8.6	100280.1	13395.2	15886.5	2768.2	36.23	17.4	13.4	0.77	−1.733
2001	127627	1084.0	8.5	110863.1	16386.0	18902.6	3512.5	31.56	18.6	14.8	0.80	−1.705
2002	128453	1053.0	8.2	121717.4	18903.6	22053.2	4101.3	29.68	18.6	15.5	0.84	−1.665
2003	129227	1146.0	8.9	137422.0	21715.3	24650.0	4691.3	29.29	19.0	15.8	0.83	−1.670
2004	129988	1170.2	9.0	161840.2	26396.5	28486.9	5522.0	29.31	19.4	16.3	0.84	−1.659
2005	130756	1213.5	9.3	187318.9	31649.3	33930.3	6512.3	28.76	19.2	16.9	0.88	−1.620
2006	131448	1257.5	9.6	219438.5	38760.2	40422.7	7571.1	28.98	18.7	17.7	0.94	−1.557
2007	132129	1285.0	9.7	270232.3	51321.8	49781.4	8514.2	31.74	17.1	19.0	1.11	−1.390
2008	132802	1328.8	10.0	319515.5	61330.4	62592.7	9795.9	32.62	15.7	19.2	1.23	−1.274
2009	133450	1380.0	10.3	349081.4	68518.3	76299.9	9164.2	38.09	12.0	19.6	1.63	−0.866
2010	134091	1415.6	10.6	413030.3	83101.5	89874.2	9337.2	44.24	10.4	20.1	1.94	−0.563

第六章 政府经济管理的绩效

续表

年份	人口总数（万人）(1) P	政府人数（万人）(2) G	官民比例（‰）(2)/(1) r	国民收入或GDP（亿元，当年价）(3) GDP	政府财政收入（亿元）(4) GR	政府财政支出（亿元）(5) GE	政府行政开支（亿元）(6) E	政府管理效率(7) x	政府自用资源比率（%）(8) g	政府支配资源比率（%）(9) z	综合评价弹性系数(10) j	合理偏离系数(11)
2011	134735	1452.7	10.8	489300.6	103874.4	109247.8	10987.8	44.53	10.1	21.2	2.11	-0.389
2012	135404	1528.6	11.3	540367.4	117253.5	125953.0	12700.5	42.55	10.1	21.7	2.15	-0.348
2013	136072	1553.6	11.4	595244.4	129209.6	140212.1	13755.1	43.27	9.8	21.7	2.21	-0.287
2014	136782	1585.1	11.6	643974.0	140370.0	151785.6	13267.5	48.54	8.7	21.8	2.49	-0.006
2015	137462	1624.4	11.8	689052.0	152269.2	175877.8	13547.8	50.86	7.7	22.1	2.87	0.369
2016	138271	1672.6	12.1	743585.5	159605.0	187755.2	14790.1	50.27	7.9	21.5	2.72	0.225
2017	139008	1725.6	12.4	827121.7	172592.8	203085.5	16510.4	50.10	8.1	20.9	2.57	0.067

注：①各个指标计算公式参见前面的说明。②在1970年以前使用国民收入代表经济总量，以后使用国内生产总值指标。
资料来源：历年《中国统计年鉴》，《中国劳动工资统计资料》(1949～1985)，历年《人力资源与社会保障事业发展统计公报》。

第七章 中国政府中期计划（规划）绩效评估

第一节 问题提出

自1952年开始实行五年一期的计划管理以来，到2016年正式实施最新的一期五年规划，我国已经编制和实施了十三个五年中期规划。这种连续编制和实施中期规划、时间长达半个世纪以上的国家发展现象，世间罕见。而且期间跨越计划经济和市场经济两种对立运行机制而延续至今，更是匪夷所思。更为重要的是，这种周期性的规划管理将一个世界经济弱国带入了世界经济第二大国，也是世上罕见，迄今只有苏联等少数国家有此先例，然而这些国家短暂的成功之后却是失败，而中国却坚持到了今天。

近年来中国政府规划管理成功现象已经引发各方关注。2013年《开放时代》第六期组织了多位国内外专家专门讨论中国规划现象，形成了三种不同的观点。一种是对中国规划成功持充分肯定立场的，认为"中国当前采用的规划体系并非传统的计划工具，而是在其基础上进行创新与转型。五年计划已从单纯的经济计划转型为公共事务治理规划，涵盖经济社会运行的主要领域。"这种机制更加适应以社会主义市场经济体制为核心的经济社会运行模式。① 另一种观点同样也是充分肯定中国规划的实践意义和理论价值，认为"规划在中国远远超出一个政策文本或一个封闭的政策过程，而是中央和地方多层次、多主体之间通过各种互动模式，不断协商、起草、试验、评估、调整政策的循环过程。通过规划机制引导或干预经济主体活动，塑造或制约各级政府的行为。规划依附行政层级体系运行，但决定其效率的却是党的干部考核制度。这个特点使得中国与其他东亚开发型国家有了本质区别。"② 与肯定性意见相反的观点则认为，要想理解规划的过程，就必须明确它的目标、手段，以及参与其中的政府机构，这些规划是否提高了中国整体经济的灵活性和高度？是否有助于其走向理想的发展道路？③ 对中国规划管理本身起到的作用提出了各种质疑。

这里讨论的前提是承认政府规划在中国社会经济生活中已经客观存在并发挥某种作用。然后再进一步评价政府规划作用究竟是积极的还是消极的。而最关键的评价在于规划绩效的改进上。经过40年的改革，中国政府的规划管理在坚持中的确与其前40年变化不小。首先，它的运行机制和管理制度发生了许多变化，对此已有专门的研究。④ 其次，规划的具体方式和方法也发生了许多实质性的变化，而不仅仅是提法的改变，如计划改称规划。然而这些变化都要体现在规划绩效改进方面才能证明其合理性和有效性。

政府规划如同其他政府行为一样，是一项大规模的集体管理行动。规划要取得成效，从决策、编制、审批、实施、评估等各个环节都需

---

① 胡鞍钢：《中国独特的五年计划转型》，载于《开放时代》2013年第6期，第32页。
② 韩博天、奥利佛·麦尔敦：《规划：中国政策过程的核心机制》，载于《开放时代》2013年第6期，第9页。
③ 巴里·诺顿：《经济发展计划体系在中国的回归：论韩博天、麦尔敦和胡鞍钢的研究》，载于《开放时代》2013年第6期，第38页。
④ 宋彪：《中国国家规划制度研究》，中国人民大学出版社2016年版。

要政府个人与政府机构环节的配合。因此，实际上评价这项大规模集体行动的合理性和有效性是十分困难和复杂的认知活动。正如人们已经看到的，成功的规划管理是一个系统性的体系活动，同时还需要外界条件的具备和相关因素的配合。因此，要完整地评价规划绩效几乎要把所有的规划环节、规划内容、规划因素和规划条件纳入分析评价框架中，这是一项巨大的分析评价工程。但是复杂问题也有简单处理办法，因为但凡管理行动都有一个基本关系：目标—手段关系。管理行动是奔着实现目标来的，尽量采用各种手段达成目标是管理的核心任务。手段以及运作机制都是为实现目标提出和使用的；在特定情况下，为达成目标可以不择手段。尽管这会引发对手段使用的价值判断，但是目标的达成无疑是最核心和最现实的需求。按照此逻辑，我们可以简化对政府规划绩效评价，可以首先将政府规划目标的实现状况作为分析规划绩效的第一步工作。

历史是一面镜子。从 1952 年开始到 2015 年为止，我国总共编制和实施了十二个国家总体性质的五年期计划（或规划）。2016 年又开始实施新的"十三五"规划。其中自 2001 年起，五年期国家总体计划改称规划。五年中期计划（规划）是我国实行国民经济管理工作的基本形式（计划经济体制时期）和重要手段（市场经济体制时期）。实事求是地说，计划（规划）管理贯穿于我国社会主义经济建设各个时期，已经成为中国经济崛起的重要助推因素。因此在评估规划的当下，需要对历史上各个时期计划（规划）实施的基本情况做出评估，以期获得评估经验和意义。然后，可以设计实用的规划评估思路和方法，为提升我国政府高质量的规划管理水平提供思路。

第二节 评估方法与指标选择

规划评估首先需要明确评估任务和目的。尽管编制了如此多的计划或规划，但几十年来一直对规划鲜有评估。只是从"十五"规划期开始强调规划评估的重要性，"十一五"规划期正式启动中期规划评估工作，规划评估才成为规划管理过程重要一环。但是在规划评估的实践中依然存在着理解上的差异，是对规划工作自身做评估，还是对规划绩效做评估？如果是前者，即对规划工作进行评估，那么评估考察主要是规划的合规、合法和规划落实等规划程序性问题；如果是后者，即对规划绩效进行评估，那么评估考察主要是规划目标和重点实现情况、规划目标与手段匹配情况、规划编制（投入）与实现（产出）关系等规划实质性问题。实际上，目前在谈到规划评估任务和目的时，评估是游离在这两者中间。规划机构比较强调对规划工作自身的评估，上级决策机构比较关注规划的落实结果，研究机构比较关注规划的效率。由于评估对象不同，制定评估方案和指标及评估方法都有很大区别，对评估结论的使用也有所不同。作为一种折中方案，现实中的规划评估，同时需要兼顾三方面的需要。

规划评估需要找到合适的方法。方法服从任务和目的。如果评估规划合规性，基本方法是比较法，依据流程文件规定对比规划实际编制和实施行动，进行比照，得出评估结论。如果评估规划有效性，主要方法也是比较法，但是比较的内容和指标有所改变，最主要的是目标值与实际值的比较，次要的是重要规划项目、重要政策的实施进展时间表比较；社会公众满意度问卷调查法；指标体系法。如果评估规划效率，方法就比较多，如投入产出方法、成本—收益核算法。为了集中和简化对问题的讨论，本节以下研究内容选择我国历史上 12 个五年中期计划（规划）目标值与实际值的数据，采用统计方法进行比较描述，评估我国中期计划（规划）有效性问题。

一、目标绩效指标体系构建

任何一个五年中期计划（规划）都给出了一系列计划（规划）目标。这自然就形成了一个目标指标体系。将单纯分散的目标指标排列在一起并不构成严谨的目标指标体系，只有将经过精心挑选的目标指标组合在一起，才构建成一个目标指标有机体系。目标指标有机体系的意义在于：（1）实现规划的综合有效性。一个目标值的实现也许是十分重要的，如经济增长率，但是如果没有其他目标的配合实现，经济增长率目标的达成体现不出更多的价值。只有当整个目标指标体系实现了，计划（规划）的有效性才能充分展现出来。（2）免除规划目标之间的冲突性。不同的规划目标有不同的价值含义和内容，规划多目标难免会出现目标之间的冲突和排斥困境。因此，一个有机构成的目标指标体系将大大减少目标之间内部冲突，实现规划目标的协调和谐。（3）保证每一个目标指标的代表性。实际经济活动中，由于统计指标体系和统计制度的完善，可作为规划目标的指标数量是很多的。因此选择代表性指标用作目标指标，需要仔细选择，使得进入目标指标体系中的每一个指标都具有不可替代性，减少重复性。多一个指标就会多产生一系列的规划行动，相应增加更多的规划管理负担和难度。但过多减少指标数量，也会使得总体性和综合性规划有效性降低，因此需要找到合理的目标指标数量。后面的分析可以看到，随着我国计划（规划）管理经验积累和水平提高，我国的计划（规划）目标指标体系也是在日趋完善的：从"一五"计划时期的上千个计划指标开始,逐步简化到现在的目标指标 20 个左右。

构建了合理的目标指标体系之后,就为构建用于规划评估的目标绩效指标体系奠定了基础。用于规划评估的目标绩效指标体系不同于规划目标指标体系,它是一个基于各个目标值与实际值相比较的指标体系,即目标绩效指标体系。这个体系因为按照目标绩效考核进行了技术处理,因而才具有了评估价值,才能依据计算数据对规划有效性得出最有价值的判断结论。

本节讨论的是规划目标绩效评估指标体系,不涉及其他评估内容。但是一般而言,评估其他内容也需要先构建指标体系,然后再进行方法构建,最后实施评估。所以原则上,构建评估指标体系是开展规划评估都需要做的事情。离开评估指标体系做评估,是无法量化的评估,也是不科学的评估。

二、统计描述方法构建

为了简化对历史细节的模糊描述,笔者采用了自行开发出来的目标偏离系数,通过数据收集和处理,计算出历次中期规划的实现绩效。计算方法如下:

1. 规划期初目标值与规划期末实际值的偏离程度（A）

设目标值 = G,实际值 = S,偏离程度 = A,i = 各个规划期目标值。公式为:

$$A_i = (S_i - G_i)/G_i \qquad (7-1)$$

公式（7-1）的经济含义在于:以 0 为轴,实际值偏离目标值的结果数据可能分布于两端。其中,A = 0 即为完成规划目标,A < 0 即为未达成规划目标,A > 0 即为超额完成规划目标。与常识理解有所不同的是：不能设定超额完成规划越多越好，或完成规划目标越少越坏。因为，无论大幅度超额完成规划目标值还是大幅度完不成规划目标值，均会暴露出以下三个严重问题：其一，规划目标值选择过于保守，或者过于激进；其二，对于规划实施的未来条件情况严重低估，或者严重高估；其三，单一规划目标值的超额完成或落空，将会引发与此相关联的其他目标值及其任务完成的关系严重紧张乃至对立。因此，恰当而合理的要求是 A 值尽量趋向于 0，而不是相反。

2. 规划目标值与实际值的离散程度（B）

通过求解偏离程度 A 的标准差，直接可得离散程度值 B。设：A_i = 各个指标偏离程度，A = 各个指标的偏离程度平均值，j = 各个规划期的指标数量。有公式：

$$B = \sqrt{\sum_{j=i}^{n}(A_i - A)^2 / n - 1} \qquad (7-2)$$

其公式（7-2）的经济含义是：在五年期中，各个规划目标值/实际值偏差程度的平均分布离散情况。值越小，说明总体上偏离差距越小，值越大，说明总体偏差距离越大。通过这个数据可以看到在规划期指标体系中各项指标完成的总体情况。

3. 偏离系数（R）

将各个规划期的标准差值与偏离平均值相比，可得偏离系数。由于笔者假设目标值与实际值差距（A）越小以致趋近于0，代表规划绩效越有效，因此按照通常的离散系数计算方法即：R = B/A，因 A 有可能为 0 将会导致 R 无解，也意味着会出现偏离程度越小而离散系数越大的可能。为避免此种情况，将公式颠倒成：

$$R = A/B \qquad (7-3)$$

因为公式（7-3）从数学形式看不可能为零，这样就保证了计算结果可以得到合理的解释。通过计算偏离系数，可以从总体上综合显示出规划目标值与实际值的偏离状况。

第三节 计划经济时代的计划绩效评估

一、计划实施经过以及指标收集

1953~1980年，是我国实行计划经济体制时期。期间一共实行了5个五年中期总体性计划，中间还有1963~1965年三年的国民经济调整期。除了第一个五年规划文本正式面世外，其他4个五年计划均未正式面世。这给指标收集造成一定困难。

第一个五年计划，从1951年开始，经过五次编制，到1955年7月30日经第一届全国人民代表大会第二次会议正式通过。由于我国"一五"计划超额完成，全国上下建设社会主义国家热情高涨，1956年党的"八大"会议上通过了关于发展国民经济的第二个五年计划的建议。然而第二个五年计划执行过程中我国指导思想改变，追求高速增长，不顾客观经济发展实际，1958~1960年的"大跃进""人民公社化"运动，造成国民经济比例关系失调，财政连年赤字，人民生活遭遇较大困难，"二五"计划实施也难以为继。为了使国民经济尽快步入正轨，1961年中共八届九中全会正式通过了"调整、巩固、充实、提高"的八字方针，开始进行国民经济调整。到1962年底，"二五"计划实际执行结果与"八大"众多建议指标相去甚远，粮食、棉花的产量甚至低于1952年水平。为了使接下来的全面调整工作继续进行，因而在"二五"计划和"三五"计划之间设置了一个过渡期，即国民经济调整时期。1963年，中央计划领导小组开始编制第三个五年计划，要求首先解决人民吃穿用的问题，大力发展农业。然而1964年随着国际形势的改变，满足国防需要的"三线建设"处于优先地位，"三五"计划的安排草案实际上是一个以国防建设为中心的备战计划，同时"文革"爆发，政治生活成为国民经济的重心，导致最后"三五"计划文本无疾而终。"四五"计划处于"文革"时期，1970年全国计划会议讨论、拟定了1970年计划和第四个五年计划纲要（草案）。由于其计划指标较高，1973年国家计委提出调整"四五"计划纲要，"四五"计划最终以"纲要（草案）""主要指标"等方式被传达。"五五"计划体现在《1976～1985年国民经济发展十年规划纲要（修订草案）》中，由于中间的"批邓""反击右倾翻案风"运动，导致计划实施中断。

"一五"计划到"五五"计划都有不少正式公开的计划指标，在整理归纳过程中有不少是关于工农业产品的产量指标。特别是正式出台的"一五"计划，从中可以找到千余指标，涉及国民生活的方方面面。党的"八大"会议上提出了关于"二五"计划的建议指标，主要体现在重要工农业产品产值上。1958年提出"以钢为纲"等突出个别目标指标，对"二五"计划指标的大幅提高有明显刺激作用。激进的"大跃进"运动对国民经济造成了严重伤害，导致后来的3年经济调整。调整时期的经济绩效与党的"八大"所规定"二五"计划指标相对应。"三五"计划虽然是作为备战计划，但其中的"三线建设"对于调节东中西部经济比重失衡起到了一定的作用。但计划规定的"在科学技术上赶上和超过世界先进水平"的相关指标大多没有实现。"四五"计划和"五五"计划横跨"文革"期间，目标指标仍然盛行"浮夸风"。

二、指标计算

在收集计划指标数据时,笔者发现过去的计划指标常常给出目标值是一个区间值。例如,一个目标值划定在一个数值范围内,实际值只要落入这个区间值之内就算完成计划任务。这给目标绩效评估带来一定麻烦。有鉴于这种目标指标值是一个区间值的情况,笔者在做评估时采取两种方案测量其规划绩效。

方案一以区间指标的最小值为基准进行绩效的计算,体现了规划指标的最低预期。方案二以区间指标的最大值为基准进行计算,体现了计划指标的最高完成能力。如此这般,若计划的完成值就在指标范围内,则视作不存在偏差,若实际完成值小于区间最小值,则以区间最小值为基准,若实际完成值大于区间最大值,则以区间最大值为基准进行绩效的运算。

根据收集到的各个计划文本以及政府报告,从中摘取了根据公开披露文件的计划指标,采用前面介绍的统计描述方法,分别采用公式(7-1)、公式(7-2)和公式(7-3)对计划经济时期的五个中期计划进行了目标绩效评估。计算结果分别见图7-1和图7-2。

从图7-1和图7-2可以看出,不论以哪种方式进行运算,其最终绩效的数值差别不大。从以上分析可以得出以下结论:

第一,只有"一五"计划、"三五"计划的偏离系数是正的,其他时期均是负的。这说明"一五"计划、"三五"计划是超额完成任务,特别是"一五"计划时期。这跟我国大力发展重工业体系、建立国家工业化的基础以及完成社会主义的改造是分不开的。"一五"计划的顺利执行奠定了国民经济建设的基础和能力。"三五"计划相对于"一五"计划其实更偏向于数字上基本完成任务,实际经历了国民经济大折腾。

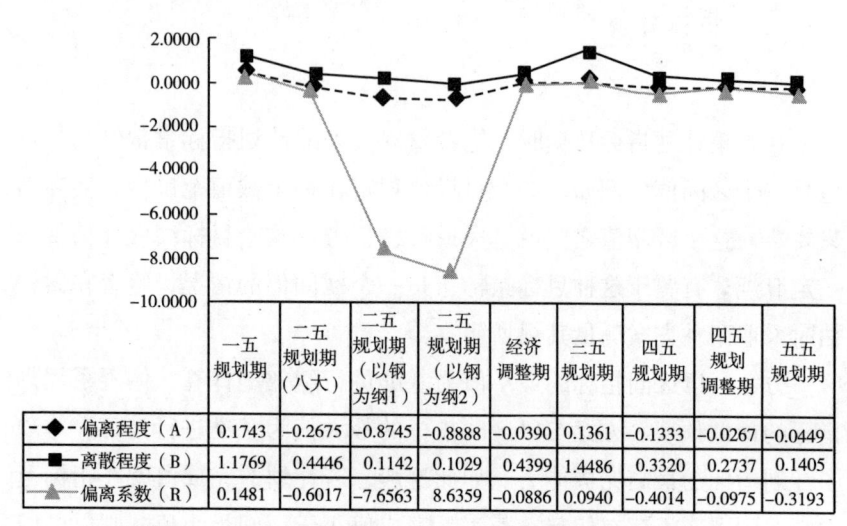

	一五规划期	二五规划期（八大）	二五规划期（以钢为纲1）	二五规划期（以钢为纲2）	经济调整期	三五规划期	四五规划期	四五规划调整期	五五规划期
偏离程度（A）	0.1743	-0.2675	-0.8745	-0.8888	-0.0390	0.1361	-0.1333	-0.0267	-0.0449
离散程度（B）	1.1769	0.4446	0.1142	0.1029	0.4399	1.4486	0.3320	0.2737	0.1405
偏离系数（R）	0.1481	-0.6017	-7.6563	8.6359	-0.0886	0.0940	-0.4014	-0.0975	-0.3193

图7-1 "一五"计划到"五五"计划绩效评估（方案一）

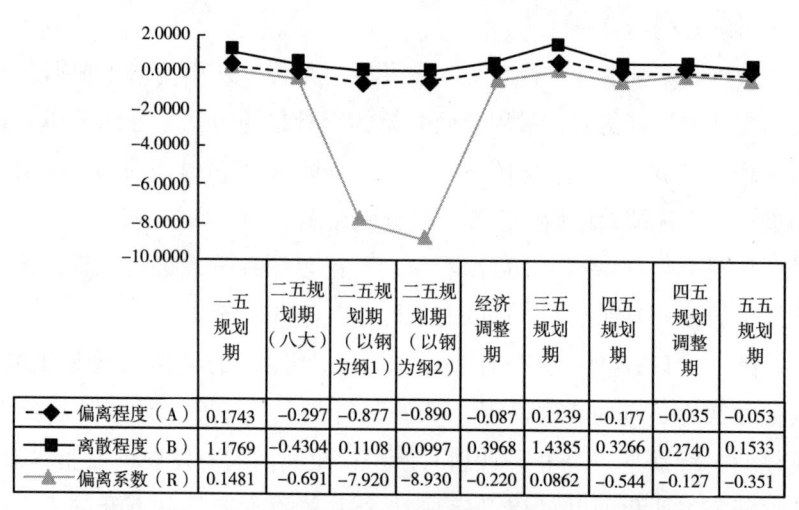

	一五规划期	二五规划期（八大）	二五规划期（以钢为纲1）	二五规划期（以钢为纲2）	经济调整期	三五规划期	四五规划期	四五规划调整期	五五规划期
偏离程度（A）	0.1743	-0.297	-0.877	-0.890	-0.087	0.1239	-0.177	-0.035	-0.053
离散程度（B）	1.1769	-0.4304	0.1108	0.0997	0.3968	1.4385	0.3266	0.2740	0.1533
偏离系数（R）	0.1481	-0.691	-7.920	-8.930	-0.220	0.0862	-0.544	-0.127	-0.351

图7-2 "一五"计划到"五五"计划绩效评估（方案二）

第二,"大跃进"时期大炼钢铁,提出"以钢为纲"的口号,提出的两套计划方案,其钢产量分别为8000万吨和1亿吨,其要求配套的经济指标远远超出经济实际,特别是方案二,其偏离系数是最大的。

第三,1963~1965年的调整确实起到了恢复和稳定国民经济的作用。虽然经济调整期的计划目标相对于中共"八大"提出的计划指标,评估绩效为负,但是其偏离系数并不太大。

第四,国民经济计划指标也是处在不断调整之中的。"四五"计划最初的目标指标较高,然而经过1973年的调整,其偏离程度、离散程度均有所降低。计划指标根据国民经济发展情况实际上进行了调整。

第五,国民经济计划的指标根据国民经济建设重点不断变化。"一五"计划体现在社会主义的改造以及重工业的发展;"二五"计划体现在钢铁生产能力的提高;"三五"计划体现在"三线建设"以及备战计划;"四五"计划体现在大三线建设及经济协作。

三、基本结论

1. 计划指标不易面面俱到

"一五"计划到"五五"计划文本中的"指令性指标"相当全面,特别是正式出台的"一五"计划尤甚。"一五"计划是我国在苏联帮助下制定出来的,共11章及共计11万余字,其指标内容涵盖了投资、生产、工业、农业、运输邮电、商业、提高劳动生产率及降低成本、干部建设及科研、人民的物质文化生活、地方计划及节约等方面,计划指标过千。"三五"计划也设立指标很多。计划指标面面俱到的结果是计划绩效很难统筹实现。

2. 突出单一、激进的计划指标是不合理的

"二五"计划的"以钢为纲"的计划指标极具不合理性。1957年我国钢产量415万吨，在短短5年的时间就要求1962年产量达到8000万吨甚至1亿吨，这是非常不符合生产规律的。且通过钢产量再去制定其他行业或部门的产量也是有失偏颇的。因而"二五"计划的"以钢为纲"的实施绩效最差，其指标均为-8左右。

3. 非计划因素严重影响计划绩效

"一五"计划从1951年开始编制，然而最终确定时间为1955年7月，到"一五"计划完成期1957年也只有一年半的时间了。由于我国初次制订"一五"中期总体性计划，经验和能力不足，尚情有可原，但以后的中期计划就受到不合理的因素影响。"二五"计划自1956年党的"八大"就通过了相关指标建议，然而由于冒进的"大跃进"并未执行，且"二五"计划草案的拖延及1959年形势的变化而导致编制工作不再进行。在1965年国家计委提出了《关于第三个五年计划安排情况的汇报提纲》（草案）后，1966年"文革"的爆发最终导致"三五"计划正式文本无法面世。1970年8月原计划讨论的《1970年计划和第四个五年计划规划纲要（草案）》无法进行，且1973年国家计委两次调整"四五"计划指标，最终导致"四五"计划以"主要指标"的形式被传达。1974年国家计委就提出1976~1980年的第五个五年计划的报告，仍由于政治原因导致到了1977年五年计划才得以讨论形成，最终提出了"五五"计划期后三年及"六五"计划的设想和安排。由此可见，当计划文本公布时，已经到了计划执行的中后期，在执行期过程中又不断调整。究其原因，计划实施受到非计划因素影响而难以评估其真实绩效。

4. 区间值指标的出现显示计划自信心不足和留下隐患

在计划文本的指标中，从"二五"计划开始至"五五"计划都出现了区间值指标。这表明计划编制人员对于经济形势把握不自信，模棱两可，也给下级执行部门造成难题。计划指标有区间值的话，则目标达成可以从高或者从低。如果目标值选择就低，不利于发挥经济发展潜力；如果目标值选择就高，则容易产生冒进行为，促使追求"高指标、高速度、高发展"，最终带来国民经济困难。其实在编制计划过程中，可以有高低方案选择，允许有不同的比较及权衡，然而一旦正式文本出台时，需要确切的规定，避免混乱。

5. 治国理念决定了计划方向和任务，最终决定计划绩效

"一五"计划期间计划绩效为正，超额完成了相关任务。我国在"二五"计划期间转为研究经济体制改革问题，然而由于政治运动，未完成计划任务。接下来的国民经济调整过程体现了国民经济计划集中统一的重要性，为"三五"计划的实施打下了良好的基础。然而"三五"计划对国际形势估计过于严重，是根据国际形势而制订的备战计划。"四五"计划期进入"文革"时期，由于政治生活的动乱，经济秩序遭到不少破坏，因而计划缺少科学性，所以"四五"计划的绩效为负。"五五"计划的后期全党贯彻执行"调整、改革、整顿、提高"的方针以及进行了计划经济体制的改革，其计划绩效相对于"四五"有所好转。

第四节 改革开放时代的计划（规划）绩效评估

1978~2015年，我国实施了7个中期性的总体发展计划（规划），名称经历了由国家计划向国家规划的转变。其中"六五"（1981~1985）、"七五"（1986~1990）、"八五"（1991~1995）、"九五"（1996~2000）、"十五"（2001~2005）被称之为"五年计划"；"十一五"（2006~2010）、"十二五"（2011~2015）被称之为"五年规划"。名称的变化首先反映了经济体制的变化即由计划经济向市场经济的转变；其次反映了国家计划管理体系由指令性向指导性转变。指导思想的转变体现在规划的任务侧重点与过去不同，指标数量和涉及领域与过去不同，计划指标的属性业分成了约束性和预期性两种。

一、指标收集

从"六五"计划到"八五"计划，基本上延续以前的做法，计划文本不对社会公布。笔者只能通过相关政府文件、领导人讲话等途径查到计划指标。通过查找发现，从"六五"计划到"八五"计划，计划目标指标依然较多，每期都在四五十个，涉及经济、社会、民生、贸易、科技、区域发展等方面。自"九五"计划起，国家计划部门开始对外公布计划文本及主要计划指标体系，这就大大便利了社会各界对政府中期总体计划目标指标的信息了解和分析。

从"十五"计划以后，出现了一系列的目标指标体系变化：其一，指标数量变化。主要目标指标数量减少至 20 个左右，并且长期稳定。其二，指标种类变化。经济类目标指标明显地减少，而民生类、环境类目标指标增加。其三，指标性质变化。指令性计划改为约束性指标，指导性指标改为预期性指标。这三个变化始于"十五"计划，经过"十一五"规划期而逐步固定下来，沿用至今。

二、指标计算

依据前面介绍的统计描述方法，分别采用公式（7-1）、公式（7-2）和公式（7-3）对改革开放时期的 7 个中期计划（规划）进行了目标绩效评估。计算结果见图 7-3。

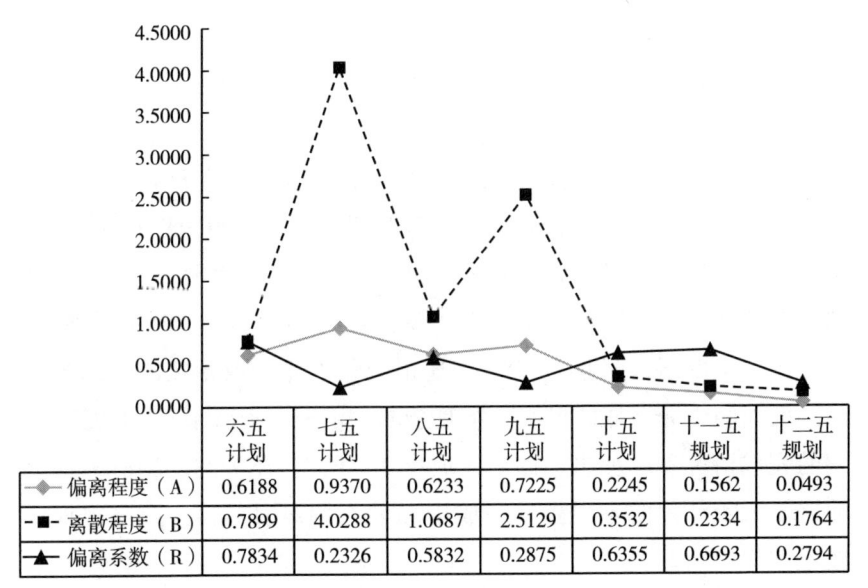

	六五计划	七五计划	八五计划	九五计划	十五计划	十一五规划	十二五规划
偏离程度（A）	0.6188	0.9370	0.6233	0.7225	0.2245	0.1562	0.0493
离散程度（B）	0.7899	4.0288	1.0687	2.5129	0.3532	0.2334	0.1764
偏离系数（R）	0.7834	0.2326	0.5832	0.2875	0.6355	0.6693	0.2794

图 7-3 "六五"计划到"十二五"计划（规划）绩效

三、基本结论

1. 总体上看，我国改革开放以来实施的七个五年规划绩效越来越好

从偏离程度上来看，从"六五"计划期（0.6188）降低到"十二五"规划期（0.0493），偏离程度呈现下降趋势；从离散程度上，从"六五"计划期（0.7899）下降到"十二五"规划期（0.1764），离散程度也是明显得到改善的；偏离系数从 0.7834 降低到 0.2794。但是期间有反复，而且"十五"计划和"十一五"规划的偏离系数与"八五"计划接近。这提示计划（规划）绩效的稳定性还不扎实，存在反弹。持续改进中期规划工作任重道远。虽然在不同阶段波动较明显，但总体上证明了我国规划管理绩效越来越好，规划管理越来越成效显著。

2. "七五"计划是一个过渡阶段

离散程度处在相当高的水平，达到 4.0288，是 7 个五年计划（规划）里数值最高的。同时，偏离程度也达到了 0.9370。这两个指标相比五年前突然变大。通过查阅相关背景资料表明，"七五"计划实施期间，我国国民经济比例失调问题凸显。1988~1989 年期间出现了严重的通货膨胀，1989 年还出现了严重的政治风波，改革开放一度面临十分严峻的局面。在复杂的政治经济形势下，"七五"计划的完成情况不尽理想，计划完成率为 71%，经济波动剧烈。这说明这个五年计划的各项指标完成情况大大偏离目标值。政府规划绩效不理想。

3. "九五"规划是一个分水岭

将七个规划期分开分析，"九五"规划期之前规划目标/实际偏离和离散程度总体处于较高水平。"九五"规划期之后，规划目标/实际偏离和离散程度总体处于较低水平。这说明前后期的规划绩效差别较大。在"六五"计划到"八五"规划期是计划经济与市场经济相结合的时期，这个时期政府的计划总体上是指令性的、强制性，计划刻板，面面俱到，没有弹性不灵活。"九五"规划期是我国自1992年正式确立社会主义市场经济体制目标之后的第一个规划期，是按照市场经济要求和规律编制的第一个中期性总体规划。按照市场经济下的政府规划若干特性，政府规划是战略性、宏观性、政策性和预测性的。此前此后，我国对政府规划体系和规划体制做了一系列改革。这些改革取得了相应的成效。结果是，市场体制推行并没有降低规划功能，反而提升了规划的功能，使得规划绩效越来越好。"九五"规划提出实现两个转变任务，即经济体制的转变和增长方式的转变。数据结果显示，经济体制之一的规划体制转变是有效的，也是成功的。经过"十五"计划时期，中长期计划也更名为中长期规划。

4. 五年期规划稳重之中偏于保守

所有的计算数据均为正值，没有出现负值，说明各个时期的规划目标总体上是超额完成的。尽管也有个别指标没有完成，甚或不排除个别数据虚报完成的情况，但是依据总体计算是完成的。正如前面指出的，大幅度的超额完成任务未必是越多越好。这实际上说明了政府规划偏向保守，进取和冒险精神稍微欠缺。当然与激进冒进的政府规划相比，偏保守偏稳重的政府规划可能更为可取。这对于经不起折腾的社会经济发展来说是一件好事。

5. 指标体系逐步完善

首先从数量上来看"十五"计划期之前，目标指标数量超过 40 个，涉及各个领域。然而指标数量多并没有带来高绩效，反而造成了"六五"计划到"九五"计划期的离散程度很大。这说明计划制定事无巨细，面面俱到，主次不分明。同时指标之间缺乏协调，各部门的内部工作之间也缺乏相应的沟通。在"十五"计划期之后，主要指标的数量相比之前有大幅减少，基本保持在每个规划期 20 个左右。虽然指标数量减少，但是绩效却提高了，偏离程度、离散程度、偏离系数都大大降低，这说明了指标质量的提高，指标的选取更有针对性，重点方向明确。其次，从内容上看，在"六五""七五"计划时期更多的是经济总量指标，"八五""九五""十五"计划期的侧重点是经济结构指标。然而从"十一五"规划期开始，指标的设定更倾向于民生、能源、环保领域的约束性指标，淡化了与经济增长相关的预期性指标。特别是在"十二五"规划期，在 22 个规划指标中，约束性指标有 12 个，都与社会民生、环境保护有关；剩下的 10 个预期性指标中，只有 3 个与经济发展相关。这说明，当侧重经济发展的规划取得了良好绩效后，规划任务开始更加重视经济发展以外的任务。

第五节 中日中期计划绩效比较与总体评价

一、中日计划绩效比较

依据历史数据以及分段研究，笔者进一步将"一五"计划到"十二五"规划的绩效分析做了整理,列出了十二个五年中期计划(规划)的绩效分析见表7-1和见图7-4。为了增强可比性,对计划经济时期过多的目标指标进行了个别调整,主要是把变异比较大的指标做了屏蔽。同时对于区间值进行了平均化处理。

表7-1　　　中国十二个五年中期计划(规划)绩效情况

计划(规划)期	偏离程度(A)	离散程度(B)	偏离系数(R)
"一五"计划期(1952~1957)	0.1743	1.1769	0.1481
"二五"计划期(1958~1962)	-0.2802	0.4312	-0.6497
经济调整期(1963~1965)	-0.0775	0.3921	-0.1977
"三五"计划期(1966~1970)	0.1239	1.4383	0.0862
"四五"计划期(1971~1975)	-0.1469	0.3195	-0.4598
"五五"计划期(1976~1980)	-0.0449	0.1405	-0.3193
"六五"计划期(1981~1985)	0.6188	0.7899	0.7834
"七五"计划期(1986~1990)	0.9370	4.0288	0.2326
"八五"计划期(1991~1995)	0.6233	1.0687	0.5832
"九五"计划期(1996~2000)	0.7225	2.5129	0.2875
"十五"计划期(2001~2005)	0.2245	0.3532	0.6355
"十一五"规划期(2006~2010)	0.1562	0.2334	0.6693
"十二五"规划期(2011~2015)	0.0493	0.1764	0.2794
十二个中期计划(规划)平均	0.2369	1.0048	0.1599

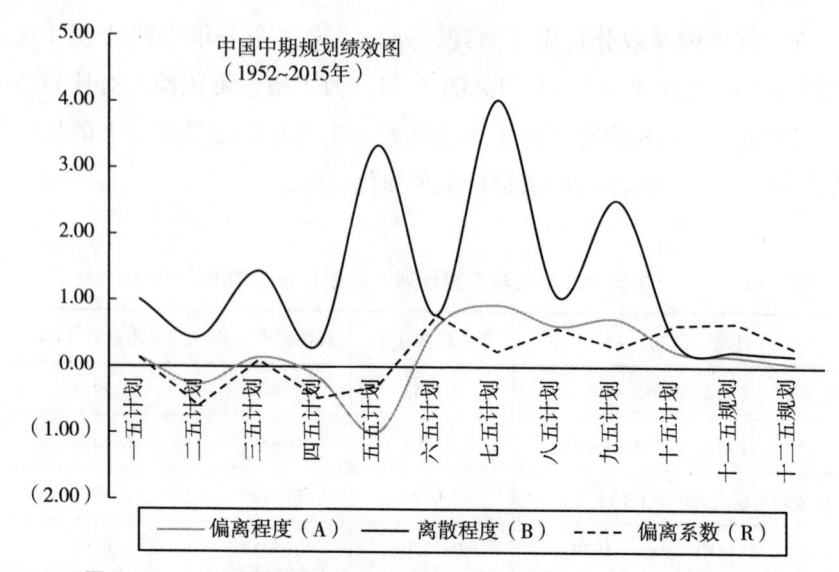

图 7-4　1952~2015 年我国十二个五年中期计划（规划）绩效评估

如果把我国规划绩效与日本在 20 世纪 60 年代的国民收入倍增规划绩效做一对比，就更可以看出我国规划绩效的差异。众所周知，日本在 20 世纪 60 年代取得了令世人瞩目的经济增长，而这个经济奇迹的推手就是国民收入倍增计划。推行这个计划的结果，10 年间经济年均增长率达到 11.6%，人均国民生产总值年均增长 10.4%。规划任务大大超额完成（见表 7-2）。但根据数据显示（见表 7-3）比较，可以看出：

（1）我国计划经济时期的计划绩效明显差于日本，但是改革开放之后的计划绩效接近日本计划绩效。计划经济时期中方的计划偏离程度和偏离系数均为负，日方的偏离程度和偏离系数均为正，表明中方计划没有完成而日方计划均完成且有超额。但是进入改革开放时期后，中方的计划绩效明显改进，在偏离程度上中方水平（0.4759）接近日方水平（0.4906）。

（2）改革开放之后的中方计划（规划）在离散程度上略逊于日

方，但在总体偏离系数方面好于日方。中方的离散程度（1.3090）明显大于日方（0.3866），这与中方计划（规划）目标选择过多有关。日本选择的计划目标较少，并随时调整和修订，不断完善目标值与实际值的差距，故离散程度较小。中方的五年规划目标选择比较多，制定出来之后又轻易不做修改，改也是在两三年后，因此各个目标值与实际值之间的分布不均匀，离散程度很大。然而中国拥有良好的政府内部制度协调能力和纠偏能力，所以在后来规划目标选择日趋合理，制度能力发挥出来，因而中方的规划偏离系数（0.4958）明显要好于日方水平（1.2689）。进一步说，在中国"十五"到"十二五"期间真正实现了经济高速增长，而这个时期的偏离程度大大低于日本的高速经济增长时期。概而言之，中国中期规划绩效比经典的发达国家规划绩效是越做越好了。

表7-2　　　　　　　日本国民收入倍增计划绩效

序号	指标	单位	1960~1970年度		
			目标值	实绩值	偏离程度
1	总人口	万人	10222.0	10372.0	0.01467
2	就业者数	万人	4689.0	5094.0	0.08637
3	雇佣者数	万人	1924.0	3309.0	0.71985
4	国民生产总值	万亿日元	26.0	40.6	0.56154
5	人均国民所得	万日元	20.8	31.8	0.52885
6	工矿业生产		431.7	539.4	0.24948
7	能源需求	煤，亿吨	3.0	5.7	0.90000
8	出口	亿美元	80.8	202.5	1.50619
9	进口	亿美元	98.9	195.3	0.97472
10	总人口增长	%	0.9	1.0	0.11111
11	就业者数增长	%	1.2	1.5	0.25000

续表

序号	指标	单位	1960~1970 年度		
			目标值	实绩值	偏离程度
12	雇佣者数增长	%	4.1	4.3	0.04878
13	国民生产总值增长	%	8.8	11.6	0.31818
14	人均国民所得增长	%	6.9	10.4	0.50725
15	工矿业生产增长	%	11.9	13.9	0.16807
16	能源需求增长	%	7.8	12.0	0.53846
17	出口增长	%	10.0	16.8	0.68000
18	进口增长	%	9.3	15.5	0.66667
19	平均偏离				0.49057
20	离散程度				0.38660
21	离散系数				0.78807

资料来源：[日] 香西泰著，彭晋璋译：《高速增长的时代》，贵州人民出版社 1987 年版，第 134 页。

表 7-3　　　　　　中日计划（规划）绩效的比较

	计划（规划）期	偏离程度 (A)	离散程度 (B)	偏离系数 (R)
中国	十二个中期计划（规划）平均	0.1825	1.3105	0.1938
	其中："一五"~"五五"平均	-0.2284	1.3126	-0.2290
	"六五"~"十二五"平均	0.4759	1.3090	0.4958
日本	1960~1970 年国民收入倍增计划期	0.4906	0.3866	1.2689

资料来源：中国数据来自各个时期规划文本及国家发改委（前身为国家计委）和《中国统计年鉴》。日本数据来自：[日] 香西泰著，彭晋璋译：《高速增长的时代》，贵州人民出版社 1987 年版，第 134 页。

二、总体结论

依据计算和资料分析，在前面分析结论的基础上进一步得出以下结论：

1. 计划经济时期计划行为比较冒进，市场经济时期规划行为比较谨慎

总体上说，贯穿于60多年的两个经济体制运行时期的国家计划管理行为，在计划时期计划比较冒进，在市场时期规划趋于谨慎和保守。计划经济时期多数处于计划完不成状态（偏离系数多期为负，波动曲线处于零线下方），这反映了规划指导思想和执行效果之间的偏差，追求高指标和高速度。而在市场取向的改革开放时代，几乎计划都处在超额完成的行为状态，（偏离系数为正，波动曲线在零线上方），这反映出规划指导思想的转变和执行效果的改进。规划指导思想不再追求高指标高速度，规划执行效果越来越好。

2. 早期计划绩效不高，后期规划绩效良好

新中国成立伊始，国家积贫积弱，外国势力虎视眈眈，为了发展我国经济，尽快提高人民生活水平，我们紧跟苏联开始建立社会主义计划经济体制。直到1992年10月，党的"十四大"提出"中国经济体制的改革目标是建立社会主义市场经济体制"，标志着计划经济时代的结束。从"六五"至"八五"期间，绩效波动程度较大，说明我国一直在遵循着"摸着石头过河"的规律，既有挫折，也有进步，在实践中探索我国的规划之路。

3. "九五"计划期是一个分水岭

从图7-4可以看出,"九五"之前计划绩效不稳定,振幅较高,但"九五"计划期之后,计划(规划)绩效状况总体处于稳定和振幅较低水平。这说明前后期的规划绩效差别较大。"九五"计划期是我国自1992年正式确立社会主义市场经济体制目标后,按照市场经济要求和规律编制的第一个中期计划。按照市场经济下的政府规划若干特性,政府规划是战略性、宏观性、政策性和预测性的。此前此后,我国对政府规划体系和规划体制都做了一系列改革。这些改革取得了相应的成效。结果是,市场体制推行并没有降低计划(规划)功能,反而提升了计划(规划)的功能,使规划绩效越来越好。"九五"计划提出实现两个转变任务,即经济体制的转变和增长方式的转变。数据显示,经济体制中的重要组成部分规划体制转变是有效的,也是成功的。从"十五"计划开始,中国计划管理行为开始在市场经济轨道上运行。

4. 自"十五"计划期以后我国规划管理臻于成熟

从图7-4可以看出,从"十五"计划开始,一直到"十二五"规划,这三个五年规划的偏离程度、离散程度以及偏离系数都趋于平稳,振幅波动很小。而且指标的选取也越来越科学和精炼,从"一五"计划上百余条指令性指标减少到"十二五"规划的22个指标数量,计划成分越来越少,市场成分越来越多,且不再是"眉毛胡子一把抓",而是有重点有步骤地科学实施五年中期规划。规划任务及主要指标已经分成了经济发展、科技教育、资源环境以及人民生活四个方面,其针对性更强,灵活性也大大提高。

第七章　中国政府中期计划（规划）绩效评估

第六节　关于计划功效的进一步思考

在讨论这个问题之前，首先需要达成几点前提认识，也就是三个不容怀疑。第一个不容怀疑的是，经过40年的市场经济机制打造，市场机制已经扎根在我国经济土壤之中，这是有目共睹的事实。尽管目前美国和欧盟等主要西方国家依然不承认我国市场经济地位，但是任何抱有客观态度的人都不会否认中国的市场经济现实，而且这种不承认更多地是有意想利用国际游戏话语权来牵制中国迅猛发展的国民经济，我们不能为迎合这种态度而放弃经过实践反复检验得来的经验和做法。承认与不承认均挡不住中国国民经济借助市场经济机制发展壮大的趋势。第二个不容怀疑的是，市场经济给我国国民经济带来了空前的繁荣。依照历史数据分析，新中国成立之后实行30年的计划经济体制，虽然也取得了一些成就，但是国民经济并未达到巨大的繁荣，年均经济增长维持在6%左右。而在改革开放40年中，中国经济增长真正发生又快又稳的时期是在20世纪90年代中期全面推进市场机制之后。20世纪80~90年代中期，我国处于新旧运行机制交替阶段，国民经济大起大落，只有到了20世纪90年代中期明确了我国建立市场经济体制目标之后，国民经济发展才进入快车道，年均增长速度超过10%，并在15年后取代日本地位，成为世界第二经济体。这是计划经济体制想办而未能办成的梦想，也是让许多人想象不到的经济奇迹。第三个不容怀疑的是，这种中国式的经济奇迹也并不是市场经济机制独自创造的，而是在中国特定的政治和社会环境下，计划机制与市场机制有机结合、国企与民企和外企相互补充共同努力所打造的。标准的西方经济学教科书或传统的苏联政治经济学教科书都无法解释这种混合经济的成功。由于经济理论成熟总是要在经济发展成功之后才能出现，因此在这个档口每遇到经济运行出现问题时，人们就会在常识性的问题上争论不休，例如有关产业政策有效性的争议，部分激进的政策主张涌动。长期关注中国经济转型的邹至庄教授早就指出中国经济转型成功对西方主流经济理论提出了多种挑战。[①]

接下来要讨论的是：中国经济过去 40 年的转型成功是否意味着我们已经建立起了趋向完美的经济运行机制？或许有是、否、未必三种答案。最通常的对立理论逻辑是，要么取向市场要么取向政府的运行机制才是趋向完美的机制。其实在经过 20 世纪 80 年代的讨论之后，我们就已经告别了要么计划经济，要么市场经济的思维逻辑，而是确立了将两者优势相互结合起来的思维逻辑。市场成分多一些或计划成分多一些并不是问题的关键，关键的是在于市场与计划的有机结合之中让两者优劣势互补。优劣势互补从整体上产生一个比单一优势更加明显的综合效应。这是今天当面对更加错综复杂的现实局面时需要牢记的。既然人类历史上已经有过建立纯而又纯的计划经济失败经历，又有了完全市场化导致经济危机不断周期性呈现的惨痛教训，为何还要执迷不悟地推行单一的经济增长机制呢？

一、依靠大数据+人工智能并不足以重建计划经济

当代信息技术的突飞猛进，极大地创造了人类改善自身环境生活的物质技术基础。由此引起了建立所谓新计划经济的看法和争议，引发这个争议是当今互联网技术的业界精英。这个看法和争议其实是以往看法和争议的继续。在过去的 20 世纪，至少有三次对后来的经济理

---

① 邹至庄著，黄卫平等译：《中国经济转型》，中国人民大学出版社 2005 年版，第 296 页。

论产生持久影响的争议。一次是关于计算机的使用会否带来计算社会主义（实际上就是计划经济）实现的争议，一次是关于政府干预市场究竟是通向奴役之路还是繁荣之路的争议，一次是人类的理性究竟是无限的还是有限的争议。三次争议其实并不是限于特定的人物之间，例如兰格与米塞斯，凯恩斯与哈耶克，霍桑小组、西蒙与古典理论追随者之间。争议的背景均是在当时的物质技术基础发生了进步的条件之下产生的。这充分说明，科学技术进步是第一生产力，它不仅改变人们生活的物质存在环境，同时也改变人们生活的精神理念认识。然而，争议的结局依然是：似乎并没有建立起一种完全替代和背离人类需求的机制，而只是对现成的社会经济机制进行了持续的改进。

　　说到底，一切社会经济机制都是为了满足人们的需要而建立和改进的。这个基本常识来自生物界的自然规律，也是历史唯物主义的基本常识。人们的需要林林总总，千差万别，但是根据积累起来的经验认知，这些需要还是有一定之规可循的。因此，当具有了经验认知的工具和条件时，后人总会比先人对人类的需要知道得更多和更详尽，并为此做出必要的生产经营安排。但是人们永远不可能穷尽人类的需求，这种人类需求的不可知来自这样的限制：其一，人类的需求随着时间的变化是动态的，此一时彼一时的需要差别很大；其二，人类的需求随着空间的转换是善变的，靠山吃山，靠水吃水；其三，人们总是在给定的生产经营条件下获得满足，不可能超越这个时空条件。因此，我们可以依据经验积累认知做出分析，大致预测出人类需求变幻趋势，并依据当时当地给定的条件去满足人类需要并尽可能地达到充分，但是永远不能精准地预见到动态的和善变的人类需要，并完全达到满足水平。

　　21世纪比起20世纪，借助于信息技术的应用如大数据和人工智能，人们的确对自身需求和社会经济规律有了更广更深的了解，但由此认为可以诞生新计划经济，这只是从生产力要素变化方面的解释。

任何经济运行机制和制度,总是离不开生产力要素和生产关系要素两个方面的发展与结合。

信息技术中的数据挖掘和大数据分析有助于决策进一步完善,但是依然代替不了决策。经济理论承认信息的不对称现象普遍存在,而这常常是困扰经济决策准确性的难题之一。因此,随着大数据时代的降临,似乎改变了对信息不对称性的看法。大数据通俗的说法是样本等于总体的数据,换言之,没有多余的数据。但是达成这样的情况很令人怀疑。即使技术上实现了全体样本,但是也只是对历史记录数据而言,并不代表未来数据。而且瞬息万变的数据收集是有时间差和成本的,依据大数据做出决策还需要将时间差、收集成本和数据遗漏等因素考虑在内。借助大数据,可以更广更深地了解事物现象,但是在现象与本质之间要建立联系,仅仅依靠大数据是不够的。这需要更多的逻辑知识和分析工具。

信息技术与其他科技结合而形成的人工智能对于模拟和掌控经济行为有明显改进,但是不可能完全替代经济行为自身。21世纪发生的最具有人工智能里程碑事件的,是国际象棋的人机大战,机器人战胜了当今国际象棋头号大师。的确,在许多微观领域,人工智能的卓越表现已经屡屡令人称奇,可以替代人类劳动,甚至比人类劳动干得更为出色。然而,令人恐惧的也是这点:人类自己的劳动由机械系统和计算系统替代之后,人类还能不能掌控后续行动?人脑无与伦比的创造性想象力和智慧还有没有?回答这样的问题不是经济学或其他社会科学所能够做到,要解释清楚的可能是人类学。目前所看到的人工智能,绝大多数是在复制已有的人类事件和数据,并将这些事件和数据做到逻辑化和模型化。其实经济学一直在持续不断地努力推出各种经济行为方程和模型来精准模拟人类行为。自从人们充分分析了经济危机的起源和发生机理之后,人们满怀信心地认为可以准确预测和掌控经济周期性波动。可是到2008年,人们依然避免不了堪比20世纪20~30

年代所发生的那场经济大萧条危机。目前看，人工智能将会继续运用越来越广泛，进入家庭进入企业，甚至进入政府机构，但是成功的希望大概集中在微观领域。在宏观领域，依靠人工智能做预测和掌控未来明显是做不到的。

说到底，大数据和人工智能只是在物质技术手段方面的进步，属于社会生产力领域生产工具的历史性改进。但是要在社会生产关系领域做出相应改变，需要更多的努力和转变。提出建立新计划经济，或者重建计划经济只是一种主张，是一种选项。即使同意这个主张或选项，也要考虑如何对已经形成的生产关系如何做出调整，如何改造已经植根在经济土壤的市场机制。严格来说，我们的理论准备并不十分充分。

中国在改革开放的40年中，不断调整生产关系，渐进地把整个国民经济从计划机制轨道转换到市场机制轨道上来，而没有引发社会剧烈地波动，实现了世上迄今为止最成功的巨大经济体转型。依照中国转型经验的概念分析，计划经济至少有三种含义的解读：其一，一个经济体中存在着上下一体的政府计划体系，从中央政府计划到地方计划。客观上说，企业内部历来都是有计划安排的，但是企业内部有计划并不等于计划经济。只有政府编制了计划，与企业计划相衔接，计划经济才能出现。从这个意义上说，中国自实行五年为一期的国家计划管理以来，直到现在，政府已经连续编制了13个五年规划和60个以上的年度计划。从第10个五年计划期起不叫计划改叫规划，最重要的变化就是这种计划总体上是指导性的，并不取代企业和个人做出独立安排。计划起到的作用是引领性，并不是包罗万象包办一切。今天世界上依然还有不少国家政府也在编制类似的指导性计划。这是一种指导性的计划经济。其二，一个经济体中政府利用计划形式去配置和管控社会经济资源。计划依然具有工具性特点，但是计划实施依照行政命令推行，并严格要求企业和个人依照政府计划安排开展经济活动。

这种计划因为具有强制性和命令性的特点而被称之为指令性计划。中国从20世纪50年代直到80年代初实行的就是这种指令性的计划经济。到20世纪90年代初转型为指导性的计划经济。其三，一个经济体完全依照行政命令配置和管控社会经济资源。在这个经济体系之中，政府计划有无其实都不重要，重要的是政府直接掌控和分配所有的资源。计划管理好歹还需要依照一定的程序并按部就班地实施，而在这种一切由行政当局安排的经济中，政府随时发布行政指令，可以直接决定微观领域的资源配置和插手相应的经济活动。严格来说，这种经济体是超计划的命令经济，只有战时才得以建立。

显然，中国既不需要恢复指导性的计划经济，也无必要重新建立一个指令性经济。以经济学角度观之，市场经济是属于商品经济的高级形式，是发达的商品经济。在中国，市场作用的发挥受到规划等的引导，这种规划引导性的商品经济也就是有计划的社会主义市场经济，这与过去指令性计划或指导性计划的商品经济不同。如果非要将规划引导性质的商品经济重新改造为指令性/指导性计划性质的商品经济，应该是绝大多数人不会赞成的。这是开历史的倒车，将会挑起不必要的争议。由于信息技术进步导致了更加有利于计划管理的因素涌现，但这还不足以说明建立计划经济的充分性和必要性。因此，新计划经济的提法需要谨慎对待。

二、需要继续在市场与计划相结合的道路上前行

我国历经40年转型为指导性计划的市场经济，在创造出高速增长和经济繁荣之后，也开始显示出市场经济的固有缺陷：收入分配不均，社会贫富分化严重；经济外部性效应突出，环境污染后果严重；资本力量染指广泛领域；市场引导的盲目性加深，产能过剩现象严重。这

第七章 中国政府中期计划（规划）绩效评估

些乱象说到底，是马克思在分析商品经济世界给出的图景：商品的使用价值与价值的分离与异化，具体劳动与抽象劳动的分离与对立。商品经济的内在矛盾发展到它的高级形式即市场经济，不是消失了，而是扩大了深化了。我们面对的是如何妥善解决这种矛盾。从根本上说，消除这些矛盾目前尚不具备各方面的条件。

回顾过去，改革初衷是力图把市场的长处同计划的长处结合起来，40年的高速增长与经济繁荣也表明这种结合还是有可能和有效的，但是同时也把市场的短处一并带入，这当然不符合改革设计想法，也不是把打开窗户飞进来的几只苍蝇轰走那样简单。市场机制固然是目前配置资源最有效率的机制，但是这种高效机制用得不好也会变成对资源利用最有害的机制。迄今为止，主流经济理论依靠数学逻辑和经济逻辑证明了市场均衡的存在及其有效性，但这种逻辑证明依赖于严格的假设条件，而与现实条件相去甚远。人们可以假设理想生活的条件，但却无法选择现实生活的条件，而只能依赖这些现实条件去选择性的生活。因此不能盲目地把现实中出现的问题都简单归结为是市场化不彻底，因而引出继续推进市场化改革的逻辑。不能一条路走到黑。将市场与计划结合起来的逻辑，自然是结合各自的长处而不是结合各自的短处，这个逻辑在改革之初就是明确的，40年之后当市场机制的缺陷暴露无遗时更应坚持这个逻辑。

现在人们习惯于用市场与政府的关系来同等表述市场与计划的关系。原则上讲，两者还是有差异的，对分析和解决问题有不同逻辑。市场含义本质上讲是交换场所及其交换关系总和，它在配置资源时的作用特点就是自发性和趋利避害。计划含义本质上讲是人类理性设计，它在配置资源时的作用特点就是自觉性和按部就班。政府含义本质上讲是社会组织的一种形式，它可以成为管理社会经济活动的主体，具有广泛性和强制性。因此，政府相对于市场，是管理主体与管理客体的关系，政府相对于计划，是管理者与管理工具的关系。讨论政府与市场的关系,首先是政府要不要管理市场的问题,这已经是常识性命题,毋庸置疑,因为在所有的社会经济场合都存在着一定形式的政府管理或干预市场现象。其次是政府如何管理市场的问题,这自然就衍生出管理工具的运用命题,而这才是关键,因为管理工具使用的种类、形式、方式、力度和效果,对市场有效性高下立见。讨论市场与计划的关系,是如何将自发性与自觉性、趋利避害与按部就班结合在一起,这是高度复杂的命题但又是问题的核心。对所有这些关系的探索都归结为一个基本命题:在满足人类自身需要时,社会如何在趋利避害地自发实现与按部就班地自觉实现之间达成平衡。

中国社会主义制度发展到今天,已经具备了更加丰富的经验教训,也拥有了更多的化解问题与矛盾的工具和手段。这些至少包括:正在做大做强做优的国有企业,日益创新进取的民营企业,产权保护制度,政府周期性规划,高效有力的产业政策,积极的财政政策,稳健的货币政策,统一普惠的社会保障制度,日益健全的市场体系,政府、企业和个人的信用征信制度,上下协调的央地政府关系,等等。应当继续借助于上述基本制度和工具来化解多年积累起来的问题与矛盾。

现在比较明确的是,市场机制在应对微观经济领域方面是比计划机制更加灵活和有效的,而计划机制在应对宏观经济领域方面则比市场机制更加有效。对于中观层次的经济活动,市场机制和计划机制各有所长,长短互见。因而,进一步的市场与计划相结合,可能是在微观领域继续加强市场的作用,在宏观领域继续强化计划的作用,在中观领域则结合市场和计划的共同性作用。例如,在微观领域加强反垄断,进一步放开竞争;在中观领域加强行业协会的协调和组织作用;在宏观领域强化规划引领和调控作用。借助于信息技术进步,在微、中、宏观三个国民经济层次上,可以更充分地利用大数据以减少信息不对称性,可以利用人工智能以降低市场非理性。

经过了疾风暴雨式的改革历程之后,健全的思维逻辑应当形成,这种思维就是不走极端,在计划与市场的相互结合上寻求平衡。极端的思维逻辑,即要么市场,要么计划,是不可取的,需要摒弃。然而值得警惕的是,在大力推进政府简政放权继续深化改革的进程中,有一种潜在的企图或者说有意的导向是把市场深化当作深化改革的目标。当年邓小平提出的两个不等式逻辑(社会主义不等于计划经济,资本主义不等于市场经济)在深化改革的今天依然有必要强调和坚持。依照这个逻辑,市场和计划都是工具,都是服务于社会主义经济发展的需要。面对当前复杂的社会经济问题,一定要保持清醒的头脑,明确是什么性质的问题就采用什么工具加以解决。若是市场不足就大力发展市场,若是计划不足就一定强化计划,而不要抬高或者贬低其中某个工具,拘泥于某个观念。显而易见,只把市场化当着深化改革的方向或目标是片面的认识。从根本上讲,今天所有的深化改革的目标,是继续健全和完善70年来经历无数次磨难打造起来的社会主义经济制度,这个经济制度保障了人民生活水平的持续提升和国家实力的不断壮大,实现公平正义。计划还是市场,多一些少一些,本身都不是价值判断,都是可以采用的工具和手段。

第八章 中韩政府管理行为绩效比较[①]

韩国从20世纪60年代开始推行市场经济的开发型模式,尽管在1997年因为亚洲金融危机冲击不得不接受国际货币基金组织的整改要求,放弃了一些开发型模式的做法,但是依然保留了这个模式的一些特点。中国则在20世纪90年代之后开始学习包括韩国在内的市场经济开发型模式经验,中国国情还特别适合推行开发型模式。[②] 因此,总体来说,不管是在执行政府的公共职能还是在推动经济发展方面,至今两国政府起到的作用依然是十分重要和突出的。这也促成了中韩两国都在较短时期内实现了经济高增长。因此,对比一下中韩两国的政府行为,尤其是在行为绩效方面的表现,是很有意义的命题。借此可以帮助人们更好地理解同一个经济模式下不同政府的行为异同奥秘。

本章采用第六章开发出来的观念和方法,利用中国和韩国的官方统计资料对两国政府经济管理的绩效进行了实证比较分析,其结论对加深理解政府经济管理行为是有益的。而且这种国际比较加深了对政府经济管理行为规律的认识。本章首先试图从宏观角度探讨中韩两国政府的行政管理开支比较。但由于两国政府所承担的行政管理功能有差异,因此在政府使用行政管理经费时存在各自的定义用途。为了进

---

① 本章部分内容取自笔者指导的韩国留学生李周炯的经济学硕士学位论文,收入本书时进行了必要的修改和补充。
② 刘瑞:《中国经济的转型与定型》,载于《中国人民大学学报》2004年第5期。

行比较研究，需要在比较分析展开之前先讨论各自定义，取得一致性之后才能展开可比性分析。

第一节 中韩对政府行政管理支出概念的不同定义

在比较中国和韩国政府的行政管理开支之前，首先需要界定三项内容：一是对行政管理支出的定义和范围界定。财政统计中的行政管理开支数据是本研究中最为关键的资料。因此，需要在了解行政管理支出的概念和范围的基础上对此问题进行深入的研究和探讨。二是两国财政统计口径和方法的问题。不同国家会存在不同的统计标准和方式。为了进行研究需要了解两国在财政统计方面使用的统计口径和方法。三是明确两国财政统计中对政府范围的界定。各国的国家体制和国情会存在一些差异，但是，各国政府基本上由担任各种不同工作的机关和机构组成，如中央和地方政府、行政机关、办事机构、国企、非营利组织和团体、包括社会保障基金在内的各种基金等。各国如何定义政府的范围是决定国家财政统计内容的最基本的因素。因此，必须要在明确两国界定财政统计中政府范围的基础上进行比较研究。

一、中国的行政管理支出

随着国家经济和社会的发展和变化，衡量国家发展指标的各种国家统计方法和口径也发生着相应的变化。2007年是中国对财政收支分类进行改革的分水岭。按照2007年前的统计方式，在财政收支分类当中行政管理支出包括行政管理、司法、外交、党派团体补助、公安安全支出、法院检察院和公检法办案费用补助等。

2007年之前的《中国统计年鉴》中出现两个行政管理支出（行政管理费），一是"国家财政主要支出项目"中的行政管理费（狭义），二是"国家财政按功能性质分类的支出"中的行政管理费（广义），而且财政部的各年度《全国财政支出决算表》中也出现行政管理费项目。

《中国统计年鉴》中的国家财政主要支出项目有：（1）基本建设；（2）增拨企业流动资金；（3）挖潜改造资金和科技三项费用；（4）地质勘探费；（5）工、交、流通部门事业费；（6）支农支出；（7）文教、科学、卫生支出；（8）抚恤和社会福利救济费；（9）国防支出；（10）行政管理费；（11）政策性补贴支出。

参考财政部的《全国财政支出决算表》可以知道，《中国统计年鉴》中的行政管理费（狭义）包括行政管理费[①]、公检法司支出和外交外事支出三项的总合。而"国家财政按功能性质分类"包括五项分类：（1）经济建设费；（2）社会文教费；（3）国防费；（4）行政管理费；（5）其他支出。其中，同样参考财政部的《全国财政支出决算表》可以看到，行政管理支出（广义）包括行政管理费（项目）、公检法司支出、外交外事支出、武装警察部队支出、对外援助支出和其他部门事业费（税务、统计和财政、审计等部门）[②] 六个部分的支出。"国家财政按功能性质分类"对行政管理支出（广义）的覆盖范围恰恰反映了现有文献对行政支出的定义，即"行政支出是财政用于国家各级权力机关、行政管理机关和外事机构形式其职能所需的费用"。[③]

---

① 决算表中的一个支出项目分类，不同于在文中的狭义或广义行政管理费，以下称为"项目"。
② 参考财政部《2005年全国财政支出决算表》整理。
③ 陈共主编：《财政学》（第五版），中国人民大学出版社2007年版，第103页。

2006年，中国为了与国际统计口径接轨、实行更有利于国际比较的统计，财政部制订了《政府收支分类改革方案》，新制定了符合国际通行惯例的《2007年政府收支分类科目》①，从此在财政统计中行政管理支出项消失。在此情况下，为了行政管理支出研究的连续性，部分学者对比新旧统计口径中的行政管理支出进行了分析，并提出将一般公共服务支出、公共安全支出、外交支出以上三项支出的加总确定为行政管理支出总额。② 2007年改革前后行政管理支出项目比较如表8-1所示。

表8-1　　　　2007年改革前后行政管理支出科目比较

2007年改革前	2007年改革后
行政管理费	一般公共服务（201）
其他部门事业费	
外交外事支出	外交（202）
对外援助支出	
公检法司支出	公共安全（204）
武装警察部队支出	

资料来源：中国财政部预算司，括号内为科目分类编号。

2007年改革后，一般公共服务支出、外交支出、公共安全支出的具体内容如下：③

---

① 《2007年政府收支分类科目》按支出功能性将国家财政支出分为17个一级科目：一般公共服务、外交、国防、公共安全、教育、科学技术、文化体育与传媒、社会保障和就业、社会保险基金支出、医疗卫生、环境保护、城乡社区事务、农林水事务、交通运输、工业商业金融等事务、其他支出、转移性支出。2007年以后，财政部在最初的科目分类框架基础上新增或调整了分类。但是，一般公共服务、外交、公共安全三个科目的内容基本上没有变化。

② 杨宇立、钟志文：《国内国际行政支出实证比较》，上海学林出版社2010年版，第10~11页。

③ 中华人民共和国财政部：《2007年政府收支分类科目》。

（1）一般公共服务（32款）：人大事务、政协事务、政府办公厅（室）及相关机构事务、发展与改革事务、统计信息事务、财政事务、审计事务、海关事务、人事事务、纪检监察事务、人口与计划生育事务、商贸事务、知识产权事务、工商行政管理事务、食品和药品监督管理事务、质量技术监督与检验检疫事务、国土资源事务、海洋管理事务、测绘事务、地震事务、气象事务、民族事务、宗教事务、港澳台侨事务、档案事务、共产党事务、民主党派及工商联事务、群众团体事务、彩票事务、国债事务、其他一般公共服务支出。

（2）外交（8款）：外交管理事务、驻外机构、对外援助、国际组织、对外合作与交流、对外宣传、边界勘界联检、其他外交支出。

（3）公共安全（10款）：武装警察、公安、国家安全、检查、法院、司法、监狱、劳教、国家保密、其他公共安全支出。

从分类、分款科目中可以发现，一般公共服务的32款大部分都有对应的相关部、委、局、办等行政管理单位。从外交领域的分类、分款科目中可知，中国的对外援助支出和国际组织有关费用等都是按照国际惯例执行。在公共安全分类、分款科目中，最有特点的是武装警察部分。武装警察作为国家内部安全保卫部队，担负内卫、黄金、森林、水电、交通、边防、消防、警卫任务，是在国外非常罕见的部队。

对比2007年改革前后的财政支出具体科目，可以发现，新的一般公共预算标准中的一般公共服务、外交和公共安全三项支出的总和同等于改革前按功能性质分类中的行政管理费。在改革后的统计口径中，一般公共服务同等于改革前的行政管理费和其他部门事业费等支出，公共安全则同等于武装警察部队支出和公检法司支出两项，外交科目同等于改革前的外交外事支出和对外援助支出。

经过2007年的统计口径改革，虽然在统计方法和界定政府范围方面会有些差异，但是中国的财政收支在分类的角度上看在很大程度上接近于国际通行的财政分类标准，从而提高了中国统计数据和国外统计数据的可比性。

联合国政府按功能分类（COFOG）标准中一般公共服务和公共秩序与安全的包括范围，以及《中国统计年鉴》一般公共预算支出按功能性分类和联合国的政府按功能性分类一级科目比较，如表8-2和表8-3所示。

表8-2　　联合国政府按功能性分类（COFOG）标准中
一般公共服务和公共秩序与安全的包括范围

分类	分款
01. General public service （一般公共服务）	01.1　executive and legislative organs, financial and fiscal affairs, external affairs（行政和立法机关、金融和财政事务、对外事务）
	01.2　foreign economic aid（对外经济援助）
	01.3　general services（一般服务）
	01.4　basic research（基础研究）
	01.5　R&D general public services（一般公共服务研究和发展）
	01.6　general public services n. e. c.＊（未说明的一般性公共服务）
	01.7　public debt transactions（公共债务交易）
	01.8　transfers of a general character between different levels of government（各级政府间的一般性转移）
03. Public order and safety （公共秩序与安全）	03.1　police services（警察服务）
	03.2　fire-protection services（消防服务）
	03.3　law courts（法院）
	03.4　prisons（监狱）
	03.5　R&D public order and safety（公共秩序与安全研究发展）
	03.6　public order and safety n. e. c.（未说明的公共秩序与安全）

注：n. e. c：No explanatory note available for this code.
资料来源：联合国官网 COFOG（classification of the functions of government）。

表8-3 《中国统计年鉴》一般公共预算支出按功能性分类和联合国的政府按功能性分类一级科目比较

中央和地方一般公共预算主要支出项目	COFOG classification of the functions of government（政府职能分类）
国家财政一般公共服务支出	general public service（一般公共服务）
国家财政外交支出	
债务付息支出	
债务发行费用支出	
援助其他地区支出	
金融支出	
国家财政国防支出	defence（国防）
国家财政公共安全支出	public order and safety（公共秩序与安全）
国家财政农林水事务支出	economic affairs（经济事务）
国家财政交通运输支出	
国家财政科学技术支出	
资源勘探信息等支出	
粮油物资储备支出	
商业服务业等支出	
国家财政环境保护支出	environmental protection（环境保护）
国土海洋气象等支出	
国家财政城乡社区事务支出	housing and community amenities（住房和社区设施）
国家财政医疗卫生支出	health 健康
国家财政文化体育与传媒支出	recreation, culture and religion（娱乐、文化和宗教）
国家财政教育支出	education（教育）

续表

中央和地方一般公共预算主要支出项目	COFOG classification of the functions of government（政府职能分类）
国家财政社会保障和就业支出	social protection（社会保障）
住房保障支出	
其他支出	无

资料来源：笔者根据《中国统计年鉴2016》中央和地方一般公共预算支出项目和联合国 COFOG（classification of the functions of government）整理。

为了数据的可得性和研究的准确性，借鉴以上对中国行政管理支出口径界定的基础上，将2007年改革后的政府的行政管理支出界定为财政支出中的"一般公共服务、外交、公共安全"三个科目，并对1970~2015年的中韩行政管理支出进行比较和分析。

二、韩国的行政管理支出

韩国财政收支统计历史中，没有出现过行政管理支出概念或分类。国际社会将政府的一般公共服务、国防、公共秩序与安全三项支出分类为国家管理支出，这应该是最接近的概念。但是，这一概念和词语也是几乎不使用的。为了进行两国之间的比较，只能通过与中国的行政管理支出有对比性、可比性的统计数据来进行研究。

有关韩国公共部门和一般政府部门（general government）的财政统计，有两项符合国际标准的、具有权威性的数据，即韩国银行按照联合国（UN）的 SNA 2008[①] 进行核算的国民账户中的一般政府账户

---

① United Nation, System of National Accounts 2008（SNA 2008）。

和韩国政府企划财政部按照 IMF GSFM2001[①] 标准进行统计的财政统计。但是，韩国企划财政部的财政统计只是中央政府范围内的数据。IMF 要求各个国家提供按照联合国的财政支出按功能性质分类的国家财政收支数据，但是韩国政府企划财政部方面尚未作出有关工作，在 IMF 数据库里无法找到有关的数据。因此，在当前条件下，韩国银行提供给 OECD 的国民账户中的一般政府（general government）统计数据可以说是能够进行不同国家政府之间财政支出按功能性质分类比较的唯一资料。

韩国银行在 1957 年被指定为国民收入统计估算机构后，1958 年开始按照联合国的 SNA 进行着国民账户编制工作。作为属于国民经济核算的部分指标，韩国银行每年发布一般政府按功能性质分类支出统计（SNA 标准的 COFOG）。

在 SNA 2008 中，公共部门的概括范围是一般政府（中央政府、地方政府、社会保障基金、公共学校、公共医院、公共福利服务、提供非市场性服务的公共非营利机构和团体中得到政府的财政支援并受到控制的机构和团体等）和公企业（非金融公企业和金融公企业）。有关一般政府的范围一直是有争论的话题。为了克服韩国银行和企划财政部之间财政统计范围的不同而导致的种种争议，韩国银行和企划财政部从 2008 年开始合作进行财政统计改编工作，2011 年确定了公共部门分类标准，从而对 SNA 标准和 GFS 标准的一般政府包括范围达成了一致。公共部门和一般政府的分类标准[②]：

1. 公共部门的抽样对象：(1) 中央及地方政府会计和基金；(2)《有关公共机关运营的法律》中的中央政府所属机关（304 个）；(3)《地方公企业法》对象机关（398 个）；(4) 虽然不是属于《有关公共机关

---

① International Monetary Fund（IMF），Government Finance Statistics Manual 2001（GFSM 2001），最新版本为 GSFM 2014。
② 参考韩国银行资料整理。

运营的法律》及《地方公企业法》的机关,但是根据韩国银行判断提出纳入公共部门范围的机关,例如,韩国银行、金融监督院、KBS、EBS、首尔大学、仁川大学等。

2. 公共部门的分类标准:(1)支配性:政府对有关机关、机构的支配和控制程度(任免权、财政支援程度等);(2)特殊标准:社会保证机构、结构调整机构属于"一般政府";(3)市场性:销售额÷生产原价(原价补偿率)大于50%属于公企业,小于50%属于一般政府。但是,将政府作为唯一顾客(对政府销售比率达到80%)。进行市场活动的机关、机构属于一般政府。

韩国的机构类型划分标准及数量如图8-1所示。

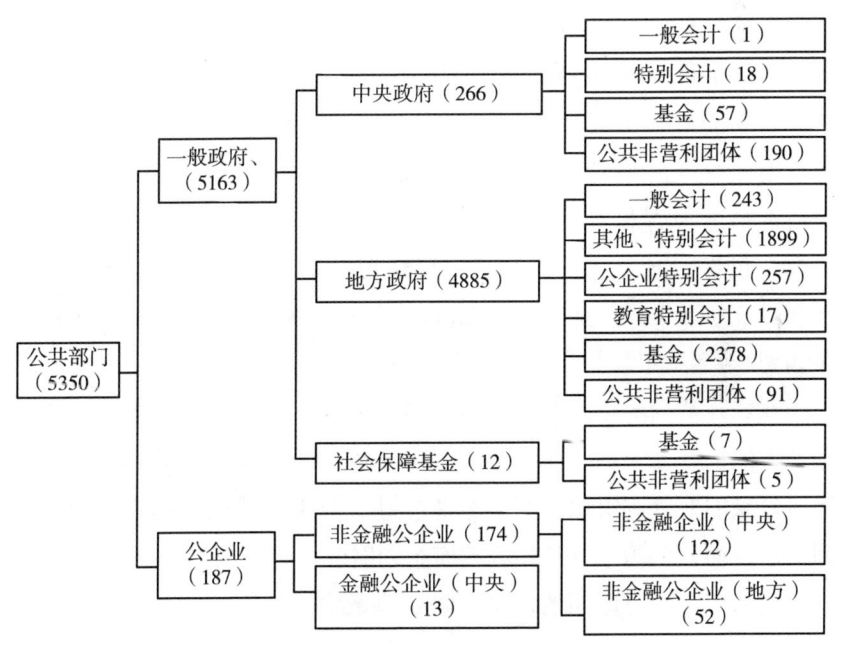

```
公共部门          一般政府         中央政府(266)     一般会计(1)
(5350)          (5163)                          特别会计(18)
                                                基金(57)
                                                公共非营利团体(190)

                                 地方政府(4885)    一般会计(243)
                                                其他、特别会计(1899)
                                                公企业特别会计(257)
                                                教育特别会计(17)
                                                基金(2378)
                                                公共非营利团体(91)

                                 社会保障基金(12)   基金(7)
                                                公共非营利团体(5)

                公企业           非金融公企业(174)  非金融企业(中央)
                (187)                           (122)
                                金融公企业(中央)   非金融公企业(地方)
                                (13)            (52)
```

图8-1 韩国的机构类型划分标准及数量

注:括号内数字均为机关(或基金)数。
资料来源:韩国银行2015年公共部门账户概括范围。

三、中韩财政统计方式、范围综合比较

以上对中韩两国的政府财政统计的方式、统计范围和中国财政统计口径改革前后的变化等进行了基本阐述。在本节为了明确两国的财政统计数据细节上的差异，试图通过比较的方式对中韩两国财政统计方式、范围再次进行说明。

在统计方式上，中国的财政统计核算目前处于收付实现制的 GFSM1986 阶段，尚未引入实施过权责发生制的 GFSM 方案。中国于 2007 年开始采用的政府财政收支统计分类体系，是中国原有政府财政统计核算与 GFSM1986 相结合的产物。[①]

韩国银行采用的 SNA2008 标准和韩国政府财政企划部从 2011 年以后采用的 GFSM2001 标准的记账方式均为权责发生制，这是中韩两国财政统计的不同之处。通过下面表格的内容，可以认识到中国政府的财务报告和 GFS、SNA 标准之间生成数据信息的顺序。政府的财务报告数据为财务状况、运行情况和现金流量等信息，是 GFS 和 SNA 的基础数据。政府财政报告、GFS、SNA 三者数据信息生成顺序如图 8-2 所示。

在统计范围的角度上，中国政府的财政报告的覆盖范围仅为中央和地方的部、委、局、办等政府行政管理单位，并没有将种类繁多、性质复杂的非营利组织、国有企业、基金等事业单位等纳入政府的范围里。反而，韩国银行和韩国政府企划财政部都是根据 SNA 和 GFS 的一般政府定义划分政府的范围，将中央政府、地方政府和受到政府方

[①] 潘琰、蔡高锐：《完善与发展我国政府财务报告体系的思考——基于政府财务报告与 GFS、SNA 比较的新视角》，载于《财政研究》2016 年第 12 期，第 73 页。

面直接或间支配的准政府机关①、公企业、公共非营利团体、基金、社会保障基金都包括在内。因此，韩国两个机关的财政统计中的政府概念与中国相比要更大更广泛。

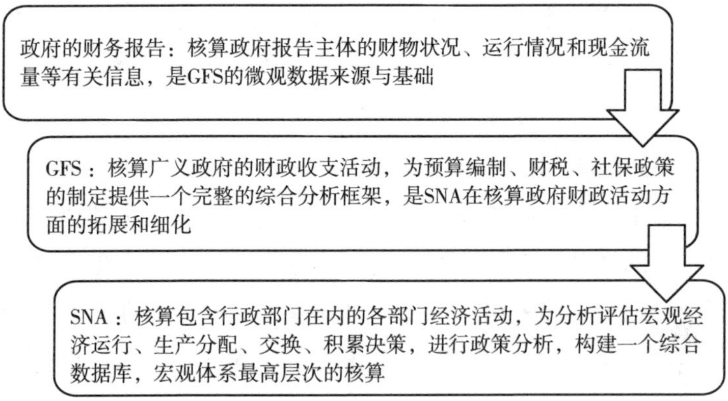

政府的财务报告：核算政府报告主体的财物状况、运行情况和现金流量等有关信息，是GFS的微观数据来源与基础

GFS：核算广义政府的财政收支活动，为预算编制、财税、社保政策的制定提供一个完整的综合分析框架，是SNA在核算政府财政活动方面的拓展和细化

SNA：核算包含行政部门在内的各部门经济活动，为分析评估宏观经济运行、生产分配、交换、积累决策，进行政策分析，构建一个综合数据库，宏观体系最高层次的核算

图 8-2 政府财务报告、GFS、SNA 三者数据信息生成顺序

资料来源：潘琰、蔡高锐：《完善与发展我国政府财务报告体系的思考——基于政府财务报告与 GFS、SNA 比较的新视角》，载于《财政研究》2016 年第 12 期，第 68 页。

第二节 中韩两国政府行政管理支出实证比较

一、中韩政府行政管理支出数据处理和核算方法

为了比较两国政府的行政管理支出，利用 1970~2014 年两国国内

---

① 职员定员为 50 名以上，而不属于公企业的公共机关中，企划财政部长指定的机关。分为基金管理型准政府机关和委托执行型准政府机关。委托执行型准政府机关是受政府的委托执行特定领域业务的机关。

生产总值（GDP）、政府财政收入、政府财政支出、政府行政开支数据计算出"政府组织维持运行的开支－自用资源比率"和"物力和财力占用－支配资源程度"两项指标。

按照在前面章节所阐述的内容，中国政府的统计资料利用各年度统计年鉴和财政统计年鉴中财政部分数据。由于实施《2007年政府收支分类科目》前后的变化，改革前的数据为中央和地方财政总收入、总支出数据和国家财政按功能性质分类中的行政管理支出项数据，改革后的数据为中央和地方一般公共预算主要收入、支出数据，并将一般公共预算主要支出中的一般公共服务支出、外交支出和公共安全三项支出科目的加总作为行政管理支出项进行核算。国内生产总值数据保持不变，因此直接采用。需要说明的是，为了各项数据保持同样的标准，针对财政总收入、总支出、行政管理支出三个项目做了一些处理。具体内容如下：

（1）自2000年起，财政支出中包括国内外债务付息支出。因此，在2000～2015年的财政总支出数据中扣除了国内外债务付息指出款项。

（2）2007～2008年的财政统计中，发现国债付息支出被列在一般公共服务项目内，均从该项目中扣除，而不再总支出中扣除。

（3）2007年统计口径改革后，对外援助支出被列为外交支出内。因此，在2007～2015年的外交支出中扣除了该项支出。

韩国政府的数据利用由韩国银行核算并提供的国内生产总值和国民账户中的一般政府部门总收入、总支出数据，并将一般政府总支出按功能性质分类中的一般公共服务支出和公共秩序与安全支出的总合作为行政管理支出项。韩国政府的财政总支出数据也应当扣除有关国内外债务付息和对外援助的支出项目，但是韩国银行方面没有提供有关数据，所以只能在现有条件下进行核算。中韩政府财政支出统计中的行政管理支出比较如表8-4所示。

表 8-4　中韩政府财政支出统计中的行政管理支出比较

行政管理支出		
中国财政统计		韩国银行国民账户一般政府按功能性分类（COFOG）支出
2007 年改革前	2007 年改革后	
行政管理费	一般公共服务（201）	一般公共服务
其他部门事业费		
外交外事支出	外交（202）	
对外援助支出		
公检法司支出	公共安全（204）	公共秩序与安全

具体核算公式引用自：

公式（6-3）：$g = E \div GE \times 100\%$

公式（6-2）：$z = GR \div NI$（或 GDP）$\times 100\%$

二、实证分析

通过上节所述内容和核算方式，利用两国政府 1970~2014 年的国内生产总值（GDP）、政府财政收入、政府财政支出、政府行政开支数据核算出两国政府的"自用资源比率"和"政府支配资源程度"，并进行比较。

本书的基本前提是政府的行政管理开支（国家管理工作开支）要小，减少不必要的行政开支，将有限的政府经济资源利用在更有实际建设性意义、提高国民生活质量的领域中。但是，需要明确的是，这里所指的"小"并不意味着盲目的消减该领域的支出，而指的是"小而有效""精简"的支出。为了评价政府行政管理支出的有效性，不能只通过该支出项在全体财政支出中所占的比例进行判断，需要将整体趋势、细部支出内容、历年来的政府结构调整等相结合进行研究。本书旨在观察行政管理支出历年来的整体趋势和变化，从中找到进行更深度研究的线索。

图 8-3　1970~2015 年中国政府自用资源比率和支配资源程度

在图 8-3 中，支配资源程度指的是国家经济总量当中政府以财政的形式所占用的整体资源比率，通过支配资源程度能够知道的是政府在各年度占用的国家经济资源总量。自用资源比率是指政府所占用的整体经济资源中（国家财政收入）投入行政管理支出（国家管理工作）的比率，对该指标的基本前提是所占比率越小越好。

1995 年之前，支配资源程度整体上呈现出一直下降的趋势，1994 年之后再次开始持续上升。而自用资源率在 2005 年之前一直处于增长的趋势，以后开始急速下滑。

支配资源程度的增减与国家税收的增减有直接的关系。该指标在 1995 年之前整体上呈现出减少，意味的是当以国内生产总值为代表的国家经济总量增加时，国家财政没有同步增加，即国家税收没有增加，体现出了税制改革的需要。与之相反,1995年和1996年支配资源程度下滑到最低点10%后开始持续上升,直到2015年的10年间增长至22%水平。这样的变化恰恰反映了1994年中国进行的以增值税、消费税为中心的税制改革的成效。

1994年前,自用资源率呈现出增长的趋势,而同时间段的支配资源程度持下降的趋势,形成了鲜明的对比。至2007年,自用资源率整体上一直上升到22%水平,之后急速下降到2015年的13%水平。这样的趋势意味的是2007年以后行政管理支出在整体财政支出中的所占比率下降,开始达到有效支出的目标。从图8-4中可以看到,1993～2008年该指标的增长幅度高于支配资源程度,这样的局面从2009年开始有好转。虽然,2009～2015年的时间段较短,但是由此可以看出,中国政府的财政支出在行政管理支出方面有做出了明显的改变,而且这样的变化是有效的。

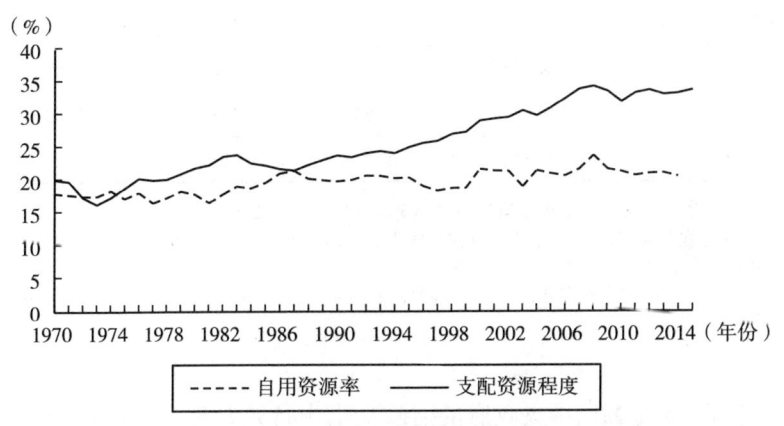

图8-4 1970～2014年韩国政府自用资源率和支配资源程度

韩国历年来的自用资源率和支配资源程度与中国相比呈现出较为稳定的局面。支配资源程度整体上呈现出增长趋势,而且高于自用资源率的增减增幅。由此可以看出，国家经济总量中政府所支配的资源比例历年来呈增长趋势，而且高于中国政府的支配资源程度。

自用资源率整体上围绕20%线上下波动，与支配资源程度的稳定增长趋势形成对比。该指标在过去35年以来的平均值是19.7%。这样的趋势意味的是，国家财政支出政策中，有关行政管理支出的政策较为一贯，没有过明显的改变。韩国的行政支出包括一般公共服务（包括外交）和公共秩序与安全两大领域的支出，总体上是以行政、立法、司法为代表的韩国三大权力机构的经常性支出。自用资源率的变化值不大，可能是以上权力机构的体制，特别是其机构编制和人员编制方面没有显著的改革和变化，其经费支出范围和内容较为固定。

表8-5　韩国行政部（中央政府）行政管理支出

年度	总支出（10亿韩元）	行政管理支出项（10亿韩元）			总支出中行政管理支出占比（%）
		一般公共行政	公共秩序和安全	外交、统一	
2012	335433	63973	15313	2984	24.23
2013	351644	66129	15185	3115	24.01
2014	362445	66874	15821	2934	23.63
2015	385476	65882	16725	3126	22.24

注：①不包含部门和支出项目间的内部交易支出和补填支出。
②韩国政府从2012年开始使用以权责发生制为基础的GSFM2001体系编制财政决算，之前使用的是收付实现制的GFS1986体系。
资料来源：韩国企划财政部《2013国家决算报告书》《2014国家决算报告书》《2015国家决算报告书》。

表8-5是韩国中央政府的财政支出中行政管理支出所占的比率。从表中可以看到，韩国中央政府近4年来的行政管理支出比例维持在23.5%水平。中央政府的数据与全国数据之间出现略小的差异是包括在全国财政数据中的地方政府和社会保障基金而导致的。比较全国和中央政府的数据，可以更明显地看到韩国的行政管理支出占全体财政

支出中的比例是较为稳定、固定的。

三、实证结论

我们分别把中韩两国的政府支配资源程度和政府自用资源比率做成对比图，两国的差异就可以进一步看得清清楚楚了。

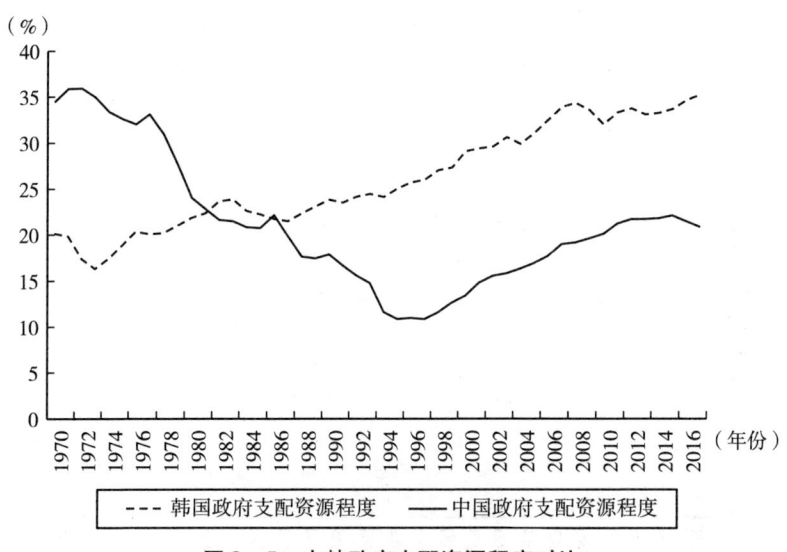

图 8-5　中韩政府支配资源程度对比

从图 8-5 可以看出，韩国政府支配资源的能力是比较强的，持续从 20% 上升到 35%，到达中国在计划经济时代的 35% 水平。而中国因为前后经历了计划经济与市场经济两个阶段，支配资源的程度走了一个 V 型：先是大大高于韩国水平，达到 35%，以后逐步下降到 10%，再上升到 20%。

最终，韩国水平高于中国水平。韩国政府的支配资源程度比中国政府高，意味着韩国政府占用的国家经济资源比中国要高。韩国政府的支配资源程度在过去的 35 年间整体上处于增长的趋势，目前达到 34% 水平，而中国的支配资源程度在 1994 年税制改革前从 30% 水平下降到 10% 水平，之后以 1994 年为转折点，呈现出增长的趋势，增长到目前的 22% 水平。尽管因为中国的经济体量大于韩国，韩国政府支配资源的规模远不及中国政府，但是韩国支配资源程度还是出乎意料的。对比一下表 8-6 中的各国数据，可以进一步看出，韩国与世界第一经济大国美国的支配程度一致。当然，在发达国家中比韩国支配资源程度还要高的大有人在，跟这些国家相比，韩国不能算是高的。

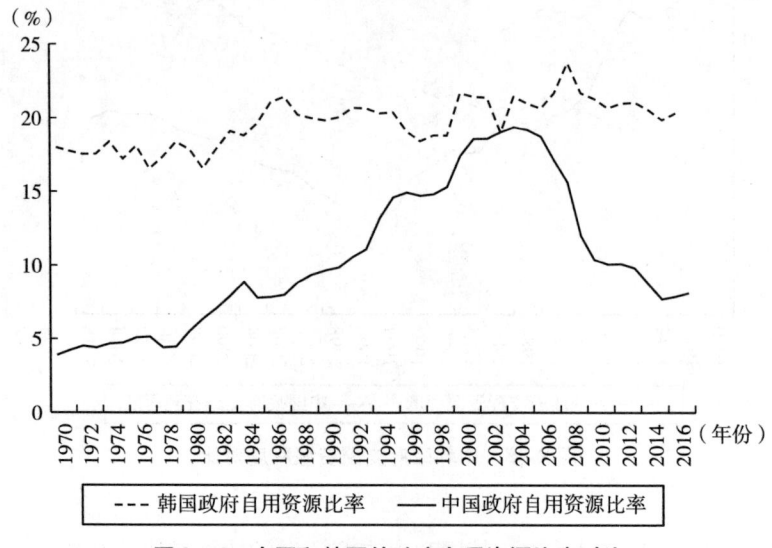

图 8-6 中国和韩国的政府自用资源比率对比

数据来源：中国历年统计年鉴，韩国历年政府统计。下同。

从图 8-6 也可以看出：韩国的自用资源率整体上高于中国。韩国的自用资源率在过去 35 年间一直在 20% 线左右上下波动。而中国的自用资源率在 2007 年之前呈现出增长的趋势，从 1970 年的 5% 水平增长至 2007 年的 22% 水平，而 2007 年以后开始快速减少到目前的 13% 水平。

需要说明的是，大分类上两国的行政管理支出项目基本相同，但是细部支出项目不是完全相同的。因此，为了更准确地比较，还需要对比各大分类下的各项细部支出做全面的比较。但是，难以获得这些细部资料是研究的难点。

根据 OECD 国民账户（national accounts）统计，2013 年全体 34 个 OECD 会员的政府财政支出平均占国内生产总值的 41.9%，高于韩国政府的财政支出占比。但是，这只是参考值，每个国家需要根据各个国家的国情、社会结构、产业结构、政府职能而确立财政政策。

表 8-6 2015 年中韩和 OECD 5 个国家国内生产总值中财政收入、财政支出、行政管理支出占比   单位：%

国家	各项在国内生产总值中的占比			
	财政收入	财政支出	财政支出中行政管理支出	
			一般公共服务	公共秩序与安全
中国	22.1	25.5	2.0	1.4
韩国	33.8	32.0	5.3	1.3
美国	33.5	37.7	5.2	2.0
英国	38.5	42.8	4.5	2.0
德国	44.7	44.0	5.9	1.6
意大利	57.7	50.3	8.4	1.9
法国	53.5	57.0	6.3	1.6

注：中国数据为中国政府的财政统计数据，一般公共服务领域包括一般公共服务和外交领域的财政支出。其他国家数据为按照 SNA 体系合算的一般政府财政数据，韩国的财政支出数据为 2014 年数据。

资料来源：OECD Data、《中国统计年鉴 2016》、韩国银行。

表 8-6 是比较中韩与 5 个 OECD 会员国的财政收入、财政支出、

行政管理支出在国内生产总值中的占比。从表中可以看到各个国家的财政收入和支出在国内生产总值中的占比都各自不同，行政管理支出各项的占比也各不相同。在表中，可以明显地看到中国政府的财政收支在国内生产总值的占比是最低的。但是，中国政府的财政统计尚未引入国际标准的财政收支统计体系。通过本书中使用的数据无法考量由于统计口径不同所引发的差异，这是今后需要进一步研究的部分。

本书只是从"总量"的角度分析了两国的行政管理支出，试图通过观察历年来的各项总量变化分析宏观趋势，而并没有包括"质量"因素。"质量"是指政府有关财政的政策、消耗行政管理成本的各个权力机关的编制效率、国民对这些机关服务的满足程度等。下节继续讨论关于政府管理质量方面的问题。

第三节 中韩的政府管理效率比较

一、经济总量与行政管理开支之间的相关性

首先，关于政府管理效率有一个基本假定，就是"国民经济总量（GDP）变化和政府管理行为总量（行政管理支出）的变化是有关系的"，就是假定国民经济总量的变化与政府国家管理工作总量的变化有关系。我们分别经过对中国和韩国两组数据即经济总量和政府行政管理支出量的相关性系数进行计算，计算结果为：

中国的经济总量指标与政府行政管理支出指标的相关系数：0.98248。

韩国的经济总量指标与政府行政管理支出指标的相关系数：0.99808。

两组数据均相关系数非常高，这表明政府管理支出与经济总量之间的确存在很紧密的联系。由此也说明政府管理效率指数客观反映了二者之间存在内在的一定联系。

依据第六章给出的计算公式（6-4）：$x = NI$（或 GDP）$\div E$，我们计算了中国和韩国的政府管理效率系数，并绘制出图8-7。关于中国和韩国的政府管理开支统计口径问题在上节已经分析过了，此节不再赘述。

图8-7 中国与韩国的政府管理效率对比变化

二、实证结论

比较而言，中韩的政府管理效率对比有以下特点：

1. 中国的政府管理效率曲线一直高于韩国方面

但据此得出中方政府管理效率一定高于韩方的结论需要谨慎。因为在经济体量上，中国快速从名不见经传的经济体迅速上升到世界经济第二大体，而韩国的经济体量则最好的时候也排在世界第十一位。如此地位悬殊，除了政府管理效率提升之外，还有其他因素。

2. 中方的政府管理效率经历了一个巨大的波动，而韩方的政府管理效率则比较稳定

中方管理效率曲线呈现向下趋势，且在21世纪初经历了一个U型变化。这种变化反映了中方的政府管理有一个波折和起伏，中国处于制度转型煎熬之中。反观韩国，尽管低于中方且趋势缓慢下降，但是比较平稳，这一定与韩方政府管理制度已经处于成熟阶段有关。进一步说，韩国历年来较为平稳的政府管理效率指数可能意味着，韩国政府有关行政管理支出的政策没有出现过非常显著的变化。虽然，韩国政府的行政管理支出政策较为稳定，但是基本设计的效率不高，在国家经济总量中投入在行政管理支出的资源量占用过大，而中方在这方面似乎比韩国做得更好一些。

3. 两国的政府管理效率均趋向下降态势，是否意味着两国共同面临进一步改革政府提高政府效能的使命

这是值得进一步研究的问题。管理效率指标含有一个基本假定，就是国民经济总量（GDP）变化和政府管理行为总量（行政管理支出）的变化是有关系的，就是假定国民经济总量的变化与政府国家管理工作总量的变化有关系。管理效率指数（x）与国内生产总值的增加成正比，当政府的行政管理支出一定时，国内生产总值的增加使管理效率指数变大。而行政管理支出作为政府财政支出中投入到国家管理工作的部分，可以说是纯属于国家公务员的工作领域。行政管理支出内也包括公务员的各种人员经费，因此，公务员数量的增加会导致行政管理支出的增加。

第四节　中韩的官民比例比较

英国的著名历史学家兼管理学家帕金森在1958年发表的著作《官场病：帕金森定律》（*Parkinson's Law*：*The Pursuit of Progress*）中称，业务量的增加和公务员数的增加之间没有任何关系。[①] 他使用统计学的方式证明了自己的理论，从社会生态学的角度讽刺性地分析了当时的社会。当今，在公务员组织，帕金森定律是否还是存在？政府组织是否过于快速膨胀？

在政府经济管理中，公务员组织规模的增加意味的是政府占用及消耗资源的程度增加。公务员规模增长而引发的资源占用及消耗问题可以从两个方面看：其一，与官员数增加同步发生的是更多的工资支出和为了官员办公的各种设施、器材和其他经费等的支出。这些成本都是直接消耗掉的、不可回收的成本，从而减少了政府反馈给社会的资源。其二，从占用人力资源的角度来讲，政府通过各种方式选拔的那些公务

---

① 诺斯古德·帕金森著，陈休征译：《官场病：帕金森定律》，生活·读书·新知三联书店1982年版，第1～12页。

员，一般都是社会的精英人才。庞大的公务员组织吸收了社会上的精英阶层，必然会使实际推动国民经济发展的、从事生产性活动的企业和非政府组织缺乏高素质的人才，导致整个国家竞争力的下滑。

为了国家管理和国民生活保障，公共领域业务是不可缺的部分。政府组织为了执行国家管理、社会保障、国家安全等各种公共职能，必然需要从事这些工作的官员。但是，这些公共领域业务都是非生产性的活动，不会给社会带来任何的财富积累。因此，从占用社会精英阶层人力资源、消耗由此而来的各种成本的角度来讲，公务员组织必须要保持适当的规模，减少随之而来的消耗性成本支出，将这些资源利用到有利于增加社会生产性、有益于国民的实际领域之中。

一、中国的公务员范围和统计

为了对比中国和韩国的官民比例，必须首先确定中国对公务员的定义和范围。很多时候人们混用公务员、干部、官员、财政供养人员等诸多概念，并对此界定不清。中国经济体制改革研究会副会长、北京改革和发展研究会会长陈剑在2015年接受《经济参考报》记者专访时称，财政部2012年的统计资料显示，到2009年底，全国不包括中央的地方财政供养人口为5392.6万人[1]。这些都是有公务员编制或者事业单位编制的体制内人员。《凤凰周刊》在2013年的一篇报道曾称，中国的"吃公粮"人口仅截至2009年就已超过5700万，这个数字已经逼近英国的人口规模，并且还以每年超过100万人的速度递增。[2] 国家民族事务委员会2008在其网站发布的民族工作改革开放30周年回顾文件第七章《少数民族干部和人才培养选拔工作扎实推进》

---

[1] 陈剑：《四项经济改革亟须推进》，载于《经济参考报》2015年9月17日。
[2] 《中国财政供养规模调查》，载于《凤凰周刊》2013年第10期。

中的第一节《少数民族干部队伍不断发展壮大》里又称,"目前,全国共有少数民族干部291.5万人,占干部队伍总数的7.4%"。根据文中的数据进行推算,2008年全国"干部"队伍人员总数是约3940万人。再看《2015年度人力资源和社会保障事业发展统计公报》中"公共人事管理"部分,内容中有"截至2015年底,全国共有公务员716.7万人"的部分。这些都是由什么标准算出来的数据?从上述专家意见和中国政府部门方面提供的数据,可见对官员的范围和其总数的理解有各自不同的观点。

中国官方还没有正式的公务员数据统计。因此,只能通过现有法律和政府文献等分析及理解公务员的范围、界定和其人员总数。

有关上述公务员数据,国家公务员局有关负责人在接受媒体采访时,对《2015年度人力资源和社会保障事业发展统计公报》中的公务员数据进行了了说明:"根据公务员法规定,公务员是指依法履行公职、纳入国家行政编制、由国家财政负担工资福利的工作人员,具体包括中国共产党的机关、人大机关、行政机关、政协机关、审判机关、检察机关、民主党派和工商联机关除工勤人员以外的工作人员"[①]。依据该定义和现行管理规定,公安、检察和司法机构工作人员也属于公务员。

《中华人民共和国公务员法(以下称公务员法)》中没有明示"行政编制"内的机构和机关,但是在第一章总则的第二条中明示了公务员是属于行政编制内的,并在十一章交流与回避的第六十三条和第六十四条规定了公务员的交流机制。

根据中央机构编制委员会办公室的定义,行政编制是指,"国家党政机关使用的人员编制,包括国家机关、各党派和部分社会团体使用的人员编制,其经费由行政经费开支。行政编制的使用是与国家的政治与管理活动密切相关的,这就决定了行政编制要有较强的外在约束,

---

① 国家公务员局:《准确解读公务员统计数据》2016年6月24日。

不能随意扩大。由于使用行政编制的工作人员工资和日常办公经费由国家财政开支，因此必须严格控制全国行政编制规模"。因此，为了了解公务员数，必须要知道中国行政编制制度。但是，到目前还没有制定一套概括党机构、中央机构、地方机构的"行政编制法"。

查阅国务院的《国务院行政机构设置和编制管理条例》（以下简称管理条例）第二章第六条规定，"国务院行政机构根据职能分为国务院办公厅、国务院组成部门、国务院直属机构①、国务院办事机构、国务院组成部门管理的国家行政机构和国务院议事协调机构②"。国务院由办公厅、组成部门、直属特设机构③、直属机构、办事机构、事业单位、部委管理的国家局和议事协调机构以上八个机构组成，但是，事业单位没有在《管理条例》中出现。根据中央机构编制委员会办公室的定义，其中的事业单位是指"国家为了社会公益目的，由国家机关举办或者其他组织利用国有资产举办的，从事教育、科技、文化、卫生等为国民经济和社会发展服务的社会组织。其人员使用事业编制，其经费由国家事业费开支"。可见，事业单位属于事业编制，而不同于行政编制，因此，事业单位人员不应该包括在以行政编制内人员为限的公务员范围里。这是中国不同于其他国家的重要区别之一。

但是，中国有"参公"④的概念，有关事业编制参照公务员法管理的问题可以参考《公务员法》第十八章、第一百零六条⑤和《关于

---

① 直属机构：指各级政府为了管理某项专门业务或特定事务设置的一类机构。该机构通常承担某项专门业务，具有独立的行政管理职能。目前，国务院设有中华人民共和国海关总署、国家税务总局、国家统计局等直属机构。

② 直属特设机构：指政府为了管理某类特殊的事项或履行特殊的职能而单独设立的一类机构。目前，直属特设机构通常是指中央和地方政府设置的国有资产监督管理委员会（简称国资委）。

③ 议事协调机构是指为了完成某项特殊性或临时性任务而设立的跨部门的协调机构。国务院议事协调机构承担跨国务院行政机构的重要业务工作的组织协调任务，其设立、撤销或者合并由国务院机构编制管理机关提出方案，报国务院决定。

④ 参公：参照公务员。

⑤ 《中华人民共和国公务员法》第一百零六条：法律、法规授权的具有公共事务管理职能的事业单位中除工勤人员以外的工作人员，经批准参照本法进行管理。

事业单位参照公务员法管理工作有关问题的意见（以下简称《参照管理》）。《公务员法》第十八章、第一百零六条规定，法律、法规授权具有公共事务管理职能的事业单位中经批准参照公务员法管理的人员，并按照《参照管理》的规定，审批对象条件是"使用事业编制，并由国家财政负担工资福利"。

剩下的问题是，是否将"政协机关、民主党派和工商联机关"列为行政编制的问题。1965年5月4日下发的《国家编委关于划分国家机关、事业、企业编制界限的意见（草稿）》中有规定国家机关编制即行政编制的内容，凡是国家机关、党派、政协、人民团体的编制，均为国家机关编制；列为国家机关编制的机构，其工作人员的工资和日常办公经费，一般由行政经费开支①。以上内容对政协和人民团体纳入行政编制的范围提供了依据。还可以参考的是中央机构编制委员会办公室（以下简称中编办）②的职责。中编办的主要职责是研究拟订行政管理体制和机构改革以及机构编制管理的政策和法规，统一管理各级党政机关，人大、政协、法院、检察院机关，各民主党派、人民团体机关的机构编制工作。中国有社会团体、群众团体、人民团体之分，群众团体是社会团体的一种，人民团体又是群众团体中的一部分，但是，由于三个概念时常混用，造成一些不便。人民团体包括的是中华全国总工会机关、中国共产主义青年团中央委员会机关、中华全国妇女联合会机关、中国科学技术协会机关、中华全国归国华侨联合会机关、中华全国台湾同胞联谊会机关、中华全国工商业联合会机关，以上7个机关。通过《社会团体登记条例》和《中国人民政治协商会议章程》等文件可以认识到，人民团体的特殊性在于参加人民政

---

① 王飞：《我国政府的行政编制合订方法研究》，载于《理论与当代》2008年第5期，第32页。

② 中央机构编制委员会办公室是中央机构编制委员会的常设办事机构，在中央机构编制委员会领导下负责全国行政管理体制和机构改革以及机构编制的日常管理工作，既是党中央的机构，又是国务院的机构。

协，并享有法律法规赋予的权利，并由中国共产党的一级委员会直接领导。由中编办管理机构编制的群众团体机关有22个，其中有上述的7个人民团体机关，还包括中国文学艺术界联合会机关、中国作家协会机关、中国法学会机关、中国人民对外友好协会机关、中华全国新闻工作者协会机关、中国国际贸易促进委员会（中国国际商会）机关、中国残疾人联合会机关、中国红十字会总会机关、中国人民外交学会机关、中国宋庆龄基金会机关、黄埔军校同学会机关、欧美同学会（中国留学人员联谊会）机关、中国思想政治工作研究会机关、中华职业教育社机关、中国计划生育协会机关，以上15个群众团体机关。可以得出的结论是，除了中编办编制的22个群众团体在外的团体都是社会团体。通过中国政府的各种有关文件可以认识到，人民团体可属于行政编制，但是至于其他15个群众团体是否属于行政编制还是模糊的问题。

有关"716.7万公务员"这一数字，中国政府方面没有提供详细的内容。纳入行政编制的范围、纳入公务员范围的机关目录和各机关公务员总数、将参照公务员法管理的机关人员是否视为公务员，而且，公务员局有关人士所说的机关中，为什么只提到了工商联，而没有指出其他中编办编制及管理的人民团体和群众团体，是否将上述群众团体除了工勤以外的人员也要包括在公务员的范围内也都是疑问。但是，根据上述内容可以确定的是，中国公务员的范围应该可以规定为从事"国家体制维护、国家管理"工作的人员中除工勤以外的人员。

限于中国尚未有专门对公务员进行年度统计的数据，只能通过近似的数据来进行研究。中国的统计指标中有包括"国家机关和社会团体"人数的数据。该数据有过一次统计口径改变。在2003年前进行的统计工作中使用的是"国家机关、党政机关和社会团体"。该项统计从2003年开始改变为"公共管理和社会组织就业人员"。这些统计数据可以从《中国劳动工资统计年鉴》和《中国统计年鉴》中都可以找到。

有关2003年前的统计数据中包括了哪些国家机关、党政机关和社会团体没有任何说明。但是，2003年统计口径改变后至2008年"公共管理和社会组织就业人员"统计项中明示了包括在该统计项目的下位分类，在2008年以后参考《2008年中国统计年鉴》中的"按登记注册类型和细行业分城镇单位就业人员数"部分，"公共管理和社会组织就业人员"项总数为1328.8万人，其构成为中国共产党机关57.5万人、国家机构1231.9万人，人民政协和民主党派9.5万人，群众社团、社会团体和宗教管理人员21.4万人。

在本书中会使用以上阐述的"国家机关、党政机关和社会团体""公共管理和社会组织就业人员"数来进行官民比例分析。需要明确的是，虽然在该数据中中国共产党机关和国家机构工作人员数占绝大多数，但是其中包括了社会团体等少量的非政府组织，而且是否将人民团体和群众团体的工作人员视为《公务员法》规定的"纳入行政编制内"的公务员组织等问题尚未得到结论。但是，使用"国家机关、党政机关和社会团体""公共管理和社会组织就业人员"数据的意义在于，通过近似的数据分析中国公务员组织从过去到现在的增减趋势，并与行政管理支出做对比，借以观察中国政府经济管理行为是否恰当，有无改善之处。

二、韩国公务员的范围和统计

韩国对公务员的界定比较明确。根据《国家公务员法》，中央政府（中央行政机关）、地方政府（地方自治团体）[①]、国会（立法部）、法院（司法部）、中央选举管理委员会、宪法裁判所（宪法法院）都

---

① 韩国政府由中央政府（中央行政机关）和地方政府（地方自治团体）组成。

实行独立的公务员选拔机制，由此选拔任用负责执行机关业务的公务员。《国家公务员法》的第二条"公务员的区分"中基本上明确了公务员的范围。

根据《国家公务员法》规定，公务员分为经历职和特殊经历职公务员。经历职公务员根据业绩和资格任用并保障其身份，任职期间以公务员的身份工作。经历职公务员分为一般职和特定职公务员。一般职公务员从事技术、研究或一般行政业务，特定职公务员包括法官、检查官、外务（外交）、警察、消防、教育、军人、军务员、宪法法院宪法研究官、国家情报院职员和担任特殊领域工作的公务员。特殊经历职公务员是指经历职以外的公务员，包括政务职公务员和别定职公务员。政务职公务员包括通过选举就任或任用时需要地方议会同意的公务员和担任高度的政策决定业务或辅助这些业务的公务员，并由法令或总统令①指定为政务职的公务员。别定职公务员是为了执行秘书官、秘书等补助业务等，在法律上指定为别定职的公务员。

韩国实行地方自治制度，因此，首尔特别市、6个广域市②、8个道③、济州特别自治道（济州岛）、世宗特别自治市的公务员都由以上17个地方政府独立主管公务员选拔任用及经费付出。《地方公务员法》第二条基本上与国家公务员法一致，但是区别在于在经历职公务员分类下的特定职公务员种类不同。地方公务员的特定职是在公立大学及专门大学④工作的教育公务员，所属教育监⑤的教育专门职员、警察公

---

① 只包括有关总统秘书室及国家安保（安全）室组织的总统令。
② 釜山广域市、大邱广域市、仁川广域市、广州广域市、大田广域市、蔚山广域市，以上6个城市。广域市同等于中国的直辖市。
③ 京畿道、江原道、忠清南道、忠清北道、庆尚南道、庆尚北道、全罗南道、全罗北道，以上8个道。"道"同等于中国的"省"。
④ 学制为2~3年的短期职业教育机关，是与4年制大学并立的高等教育机关，授予毕业生专门学士学位。
⑤ 市、道（中国的省）的教育事务执行机关。教育监通过居民选举选出，是一个职位，同时也是一个机关。拥有制定条例、预算案编制、制定决算书、制定教育规则、进行人事管理工作等有关教育领域的重要权利和职责。任期为4年，最多能连任3次。

务员及消防公务员和从事特殊领域工作的公务员。

韩国《国家公务员法》第18条（统计报告）规定，国会事务总长、法院行政处长、宪法裁判所事务处长、中央选举管理委员会事务总长或人事革新处长制定及实行国会、法院、宪法裁判所、选举管理委员会或各行政机关的制度，可定期或随时接到报告。按照法律规定，韩国国家各权力机关都在实行对各机关公务员的人员数和人事管理的统计工作，除国家机密以外的一般内容基本上可以在国家统计厅或各机关网站等获得。

按照官方统计资料，2016年韩国公务员总数约103万人，其中包括立法部4063人、司法部17808人、行政部国家公务员（中央政府）628880人、地方公务员374755人。

行政部国家公务员包括一般行政职公务员95101人、教育职公务员（幼儿园、小学、中学教师）348712人、公共安全领域公务员（警察、消防）154900人、邮政（邮政事业本部）30167人。

地方公务员包括地方自治团体（地方政府）公务员307313人和市道教育厅公务员（由各道、市教育监领导的地方自治教育厅）67442人。地方自治团体公务员中包括一般职公务员约26万人、消防公务员约4万人、教育职公务员约（国立大学教授及行政工作人员）800人。

在公务员统计中不包括国家情报院公务员①、军人、军务员②和地方自治团体长、市道教育监、地方议会议员以上三种选出职公务员。韩国现有243个地方议会和3692名地方议会议员③、17个地方自治团

---

① 国家情报院（National Intelligence Service，NIS）：担任搜集有关国家安全的情报、犯罪调查事务的总统直属机关。
② 韩国军中专门负责非战斗领域工作的人员，担任行政、情报、电脑、技术等专业职务。
③ 韩国行政自治部《第七届地方议会现况2014.07~2016.06》。

体教育监、243个地方自治团体长①,选出职总计3952人。国军总数为62.5万人②,其中陆军约49万人、海军约7万人、空军约6.5万人。韩国实行义务征兵制度,62.5万军人数量中包括大量的正在履行兵役的士兵。对现役士兵数量没有公开的专门统计资料,但是通过非公开的各种政府内部文件、国会报告资料和新闻报道等,可以理解为42万人水平。由于国家情报院是国家机密组织,其编制和人员数属于国家机密,不对外公开(见图8-8)。

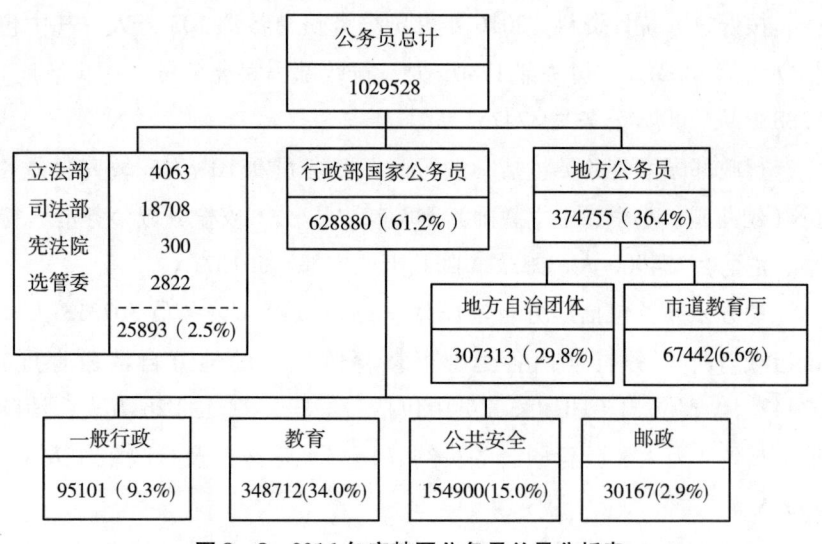

```
                         公务员总计
                         1029528
    ┌────────────────────────┼────────────────────────┐
  立法部    4063      行政部国家公务员        地方公务员
  司法部   18708      628880(61.2%)       374755(36.4%)
  宪法院     300                         ┌────────┴────────┐
  选管委    2822                      地方自治团体      市道教育厅
  ─────────────                      307313(29.8%)   67442(6.6%)
  25893(2.5%)
              ┌──────────┬──────────┬──────────┐
           一般行政      教育      公共安全      邮政
          95101(9.3%)  348712(34.0%) 154900(15.0%) 30167(2.9%)
```

图8-8　2016年底韩国公务员总员分析表

注:①统计中不包括国家情报院公务员、军人、军务员和地方自治团体长。
　　②地方公务员不包括地方自治团体长、市道教育监、地方议会议员,以上三种选出职公务员。
　　资料来源:韩国行政自治部文件。

---

①　韩国行政自治部《2015年地方自治团体行政区域及人口现况》,地方自治团体由17个市、道,226个市、郡、区组成。
②　韩国国防部:《2016年国防白书》。

三、中韩公务员数据处理和核算方法

为了对两国政府的历年来的官民比作出比较和分析，利用 1979~2015 年（韩国数据至 2014 年）的全国人口统计、公务员数量统计核算出"官民比例"的同时，利用两国同时间段的国内生产总值和政府行政管理支出数据核算出"管理效率"指数，与官民比对比并进行分析。包括在行政管理支出内的一般公共服务、外交、公共安全三个领域与国家管理工作密切相关，是纯粹属公务员组织的工作领域。通过国内生产总值与行政管理支出的比较可以看到的是国家经济总量中投入国家管理工作领域的（不包括国防领域）经济资源总量，从中观察该领域的经济资源占用与使用给国民经济发展带来的变化。

具体的数据选择和处理方法如下：

（1）由于中国方面没有正式的公务员统计数据，使用近似的统计数据来进行分析。1988 年以前的数据使用各年度《劳动工资统计资料》中的"国家机关、党政机关和社会团体"项的职工年末人数数据，1988~2002 年的数据使用各年度《中国统计年鉴》中的"国家机关、党政机关和社会团体"职工人数数据，2003 年以后的数据使用各年度《中国统计年鉴》中的"公共管理和社会组织"数据，该数据包括中国共产党机关、国家机构、人民政协和民主党派、群众社团、社会团体等。

（2）韩国的公务员数据使用韩国行政企划部的统计资料。不同于中国公务员数据，韩国行政部国家公务员总数的一半以上是教育公务员（幼儿园、小学、中学、高中教师）数量。以 2015 年为例，韩国行政部国家公务员总数为约 62.5 万人，其中教育公务员总数为 34.8 万人。实际上教育公务员与国家管理工作的关联性不大，而且中国公务员数据中也没有包括教师的数量。因此，为了提高比较的实际性，将从国家公务员中总体数量中除去教育公务员的数量进行与中国公务员数据的比较。

具体核算依据公式（6-1）：$r = G \div P \times 1000$

四、实证分析

在本节，对中韩官民比例和管理效益进行对比和分析。官民比例的比较可以说是能够非常直观观察到的部分，将利用两国1979~2015年的数据观察官民比例的增加趋势。

管理效率指标含有一个基本假定，就是国民经济总量（GDP）变化和政府管理行为总量（行政管理支出）的变化是有关系的，就是假定国民经济总量的变化与政府国家管理工作总量的变化有关系。管理效率指数（x）与国内生产总值的增加成正比，当政府的行政管理支出一定时，国内生产总值的增加使管理效率指数变大。而行政管理支出作为政府财政支出中投入国家管理工作的部分，可以说是纯属于国家公务员的工作领域。行政管理支出内也包括公务员的各种人员经费，因此，公务员数量的增加会导致行政管理支出的增加。

中国与韩国的官民比例对比变化如图8-9所示。

比较而言，中韩的官民比例对比有以下特点：

（1）韩国官民比例一直高于中国官民比例。韩国长期保持在12~14人/千人，而中国长期保持在8~9人/千人。

（2）韩国官民比例长期稳定，而中国官民比例快速攀升。中国官民比例从5人迅速上升到接近韩国12人的水平。也许存在一个共性之处，官民比例保持在12人左右是比较合理的。尽管这是一个经验观察值。

第八章 中韩政府管理行为绩效比较 295

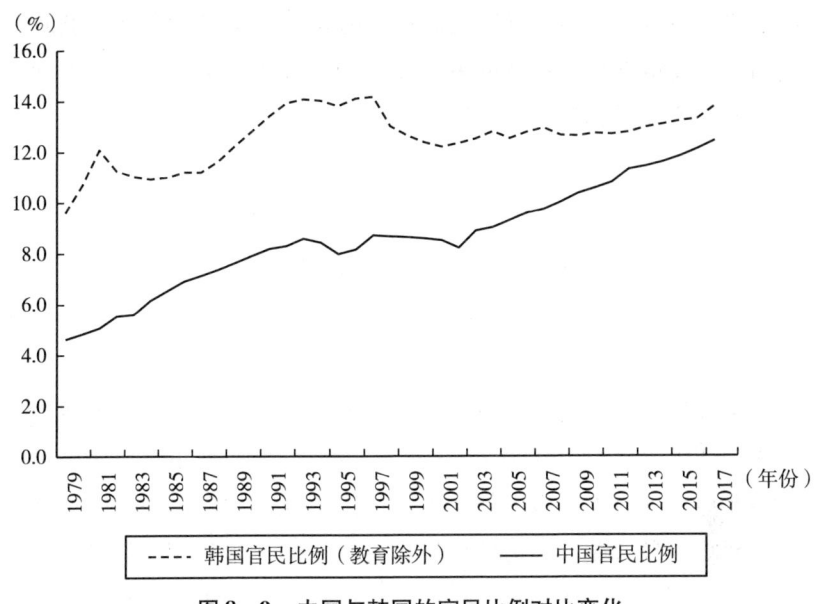

图 8-9 中国与韩国的官民比例对比变化

（3）总体上，韩国的官民比例在 1997 年之前呈现出增加的趋势。1995 年官民比例有小幅度的下降，这是收到了当年开始实行的地方自治制度的影响，从而公务员组织有了些调整。1998~2001 年公务员比例急速下降，其原因是为了克服亚洲金融危机，1998 年开始实行了政府部门的结构调整。在以后的时间段略显增幅，但是随着国家经济的恢复呈现出小幅度的增长趋势。韩国每届政府的公务员选拔任用政策不同也可能成为影响官民比增减的因素。1980 年以来至今，韩国总共有 7 届政府在 1980 年、1988 年、1993 年、1998 年、2003 年、2008 年和 2013 年出台。每届政府在其执政期间所实行的公务员政策会有些不同。但是，从 20 世纪 90 年代后的官民比例趋势可以看到，除了亚洲金融危机爆发后的 1998~2001 年官民比例变化最为明显，以后的官民比例增减趋势较为平稳。

特别需要指出的是：1998 年是亚洲金融危机爆发的时期，给韩国经济带来了巨大的打击。官民比例和管理效益都以 1998 年为转折点呈现出值得注意的变化，这样的事实反映的是韩国公务员数量的变化和管理效益的变化受到经济因素的影响较大。

第五节　基本结论

本章是依照第六章开发出来的指标和公式对中国和韩国的政府管理行为绩效中资源占用效率情况进行的分析，因而并不足以完全涉及所有的政府管理行为绩效。加之中韩两国存在较大的国情差异，使得指标内涵也有较大差异，为此我们尽量进行了技术处理，但是依然存在不尽如人意之处。作为科学研究，我们只是抛砖引玉，期待更多更准确的研究。以下是对前面研究的总结概括。

一、具体的结论

第一，研究表明，中国政府的自用资源比率显著低于韩国。这样的事实意味着韩国财政支出中的行政管理支出项在全体财政支出中的所占比例高于中国。自 1970 年到目前的中韩两国政府自用资源率变化趋势表现出了鲜明对比。自 1970~2007 年，中国的自用资源率呈现出稳定增长的趋势，从 1970 年的 5% 水平增长至 2007 年的 22% 水平，在 37 年间增长了 4 倍之多。2007 年中国的自用资源率达到最高之后急速下降，减少至 2015 年的 13% 水平。中国的支配资源程度可以以 1994 年为基准分为下滑和增长两个阶段，反映出 1994 年税制改革的需要和改革后的绩效。韩国的自用资源率则围绕着 20% 线上下波动。

与整体上历年呈现出稳定增长趋势的支配资源程度形成了鲜明的对比。

以上内容说明，中国在过去根据国家财政需要和时代的变化对财政政策进行了明显的调整，并且政策改革的绩效非常鲜明。但是，从历史变化趋势中可以看到的是，中国政府改革还继续处在调整、变化的阶段，稳定性较弱。韩国的自用资源率虽然高于中国，但是较为平淡的自用资源率历史趋势意味着韩国的行政管理支出范围和政策等较为稳定，但是，同时也意味着韩国的行政管理支出政策在基本设计方面与中国相比效率低，有关政策的保守性较强，有待改进。

第二，研究表明，中国的官民比例低于韩国。这意味着过去36年来韩国官民比例的平均值为每千人口拥有12名公务员，而中国是每千人口拥有8.5名公务员的水平。但是，中国的公务员数量从1979年的每万人口拥有4.6名公务员增加到2015年的12名水平，36年间增长2.6倍，历年来呈现出稳定增长的趋势。而韩国从1979年的每千人口拥有9.7名公务员增加到2015年的13.4名水平，只增长1.4倍。中韩官民比例的最终接近反映了其中存在着一定的规律性，它跨越了两个不同的国情。

第三，在政府管理效率指数方面，中韩两国的历史变化趋势更为不同。中国的管理效率指数在1993年之前呈现在40~60线上下波动的趋势。在经历了1993~2001年明显的下滑之后，这个指数在30线下维持波动，与历年来整体上稳定增长的官民比例形成鲜明的对比。而韩国的官民比例经历增减变化，管理效率指数却呈现出基本维持在20线，自1998年后缓慢下滑到15线的较为稳定的趋势。

中国管理效率呈现以1993年为基准，前后表现出明显对比的趋势。这种情况说明中国行政管理支出的增长趋势胜过了国内生产总值的增长趋势，导致了1993年以后的管理效率指数低下。而从2000年开始，官民比稳定增长时管理效率指数表现较为稳定、平坦。由此可以看出，虽然管理效率指数与1993年前相比较低，但是行政管理支出和国内生产总值之间形成了均衡关系,开始具有体制上的稳定性。

第四,韩国的官民比例和管理效率指数自 1998 年亚洲金融危机爆发时期为分水岭,前后表现出明显不同的局面。整体上处于增长趋势的官民比例在 1998 年开始明显下滑后,自 2001 年开始表现出保持稳定的局面。管理效率指数却呈现出基本维持在 20 线自 1998 年后缓慢下滑到 15 线的较为稳定的趋势,形成了对比。这样的情况说明是,虽然,韩国的行政管理支出政策一直较为稳定,但是,韩国的行政管理支出比例比中国要高。而且,韩国的官民比例和行政管理支出都以 1998 年为基准产生明显变化的事实意味着,国家经济情况发生严重变化时出现明显的政策变化。

二、综合的结论

通过研究结果可以看到,中韩的行政管理支出和官民比例历年来的变化趋势是明显不同的,因此,本书对中韩双方都有借鉴意义。

韩国的行政管理支出占政府财政支出中的比例和在国内生产总值中的占比增减变化幅度很小,基本上表现出平稳的趋势。与之形成对比的是国家财政收入占国内生产总值的比例一直在稳定增长。这样的事实意味的是韩国的行政管理支出政策具有稳定性,行政管理支出的规模和范围较为固定。行政管理支出总体上是以行政、立法、司法为代表的三大权力机构的经常性支出。由此可以看出,三大权力机关的编制和体系较为稳定。韩国的官民比例趋势历年来表现出一些变化,但是 36 年间其变化幅度维持在每千人口拥有 10~14 名官员的水平,且近 15 年间的变化幅度保持在每千人口拥有 13 人官员的水平。从官民比例较为小幅度的变化也能看出韩国三大权力机构编制的稳定性。但是,韩国政府的行政管理支出在国家财政支出中的占比和国内生产总值中的占比都高于中国，换句话说，政策的基本设计方面的效率低于中国。

另一方面，虽然变化值不是很大，但是，自1998年金融危机爆发前后韩国的官民比例和行政管理支出占国内生产总值中的比例呈现出具有对比性的变化。这样的趋势反映出了国家经济情况的变化带动韩国政府组织规模和行政管理支出规模的变化，而不是来自政府自身的改革意志，体现出了韩国政府的行政管理支出政策具有的保守性。

中国的行政管理支出占政府财政支出中的比例在2007年前呈现出稳定增长的趋势，2007年以后急速下降。1979~1992年期间，其在国内生产总值中的占比较低，而在之后的时间段的比重明显变高。中国政府财政收入占国内生产总值的比重以1995年为基准明显变化。其1995年之前呈现出下降趋势，而之后表现出增长的趋势，体现出了1994年税制改革的成效。历年来，三项指数的变化非常明显，一方面表现出的是中国政府的有关政策还未得到完善、缺乏稳定性，但是同时也意味着中国政府在其财政政策方面做出了多次改革和试验，对财政政策改革具有较强的意志。

自2002年以来，官民比例再次开始稳定增长时，行政管理支出占国内生产总值的比率表现出稳定的趋势，这样的局面意味着中国的政府管理支出政策和公务员选拔任用政策形成了均衡关系。虽然，其比重高于改革开放前期至20世纪90年代初行政管理支出占国内生产总值的比率，但是，需要肯定中国政府为了两个政策之间的均衡关系而做出的政策调整和努力。

图8-10直观地呈现了中韩政府可以进行对比的蓝图。显然，韩国政府注重政府干预的规模和总体，而呈现出平稳态势。与之相对应的是，中方从高点下降到低点，走了一个U型，从2010年之后开始恢复到比较合理的水平。这充分说明中国政府在改革开放时代经历了一个管理绩效的大轮回，由绩效下降到绩效上升的过程。希望中国政府

的改革使得体制逐步稳定，今后政府管理行为绩效保持在稳定的水平线上。图 8-10 展示了一种可能，无论中国还是韩国，其政府绩效综合评价弹性系数均在向 2 的水平线接近。正如在第六章所提出的，就政府在占用资源与履行职能方面而言，极有可能存在一个倒 U 型曲线状态下的平衡点 Z，即最佳绩效的政府行为。在这个 Z 点状态下，占用资源过少则无法切实履行政府职能，占用资源过多则形成政府奢靡浪费，助长政府行为的贪腐现象发生。希望有更多的研究来寻找这个均衡点的存在。

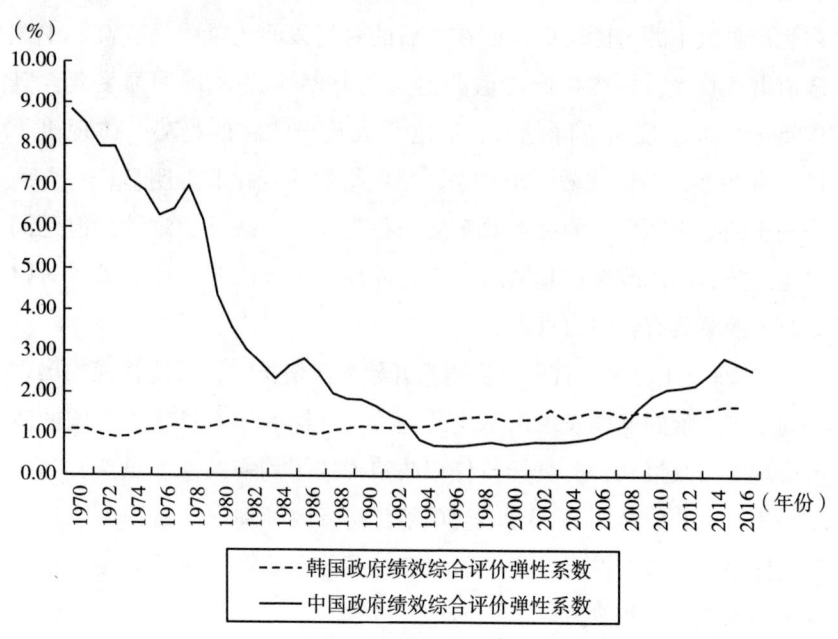

图 8-10　中国和韩国政府绩效综合评价弹性系数对比

值得进一步思考的是：中国实行的政治、经济、文化等制度具有独特性。中国的公务员队伍并不奉行政治中立，而是直接接受中国共产党领导。东西南北中，党政军民学，党是领导一切的，党的十八大之后再一次明确了这个原则。因此，理解中国政府管理行为不能完全像理解韩国政府管理行为那样，用几个一致化的指标和技术性的解释就能做到的。目前，中国政府除了依靠约 800 万的公务员队伍治理国家而外，事实上还依赖约 9000 万以上的中共党员来贯彻落实党的政治方针和路线。如果只是按照技术上定义的官民比例以及计算出来的管理效率指标来评价中国政府管理绩效，将会低估实际的绩效和能力。而要客观评估出中国政府管理行为，还需要在概念和方法上有更新的突破。

后 记

本书是笔者从1998年出版的《政府经济管理行为分析》（新华出版社）重新修编而成的，故名《政府经济管理行为分析（新编）》（以下简称《新编》）。《政府经济管理行为分析》（以下简称《旧编》）的内容是由笔者撰写的博士论文和主持的国家社科基金青年项目两部分成果构成。以后20年，笔者以此研究成果为基础，一方面在校内开设了"政府经济管理行为"研究生课程，另一方面继续在政府经济管理行为研究领域笔耕，又积累了不少数量的研究成果。其中一些内容还以论文形式发表并获得过省部级科研优秀成果奖励。值此国家推进高校"双一流"学科建设机会，笔者萌发了重新修改整理原来的研究成果和吸收新的研究成果内容的想法，并提交了研究计划。有幸的是获得了学校的支持，新编一书列入出版资助计划。

在《新编》一书中，笔者做了以下工作：其一，在保留《旧编》前六章的理论框架和主要研究内容的前提下，修订了《旧编》中明显的错误或过时的内容，补充了最新资料和最新研究成果。其中一个最熬人的工作是按照最新的出版书写规范要求对书中所引用的文献资料重新一一核实校正。在几乎重写《旧编》之余，笔者由衷地感叹，二十年弹指一挥间，一些研究方法和结论依然没有过时，但也由于时过境迁，一些田野调查已经无法重现，可是书中所揭示的问题依然存在，而一些案例堪称经典。其二，完全剔除了《旧编》第七章的内容。

《旧编》第七章是笔者1992年申请立项并如期完成的国家哲学社会科学基金青年项目"经济调整对保持我国经济持续稳定增长的作用"中一部分成果内容。2017年笔者有幸申请立项并如期完成了国家自然科学基金应急项目"我国中期发展规划评估理论与方法",在研究中笔者采用了《旧编》中开发出来的一些概念和方法。借此《新编》出版之机,将《旧编》第七章社科项目内容完全替换为最新项目内容,并进行了必要的理论补充和完善。博士生罗洁和硕士生李姝蓓参与了对数据的整理和资料的查找工作。其三,将笔者指导的韩国留学生李周炯完成的硕士论文部分内容进行必要修改之后,吸收到《新编》第八章。李周炯的学位论文采用了《旧编》第六章的理论概念和计算方法,收集和整理了中韩两国相关数据,开展了十分有益的跟踪性研究,对中韩政府行为规律性有更多发现。这些为《新编》第八章提供了基础,笔者在此基础上,进一步补充修改和深化充实了李的研究内容。

经过上述三项修编工作,《新编》在理论上大大完善和超越了《旧编》。个中体验是,理论研究是需要持续不断跟进的,这样才能不断完善认识,纠正错误,这样才能站在一个新高度和新起点上。

2020年2月